westermann

FiNALE Prüfungstraining

Landesabitur **2019**

Deutsch

Hessen

FiNALEonline.de

Liebe Abiturientin, lieber Abiturient,

FiNALEonline.de ist die optimale Ergänzung zu diesem Abiturtrainer. Hier finden Sie:

- die Original-Prüfungsaufgaben 2018 nach Eingabe des Codes: **DE9A2H6**
- eine Abi-Checkliste für die effektive Zeitplanung
- allgemeine Tipps zur Prüfungsvorbereitung

Einfach mal reinschauen: www.finaleonline.de

Autoren: Sabine Berkefeld, Dr. Wolfgang Fehr
sowie Marina Dahmen, Katrin Jacobs, Martin Kottkamp, Helmut Lindzus

westermann GRUPPE

Druck A[1] / Jahr 2018
Alle Drucke der Serie A sind im Unterricht parallel verwendbar.

Redaktion: omnibooks, Bielefeld
Kontakt: finale@westermanngruppe.de
Layout: Druckreif! Sandra Grünberg, Braunschweig
Umschlaggestaltung: Janssen Kahlert Design & Kommunikation, Hannover
Umschlagfoto: Peter Wirtz, Dormagen
Druck und Bindung: westermann druck GmbH, Braunschweig

ISBN 978-3-7426-**1993**-8

Inhaltsverzeichnis

Original-Prüfungsaufgaben 2017

Original-Prüfungsaufgaben 2018

Basiswissen

Grundlegende Arbeitstechniken

Literaturgeschichte im Überblick

Umgang mit Texten und Medien

Reflexion über Sprache

Arbeiten mit *Finale*

Auch 2019 wird in Hessen das Abitur als zentrale Abschlussprüfung gestaltet. Entsprechend dem hessischen Kerncurriculum für die gymnasiale Oberstufe (KCGO) sind die Aufgabenstellungen nun kompetenzorientiert ausgerichtet. Vor dem Hintergrund der Erfahrungen aus den vergangenen Jahren und unter besonderer Beachtung der amtlichen Vorgaben für das Landesabitur 2019 im Fach Deutsch ist *Finale* speziell zur Vorbereitung auf diese Prüfung konzipiert.

Zur gezielten Vorbereitung auf das Abitur 2019 bietet *Finale*
- präzise und übersichtlich angeordnete Informationen zu den Vorgaben für das Abitur 2019 im Fach Deutsch sowie zum Aufbau und zu den Bewertungskriterien der schriftlichen Abiturprüfungsaufgaben,
- vielfältige Aufgabenbeispiele mit Textmaterial und Erwartungshorizont (sowie mit ausformulierten Beispiellösungen), die alle Aufgabenarten sowie die inhaltlich-methodischen Schwerpunkte im Grund- und Leistungskurs berücksichtigen,
- eine detaillierte Abi-Checkliste zu diesem *Finale*-Titel, mit der Sie sich einen Überblick darüber verschaffen können, welche Seiten oder Kapitel Sie in *Finale* vorrangig bearbeiten möchten (die Abi-Checkliste finden Sie als Word-Datei und PDF zum Herunterladen unter www.finaleonline.de),
- umfangreiche und klar strukturierte Angebote zur systematischen Wiederholung und zeitökonomischen Vertiefung des erforderlichen Basiswissens und der grundlegenden Arbeitstechniken sowie
- als zusätzliche Onlineverlängerung zwei Original-Prüfungsaufgaben aus dem aktuellen Abiturjahrgang 2018 mit ausformulierten Beispiellösungen. Diese Original-Prüfungsaufgaben können Sie, sobald sie zur Veröffentlichung freigegeben sind, zusammen mit den Lösungen kostenlos im Internet herunterladen:
  www.finaleonline.de
  Code: DE9A2H6

Finale ist so angelegt, dass Sie sich individuell vorbereiten können. Je nach persönlichen Stärken und Schwächen in verschiedenen Lernbereichen, wie z. B. *Texte schreiben* oder *Umgang mit Texten*, kann die Arbeit mit den einzelnen Kapiteln und Teilkapiteln ausgewählt und in der Intensität nach eigenen Bedürfnissen dosiert werden. Das detaillierte Inhaltsverzeichnis, das umfassende Stichwortverzeichnis am Ende des Buches sowie zahlreiche → Querverweise erleichtern dabei die Orientierung in *Finale*.

Der systematische Aufbau und die komprimierte Form fördern eine effektive Abiturvorbereitung. *Finale* empfiehlt sich daher als sinnvolle Begleitung und Ergänzung des Fachunterrichts.

Wir wünschen Ihnen viel Erfolg!

Informationen und Tipps zur Prüfung

Prüfungsvorgaben und Operatoren

Hinweise zur schriftlichen Abiturprüfung im Landesabitur 2019
Den allgemeinen Rahmen für das Landesabitur Hessen 2019 bilden die „Einheitlichen Prüfungsanforderungen in der Abiturprüfung" (nach der Verordnung vom 13.07.2016). Genauer bestimmt wird die schriftliche Prüfung im Fach Deutsch durch die „Bildungsstandards für die allgemeine Hochschulreife" (vom 18.10.2012) sowie durch das hessische „Kerncurriculum für die Gymnasiale Oberstufe" (nach der Verordnung vom 05.02.2016). Konkretisiert werden Textauswahl und Aufgabenstellungen der Prüfungsaufgaben für die schriftliche Abiturprüfung 2019 durch weitere verbindliche Hinweise (Einführungserlass vom 12.06.2017). Danach gelten folgende Aufgabenarten und thematischen Schwerpunkte für die schriftliche Abiturprüfung 2019 im Fach Deutsch.

Aufgabenarten für Leistungs- und Grundkurse
1) Textbezogenes Schreiben:
   - die Interpretation literarischer Texte
   - die Analyse pragmatischer Texte
   - die Erörterung literarischer Texte
   - die Erörterung pragmatischer Texte
   - die Kombinationen der genannten Aufgabenarten

2) Materialgestützte Schreiben:
   - das Verfassen argumentierender (verbindlich für 2019)
   - das Verfassen informierender Texte

Inhaltsbezogene Schwerpunkte auf der Grundlage des hessischen Kerncurriculums für die gymnasiale Oberstufe (KCGO) für das Fach Deutsch im Kompetenzbereich „Sich mit Texten und Medien auseinandersetzen":

Textauswahl für grundlegendes Niveau (Grundkurs)
Joseph von Eichendorff: Aus dem Leben eines Taugenichts Georg Büchner: Woyzeck (Q2) sowie die Verfilmung von Werner Herzog (1979) Johann Wolfgang Goethe: Faust I (Q3) Franz Kafka: Die Verwandlung (Q3)
Textauswahl für erhöhtes Niveau (Leistungskurs)
Joseph von Eichendorff: Aus dem Leben eines Taugenichts Georg Büchner: Woyzeck (Q2) sowie die Verfilmung von Werner Herzog (1979) Johann Wolfgang Goethe: Faust I (Q3) Franz Kafka: Die Verwandlung (Q3) Heinrich von Kleist: Michael Kohlhaas Juli Zeh: Corpus Delicti

Themenfelder des KCGO im grundlegenden und im erhöhten Niveau (Grundkurs und Leistungskurs)
Q1: Epochenumbruch 18./19. Jahrhundert – Literatur um 1800 und im frühen 19. Jahrhundert; Sprache, Medien, Wirklichkeit; Natur als Imagination und Wirklichkeit Q2: Sprache und Öffentlichkeit; Soziales Drama und politisches Theater; Frauen- und Männerbilder Q3: Subjektivität und Verantwortung anthropologische Grundfragen; Epochenumbruch 19./20. Jahrhundert – literarische Moderne im frühen 20. Jahrhundert; Neuanfänge nach historischen Zäsuren 1945/1990

Die erlaubten Hilfsmittel umfassen ein Wörterbuch der deutschen Rechtschreibung, die Textausgaben der Pflichtlektüren ohne Kommentar (ggf. mit Worterläuterungen) sowie eine Liste der fachspezifischen Operatoren.
Hinweise zur Gewichtung von Fehlern und den Fehlerindex finden Sie auf Seite 12.

Der Prüfling wählt in der Abiturprüfung aus drei Aufgabenvorschlägen einen zur Bearbeitung aus. Die Vorschläge können auch alternative Arbeitsanweisungen enthalten.
Die Bearbeitungszeit beträgt im Grundkurs 180 Minuten und im Leistungskurs 240 Minuten. Dem eigentlichen Bearbeitungsteil geht eine Einlese- und Auswahlzeit von 45 Minuten voraus. Im Anschluss an das Deckblatt folgen Thema bzw. thematischer Schwerpunkt, die Aufgaben, die Materialien und ggf. Anmerkungen (z. B. Hinweise zu ungebräuchlichen Wörtern).
Jede Aufgabenstellung sollte unter folgenden Aspekten genau überprüft werden:
- Auswertung der Aufgabenformulierung unter Beachtung der genannten Operatoren
- Bestimmung der Arbeitsschritte, die die Operatoren erfordern
- Gewichtung der Teilaufgaben aus der Aufgabenstellung erschließen
- die Einteilung der eigenen Arbeitszeit

Die einzelnen Teilleistungen innerhalb der Klausuren werden folgenden drei **Anforderungsbereichen** (AFB) zugewiesen:

Anforderungsbereich	Teilleistungen
I	Reproduktion
II	Reorganisation und Transfer
III	Reflexion und Problemlösung

Abituraufgaben werden so gestellt, dass sie alle drei Anforderungsbereiche umfassen. Der Schwerpunkt der Bewertung liegt in der Regel auf dem Anforderungsbereich II. Beachten Sie deshalb, dass mit einer Klausur, in der nur Leistungen im Anforderungsbereich I erbracht werden, die Note „ausreichend“ nicht erreicht wird.

Kompetenzorientierung

Was meint eigentlich „Kompetenzorientierung" für die an Sie gestellten Anforderungen in der schriftlichen Abiturprüfung? Diese Frage stellen Sie sich bestimmt und wir möchten sie kurz beantworten.

Kompetenzen umfassen die individuellen Fähigkeiten und Fertigkeiten sowie Bereitschaften, um bestimmte Probleme und Herausforderungen zu bewältigen. Das Landesabitur mit seinen Aufgaben stellt eine solche Herausforderung für Sie dar. Um diese erfolgreich zu meistern, benötigen Sie entsprechendes Wissen, Können und angemessene Haltungen. Was meint das?
Wissen bezieht sich auf Fakten (z. B. Erzählperspektiven) und Konzepte (z. B.: Was macht Lyrik im Gegensatz zur Dramatik eigentlich aus?), aber auch auf Prozeduren und Verfahren (Wie schreibe ich erfolgreich eine eigene Interpretation?) sowie auf die Fähigkeit, dieses Wissen in der Bearbeitung zu nutzen, also um das Geschriebene zu reflektieren und gegebenenfalls zu überarbeiten und zu verändern. Das muss man auch wollen (Haltungen).
Es geht hier nicht mehr nur um das Lernen und Wiedergeben von Ergebnissen, die einzelnen Texten entnommen und im Unterricht besprochen wurden (z. B. Charakterisierung einer bestimmten literarischen Figur, die dann abgefragt und wiedergegeben wird). Statt des Auswendiglernens von Unterrichtsinhalten zu literarischen Texten ist das erworbene Wissen und Können, also die Kompetenzen im Umgang mit literarischen und nicht literarischen Texten, in neuen Zusammenhängen anzuwenden. Hier zeigen Sie sich als kompetente Leser, indem Sie erworbenes Wissen eigenverantwortlich und gezielt nutzen.

Wir wollen Sie mit diesem Buch dabei unterstützen, entsprechendes Wissen, Können und Haltungen zu entwickeln. Viel Spaß dabei!

Liste der Operatoren

Als Operatoren (z. B. *beschreiben, analysieren, beurteilen* usw.) bezeichnet man Verben, die in den Aufgabenstellungen inhaltlich-methodische Arbeitsanweisungen geben. Gleichzeitig deuten die Operatoren an, welchem Anforderungsbereich die jeweilige Arbeitsanweisung zuzuordnen ist.
Während z. B. die Arbeitsanweisung „Beschreiben Sie …" dem Anforderungsbereich I (Reproduktion) zuzuordnen ist, gehört „Analysieren Sie …" zum Anforderungsbereich II (Reorganisation und Transfer). Kontrollieren Sie Ihr Wissen zu den Operatoren, indem Sie diesbezüglich die einzelnen Aufgabenstellungen im Kapitel *Beispiele für Prüfungsaufgaben* genau überprüfen.
Damit es bei den Abituraufgaben zu keinen Missverständnissen darüber kommt, welcher Anforderungsbereich gemeint ist und welche Arbeitsschritte zu leisten sind, einigte man sich auf eine Liste von Operatoren, die in den Aufgabenstellungen im Abitur verwendet werden können. Die folgende Übersicht über die Operatoren können Sie (teilweise mit anderen Beispielen) auch online unter der URL https://kultusministerium.hessen.de/schulsystem/schulwahl/schulformen/gymnasium/landesabitur/operatoren-allgemeinbildende-faecher nachlesen.

Operator	Definition	Beispiel	AFB
Anforderungsbereich I			
beschreiben	Aussagen, Sachverhalte, Strukturen o. Ä. in eigenen Worten strukturiert und fachsprachlich wiedergeben	Beschreiben Sie die zentralen Merkmale der Epoche des Expressionismus.	I–II
nennen	zielgerichtet Informationen zusammentragen, ohne diese zu kommentieren	Nennen Sie die zentralen Thesen Arthur Schopenhauers. (Material 1)	I
skizzieren	einen Sachverhalt oder Gedankengang in seinen Grundzügen angeben	Skizzieren Sie die Beweggründe des Protagonisten aus dem vorliegenden Romanauszug.	I–II
wiedergeben	ausgehend von einem Einleitungssatz Informationen aus dem vorliegenden Material unter Verwendung der Fachsprache in eigenen Worten ausdrücken	Geben Sie die Passage Z. 13 bis Z. 20 aus der vorliegenden Rede wieder.	I
zusammenfassen	ausgehend von einem Einleitungssatz die wesentlichen Aussagen eines Textes in strukturierter und komprimierter Form unter Verwendung der Fachsprache herausstellen	Fassen Sie den vorliegenden Text unter besonderer Berücksichtigung der Positionen zur Präimplantationsdiagnostik (PID) in eigenen Worten zusammen.	I
Anforderungsbereich II			
analysieren	Merkmale eines Textes, Sachverhaltes oder Zusammenhanges kriterienorientiert bzw. aspektgeleitet erschließen und zusammenhängend darstellen	Analysieren Sie die Liebesbeziehung in Goethes Gedicht, auch unter Berücksichtigung sprachlich-formaler Aspekte.	II
charakterisieren	Vorgänge, Sachverhalte, Personen/Figuren in ihrer jeweiligen Eigenart treffend und anschaulich kennzeichnen und ggf. unter einem bestimmten Gesichtspunkt zusammenfassen	Charakterisieren Sie den Protagonisten in dem vorgegebenen Textauszug.	II

darstellen	Sachverhalte o. Ä. und deren Bezüge sowie Zusammenhänge aufzeigen	Stellen Sie die Bedeutung des Prologs im Kontext der Dramenhandlung dar.	I–II
einordnen/ zuordnen	Sachverhalte unter Verwendung von Vorwissen begründet in einen genannten Zusammenhang stellen	Ordnen Sie das Gedicht literaturgeschichtlich ein.	I–II
erklären	Materialien, Sachverhalte oder Thesen nachvollziehbar in einen Begründungszusammenhang stellen, z. B. durch Rückführung auf fachliche Grundprinzipien, Funktionszusammenhänge oder Modelle	Erklären Sie die Funktion des Prologs für die Dramenhandlung.	II
herausarbeiten	aus Materialien Sachverhalte erschließen, die nicht explizit genannt werden	Arbeiten Sie aus der Szene die Vorgeschichte der beiden Partner heraus.	II
in Beziehung setzen	Zusammenhänge unter vorgegebenen oder selbst gewählten Gesichtspunkten begründet herstellen	Setzen Sie Dorothee Sölles Vorstellungen von Jesus Christus in Beziehung zu entsprechenden neutestamentlichen Aussagen.	II
untersuchen	Sachverhalte unter bestimmten Aspekten betrachten	Untersuchen Sie, inwieweit Büchners Kunstauffassung im Text erkennbar ist.	II
vergleichen/ gegenüberstellen	nach vorgegebenen oder selbst gewählten Gesichtspunkten problembezogen Gemeinsamkeiten, Ähnlichkeiten und Unterschiede ermitteln und darstellen	Vergleichen Sie die Naturschilderungen in den vorliegenden Gedichten von Eichendorff und Heym.	II–III
Anforderungsbereich III			
begründen	einen Sachverhalt bzw. eine Aussage durch Argumente stützen	Begründen Sie Ihre Stellungnahme.	II–III
beurteilen	zu einem Sachverhalt oder einer Aussage unter Verwendung von Fachwissen und Fachmethoden eine begründete Einschätzung geben	Beurteilen Sie, welche Bedeutung dem in der Textvorlage dargestellten Menschenbild heute zukommt.	III

bewerten / Stellung nehmen	wie Operator „beurteilen“, aber zusätzlich die eigenen Maßstäbe darlegen und begründen	Nehmen Sie Stellung zu der Frage, inwieweit die oben erarbeiteten biblischen Vorstellungen von Gott für heutige Menschen tragfähig sein können.	III
diskutieren / sich auseinandersetzen mit	zu einer Aussage, Problemstellung oder These eine Argumentation entwickeln, die zu einer begründeten Bewertung führt	Diskutieren Sie, in welcher Weise Dichtung zur Deutung historischer Stoffe beitragen kann.	III
entwickeln	einen eigenen (bewertenden) Gedankengang zu einem Thema entfalten und Schlussfolgerungen ziehen	Entwickeln Sie eine eigene Position zu Sinn und Zweck eines verbindlichen Lektürekanons im Deutschunterricht.	III
erörtern	eine These oder Problemstellung unter Abwägen von Pro- und Kontraargumenten hinterfragen und zu einem eigenen Urteil gelangen	Erörtern Sie die These vor dem Hintergrund der Aufklärung.	II – III
entwerfen/ verfassen/ gestalten	adressatenorientierte Aufgabe auf der Grundlage von Materialien, die in ein selbstständiges Produkt umgesetzt werden müssen	Verfassen Sie auf der Basis der Materialien 1 – 4 einen Informationstext über Analphabetismus.	III
interpretieren	auf der Grundlage einer Analyse Sinnzusammenhänge aus Materialien methodisch reflektiert erschließen, um zu einer schlüssigen Gesamtauslegung zu gelangen	Interpretieren Sie das vorliegende Gedicht unter Berücksichtigung von inhaltlichen sowie sprachlich-formalen Aspekten.	i. d. R. III
überprüfen	Aussagen, Behauptungen oder Urteile kritisch befragen und auf der Grundlage erworbener Fachkenntnisse begründet beurteilen	Überprüfen Sie die Geltung der These in Bezug auf Goethes „Faust I“.	III

Bewertung und Notenfindung

Bewertung und Beurteilung von schriftlichen Arbeiten im Fach Deutsch
In der „Oberstufen- und Abiturverordnung“ (OAVO) des Hessischen Kultusministeriums finden sich zu § 9 Absatz 12 u. a. die Anlage 9e, in der Fehlerarten und Fehlerquotient beschrieben werden.

Note: Notenpunkte	erreichte Prozent-/Punktzahl
sehr gut: 15–13 NP	100–96, 95–91, 90–86 % bzw. erreichte Punkte/BE
gut: 12–10 NP	85–81, 80–76, 75–71 % bzw. erreichte Punkte/BE
befriedigend: 9–7 NP	70–66, 65–61, 60–56 % bzw. erreichte Punkte/BE
ausreichend: 6–4 NP	55–51, 50–46, 45–41 % bzw. erreichte Punkte/BE
mangelhaft: 3–1 NP	40–34, 33–27, 26–20 % bzw. erreichte Punkte/BE
ungenügend: 0 NP	weniger als 20 % bzw. erreichte Punkte/BE

Fehlerquotient

Der Fehlerquotient (FQ) errechnet sich nach der Formel $\frac{\text{Fehlerzahl} \cdot 100}{\text{Zahl der Wörter}}$.

So ergibt sich z. B. bei fünfzehn Fehlern innerhalb von 500 Wörtern ein FQ von 3.

Abzug von Notenpunkten aufgrund des FQ im Fach Deutsch
FQ = 3 → 1 Notenpunkt Abzug
FQ = 6 → 2 Notenpunkte Abzug

Die hier genannten Fehlerarten werden in der Einführungsphase und in den Grund- und Leistungskursen der Qualifikationsphase wie folgt gewertet:

Rechtschreibung: Es zählen alle Verstöße gegen die amtliche Rechtschreibung inkl. Trennung. Wiederholungsfehler werden nur einfach gezählt.

Zeichensetzung: Hier gibt es keine Wiederholungsfehler. Eingeschobene Sätze und Appositionen zählen als ein Fehler. Andere Zeichensetzungsfehler wie Punkt, Apostroph, Bindestrich, Ausrufe-/Fragezeichen, Anführungszeichen zählen auch.

Grammatik: z. B. falsche Flexion, fehlerhafte Kausalität/Finalität, Präposition, Tempus, Modus (Konjunktiv!)

Ausdruck: z. B. Wiederholungen, umgangssprachliche Wendungen, kein Gebrauch von Fachtermini

Sonstiges: z. B. Auslassungen, doppelte Wörter

Flüchtigkeit: Fehlende i-Punkte, t-/ä-Striche werden nicht gezählt – genau wie lexikalische Fehler (falsche, unpassende Wörter/Fremdwörter, z. B. „Ovulation“ statt „Ovation“).

Prüfungsvorbereitung

Die hier zusammengestellten Tipps beziehen sich auf drei unterschiedliche Phasen der Vorbereitung auf das Abitur:
Phase 1: Gezieltes Lernen (Beginn: einige Monate vor der Prüfung)
Phase 2: Festigung und Wiederholung (Beginn: 3 – 4 Wochen vor der Prüfung)
Phase 3: Prüfung absolvieren (Beginn: am letzten Tag vor der Prüfung)

Phase 1: Gezieltes Lernen

- im Unterricht gut mitarbeiten und mitdenken, Texte lesen (!), Fragen stellen, Aufzeichnungen, Hausaufgaben und Klausuren systematisch sammeln, die Lektüren mit eigenen Anmerkungen versehen (z. B. Post-its)
- Abituraufgaben des Vorjahres sichten (im Internet, in der Schule)
- Erstellen Sie sich einen Arbeits-/Lernplan (etwa ab Dezember). Laden Sie sich dazu auf www.finaleonline.de die Abi-Checkliste zu diesem Buch herunter. Mit dieser detaillierten Übersicht über die in *Finale* behandelten Inhalte können Sie schnell und präzise planen, welche Themen Sie zu welchem Zeitpunkt in den nächsten Monaten bearbeiten möchten.

Phase 2: Festigung und Wiederholung

- Grundsätzlich sind Übungen in Kleingruppen sinnvoller als Einzelarbeit, kurzes, aber regelmäßiges Üben effizienter als Mammutwochenenden.
- Frischen Sie Lektüren aufgrund der eigenen Aufzeichnungen auf und wiederholen Sie die Aufgaben dazu (Operatoren beachten!), ggf. durch Schreibübungen. Hilfreich sind hierfür die eigenen Klausuren im Abgleich mit dem Erwartungshorizont.
- Analysieren Sie eigene typische Fehler!

Phase 3: Prüfung absolvieren

- Nervosität vor der Prüfung ist normal, damit müssen Sie rechnen!
  Daher: Stellen Sie Ihr Arbeitsmaterial und Ihre Schreibgeräte rechtzeitig zusammen. Wählen Sie bequeme Kleidung und denken Sie an Getränke.
- Prüfen Sie in Ruhe die Aufgaben (→ S. 87). Entscheiden Sie sich nicht sofort und prüfen Sie vor dem Abgeben die nicht gewählten Vorschläge, damit Ihnen kein Fehler unterläuft.
  Hinweise zum Verstehen der Aufgabenstellung, der Texte und der Organisation des Schreibens finden Sie auf Seite 89 ff.

In den eigenen Texten können Sie sich sicher am besten orientieren. Eigene Textausgaben dürfen aber nur dann benutzt werden, wenn sie keine Anmerkungen bzw. Kommentare enthalten und vor dem Abitur dem Kurslehrer abgegeben werden. Unterstreichungen und Post-its sind zulässig.

Beispiele für Prüfungsaufgaben

Q1 & Q2 & Q3: Fiktion und Wirklichkeit / Sprache und Literatur in politisch-gesellschaftlichen Zusammenhängen / Zwischen Tradition und Experiment, Krise und Neuanfang

Thessa von R.: Die Frau in der Dichtung

Leistungskurs

Aufgabenart: Essay

Voraussetzungen gemäß Lehrplan und Erlass „Hinweise zur Vorbereitung auf die schriftlichen Abiturprüfungen im Landesabitur 2019"

Q1: Epochenumbruch 18./19. Jahrhundert – Literatur um 1800 und im frühen 19. Jahrhundert

Q2: Frauen- und Männerbilder

Q3: Epochenumbruch 19./20. Jahrhundert – literarische Moderne im frühen 20. Jahrhundert

Aufgabenstellung

1. Verfassen Sie einen Essay zum Thema „Frauenbilder in der Literatur – von 1800 bis heute". Erörtern Sie dabei, ob und inwiefern sich die Darstellung von Frauenfiguren in der Literatur des 19. und 20. Jahrhunderts grundlegend verändert hat oder eher ähnlich geblieben ist. Beziehen Sie sich dabei auf die Position von Thessa von R. (Material) sowie literarische Gestaltungen von Frauen in der Literatur des 19. und 20. Jahrhunderts und begründen Sie Ihre eigene Position zu dem Thema.

Materialgrundlage

Thessa von R.: Die Frau in der Dichtung (1893, Auszüge). Aus: Literarisches Leben im Kaiserreich 1871–1918. Hrsg. von J. Hermand. Stuttgart: Klett Editionen 1982, S. 77–84

Die Frau in der Dichtung (1893) *Thessa von R.*

Der vorliegende Text ist im Jahr 1893 in einer Zeitschrift anonym veröffentlicht worden unter dem Pseudonym Thessa von R. (vermutlich: Theodore von Rommel, 1870–1950). Dieser Auszug stammt aus: Die Frau in der Dichtung. Erstveröffentlichung in: Die Frau, Jg. 1 (1893/94), H. 2, S. 111–114

Text in alter Rechtschreibung

Das Weib gehört, bedenkt man die Mißhandlungen und unbarmherzigen Bedichtungen, denen es seitens der Lyriker aller Zeiten und Völker ausgesetzt war, ohne Zweifel zu den bedauernswertesten und mitgenommensten Geschöpfen des Weltalls, und der Umstand, daß es trotz alledem nicht so völlig degeneriert ist, wie jüngere und sehr junge Schriftsteller glauben machen wollen, stellt seiner Widerstandsfähigkeit ein überaus glänzendes Zeugnis aus. Es mußte sich von jeher, als die körperlich Schwächere, alle poetischen Verherrlichungen geduldig gefallen lassen, und es kam dadurch ohne sein Zutun zu allerhand an und für sich sehr schmeichelhaften Beinamen, die leider alle etwas Puppenhaftes, Herablassendes an sich tragen. Man nannte die Frauen „Blumen" und hielt sie insgeheim doch nur für Küchenpflanzen; man erhob sie zum Range von „Königinnen", leider konstitutionellen, die absolut nichts zu sagen hatten; aus der „Göttin", die man vorschriftsmäßig anbetete und dann zuweilen, allen mythologischen Regeln zum Trotz, heiratete, ward – die untertane Gattin. […] Schlimmer noch als die eigentlichen Dichter waren die, so in Prosa schrieben, schlimmer schon darum, weil sie gelesen wurden! Hier konnte man deutlich zwei Gruppen unterscheiden, die eine, deren Mitglieder noch aus der guten alten Zeit stammten und es nicht anders gewohnt waren, als die Frau am Kochtopfe, als Lotte den Kindern Brot schneidend zu sehen, die es wirklich und wahrhaftig, ohne Heuchelei, aber mit um so größerer Gedankenlosigkeit für „unweiblich" hielten, wenn eine unverheiratete Frau auf den eigenen Füßen stehen und nicht lieber verhungern wollte. Diese Schriftstellerkreise – oder soll man Schriftstellergreise sagen? – verlangten vom Weibe nicht mehr, als daß sie eine Romanfigur sei oder, besser noch, eine Romanfigur habe; sie konnten sich nicht in die neuen ökonomischen, seit 1848 gründlich veränderten Verhältnisse hineinfinden und wußten wenig mehr zu tun, als über den Ruin des Weibes in psychischer und physischer Hinsicht durch die schreckliche Neuzeit zu jammern. Nach ihrer Meinung ging es der gesamten Frauenwelt wunderbar gut, weil es zufällig ihrer eigenen Frau und ihren eigenen Töchtern an nichts mangelte; sie leugneten nach unberühmten Mustern einen Notstand, den sie nicht am eigenen Leibe verspürten. Sie hatten in ihrer Jugend den damals sehr modernen Hegel persönlich kennengelernt und glaubten zuversichtlich an seinen Lehrsatz: Alles, was ist, ist gut. Ihrer Meinung zufolge war für die Frau übergenug geschehen. Sie verstanden es, wie nur je ein Philosoph des Nirwana, über das absolute Nichts, die moderne Frauenbildung nämlich, stundenlang zu reden und in Entzücken auszubrechen. Alle Bestrebungen des Weibes, sich aus schwerer sozialer Not zu Nutz und Frommen des Menschengeschlechtes emporzuarbeiten, schienen ihnen nur komisch und dankbarer Lachstoff; wir Menschen finden ja alles komisch, was wir nicht kennen und nicht verstehen. […]

Mit Spott und Hohn begießt man noch immer in sogenannten „Witzblättern" … unsere mühseligen Versuche, niemandem, auch dem Manne und dem Staate nicht, zur Last zu fallen, die Hände freizubekommen für den Aufbau einer eigenen Existenz. Da späßelte schon anno 1869 ein „Humorist von Ruf" mit hinreißender Komik über die Bestrebungen etlicher Waghälse, die dem weiblichen Geschlecht das Studium der Medizin ermöglichen wollten; er besang die Kommerse künftiger Studentinnen, wo man sich in Kakao bekneipt, in die Kaffeekanne steigen muß, … Die studierenden Fräulein verlieben sich selbstverständlich in ihre Professoren, rempeln aus Eifersucht Kommilitoninnen an, fallen dann bei der Mensur in Ohnmacht und werden schließlich von den Paukärztinnen nicht verbunden, weil die kein Blut sehen können. Und all diese Scherze de dato 1869 repetierte der „Humorist von Ruf" ... neulich mit großem Behagen ... Mit solchen Waffen bekämpfen ergraute Männer, die des deutschen Volkes Lehrer sein sollten, eine ernste und große Bewegung, mit solchen Witzen, solchem Lachen glauben sie einen Notschrei übertönen zu können, der immer herzzerreißender emporsteigt! [...] Nietzsche ... spricht es ehrlich aus, wie er und seinesgleichen sich die neuzeitlichen Bestrebungen der Frau erklären: „Des Mannes ist hier wenig, darum vermännlicht sich das Weib." Es vermännlicht sich mitnichten, ihr Herren! Es beginnt nur, sich seiner Weiblichkeit bewußt zu werden; es erkennt, daß ihm die Erfüllung seiner Mission auf dieser Erde nur möglich sein wird, wenn es dem Manne keine Last mehr ist, nicht mehr aus selbstischen, materiellen Gründen um seine Liebe zu kämpfen braucht. Wohl möglich, daß unser Ideal reiner Weiblichkeit grundverschieden ist von dem derjenigen, die uns jahrtausendelang besungen haben. Doch ich meine, hellere und süßere Töne als sie wird zum Frauenlob der Zukunft—Goethe finden, der Mädchen echter, harmonisch sich ergänzender Geistes- und Herzensbildung vor sich sieht, der das wahrhaft keusche Weib kennengelernt hat, die wahrhaft besingenswerte Frau, die Herrin ihres Schicksals ist und nicht dem Reichsten, nein, dem Liebsten sich zu eigen geben kann und gibt.

Inhaltliche Teilleistungen

Lösungshinweise

Das Essay

Das Essay als persönliche Auseinandersetzung mit einem literarischen Thema in freier Form sollte dennoch bestimmte Elemente und Strukturierungen aufweisen. Im Mittelpunkt steht ein bestimmter Diskurs mit entsprechender Thematik. Zu diesem Diskurs tragen Sie mit Ihrem Essay bei. Dazu gehört die genaue Bestimmung der Frage- bzw. Problemstellung, die Darstellung verschiedener Positionen mit ihren spezifischen Ansichten und Argumentationen zur Thematik sowie eine deutliche eigene Stellungnahme mit schlüssigen Begründungen. Zudem sollte die Art und Weise der Darstellung die Lesenden zum Nachdenken und zur Reflexion anregen.
Hier ist u. a. eine interessante, die Aufmerksamkeit der Leser bündelnde Einleitung wichtig. In diesem Fall bietet sich der Einstieg mit einem Zitat an, das so gekürzt ist, dass nicht sofort die Quelle bzw. die historische Distanz erkennbar wird.

Beispiel

- Die Frau gehört „zu den bedauernswertesten und mitgenommensten Geschöpfen des Weltalls, [...] [e]s mußte sich von jeher, als die körperlich Schwächere, alle poetischen Verherrlichungen geduldig gefallen lassen, und es kam dadurch ohne sein Zutun zu allerhand an und für sich sehr schmeichelhaften Beinamen, die leider alle etwas Puppenhaftes, Herablassendes an sich tragen. Man nannte die Frauen ‚Blumen' [...] man erhob sie zum Range von ‚Königinnen', [...] die man vorschriftsmäßig [...] anbetete". Was sich hier liest wie ein Beitrag zur „Me Too"-Debatte oder zur Diskussion um das von einer Universitätsfassade entfernte Gedicht, dem frauenfeindliche Tendenzen zugeschrieben werden, ist eine Kritik an der Darstellung von Frauen in der bürgerlichen Literatur des 19. Jahrhunderts. Hat sich also in den letzten 200 Jahren nichts geändert? Wurden und werden in der Literatur und Kunst Frauenbilder tradiert, die immer noch oder immer wieder Frauen als zwar bewundernswert, aber schließlich doch schwach und unselbstständig bzw. von Männern abhängig zeigen?

Die Darstellung von Frauen und deren Rolle aus der Sicht von Thessa von R. sollte folgende Aspekte berücksichtigen:

- Äußere Textmerkmale: 1893 erscheint der vermutlich von Theodore von Rommel unter dem Pseudonym „Thessa von R." verfasste Beitrag mit dem Titel „Die Frau in der Dichtung" in einer Frauenzeitschrift.
- Thema: Der Beitrag setzt sich kritisch mit der Darstellung von Frauenfiguren in der Literatur auseinander.
- Kritik: Das Bild der Frau, das die Autorin in der Literatur ihrer Zeit gezeichnet findet, hat demnach folgende Züge. Die Frau wird einerseits verherrlicht und idealisiert, andererseits zugleich domestiziert, in pseudosatirischen Darstellungen der Frau werden alle emanzipatorischen Ansätze lächerlich gemacht, während in der intellektuellen Literatur entsprechende emanzipatorische Züge als Teil der Vermännlichung dargestellt werden.

Die Darstellung von Frauen und deren Rolle in ausgewählten literarischen Texten unterschiedlicher Zeiten

Dies ist an ausgewählten Beispielen und Textstellen zu erläutern, in deren Mittelpunkt die Schilderung der weiblichen Hauptfiguren steht. Zur Bearbeitung der Aufgabe gehört eine kurze Erläuterung der Frauenfiguren und ihrer Funktion in den literarischen Texten. Im Anschluss können die Aspekte erörtert werden, die für oder gegen eine möglicherweise kritisch zu sehende Frauendarstellung sprechen. In Betracht kommen folgende Beispiele.

Margarethe in Goethes „Faust I"

Margarethe ist die weibliche Hauptfigur der sogenannten Gretchen-Handlung in Goethes „Faust I". Sie ist eingebunden in der bürgerlichen Welt mit ihren Normen und Wertsetzungen, die sie zunächst teilt. Gretchen lässt sich umwerben, fühlt sich geehrt und sozial erhoben und bewundert Fausts Wissen und Bildung. Der Liebe zu Faust opfert sie ihre soziale Stellung und moralischen Bedenken, sie verliert schließlich sogar ihre Familie und ihr Kind. Dennoch bleibt diese Liebe für sie, trotz ihrer Schuldgefühle und Gewissensbisse, etwas Positives: „Alles war so gut so lieb." Sie entscheidet sich frei für Faust und die Liebe zu ihm und damit gegen die Normen und Regeln ihrer sozialen Umwelt. Bezogen auf ihre tragische Entwicklung kann insofern von Emanzipation gesprochen werden, wodurch sie als Protagonistin der (Gretchen-)Tragödie anzusehen wäre. Die Figurenkonzeption von Magarethe entspricht in Teilen dem Typus der verführten Bürgertöchter gemäß der Dramaturgie des bürgerlichen Trauerspiels. Gretchen hat kaum Wahlmöglichkeiten, nachdem Faust sie verführt hat, sie ein uneheliches Kind erwartet und keine Hoffnung auf Verheiratung haben kann. Sie wird in ihrer ausweglosen Situation aus Verzweiflung zur Kindsmörderin, lädt Schuld auf sich und erwartet ihre Hinrichtung. Da ihre Entwicklung in der Gretchen-Tragödie aber auch als Emanzipationsprozess verstanden werden kann, entspricht sie nicht dem bloßen Opfer-Typus.

Marie in Georg Büchners „Woyzeck“

Die Grundsituation von Marie ist durch ihre soziale Situation bestimmt. Als Mutter eines unehelichen Kindes in unterprivilegierten Verhältnissen verkörpert Marie in Büchners Drama zwar einen Gegenpol zu Woyzeck, doch bleibt sie in ihren Verhältnissen gefangen. Marie ist zunächst voller Unternehmungslust und möchte ihre emotionalen Bedürfnisse ausleben (Schmuckgeschenk, Jahrmarktszene, Affäre mit dem Tambourmajor). Auch sieht Marie, dass Woyzeck ihr als Partnerin nicht wirklich entgegenkommt. Er wird ihren (körperlichen) Ansprüchen nicht gerecht, dabei sieht sie durchaus, dass Woyzeck getrieben und „gehetzt“ wirkt. Dass Woyzeck viel arbeitet, um den Unterhalt für sie und ihr Kind zu sichern, erkennt sie an. Marie wird von Schuldgefühlen bewegt, nachdem sie sich auf den Tambourmajor eingelassen hat. Ihr Wunsch, als Frau gesehen und begehrt zu werden, ist jedoch stärker. Insofern kann Marie als Opfer der sozialen Verhältnisse gesehen werden, dennoch versucht sie, sich zu behaupten. Wenn Woyzeck an ihr zum Täter wird, bleibt er im Rahmen der Darstellung ihr gegenüber der Schwache.

Grete Samsa in Franz Kafkas „Die Verwandlung“

Gregors Schwester ist eine begabte Geigenspielerin. Nach Gregors Verwandlung übernimmt sie seine Versorgung und bemüht sich zunächst um eine wenn auch oberflächliche Pflege. Ihre Rolle in der Familie ändert sich im Laufe der Zeit, sie hält direkten Kontakt zum Verwandelten und trägt zum Familienunterhalt bei, da sie eine Stelle als Verkäuferin annimmt. Insofern vertritt sie die Welt des bürgerlichen Lebens, während sich Gregor darin nicht mehr zurechtfindet. In Kafkas Erzählung kontrastiert die fantastische mit der realistischen Welt, beide Welten sind stabil und erzeugen eine Spannung, welche die Fiktion leitet. Grete ist die weibliche Hauptfigur, die dem Protagonisten gegenübersteht.

Mia Holl in Juli Zehs „Corpus Delicti“

Mia Holl durchläuft in Juli Zehs Roman eine Entwicklung von der überzeugten Vertreterin eines staatlichen und gesellschaftlichen Systems in einer fiktiven Zukunft zu einer systemkritischen Haltung gegenüber der „Methode“. Die „ideale Geliebte“ ist Repräsentantin einer eigenen Fantasiewelt und Verbindung zu dem toten Bruder als Opfer des Systems. Als Alter Ego für Mia stellt sie den Fluchtpunkt dar, der ihr das Leben in einer bedrohlichen und feindlichen Welt überhaupt ermöglicht. Die realistische Darstellungsweise wird durch die Dystopie kontrastiert, jedoch kann der Leser das Erleben Mias mittragen: Man erlebt die bewusste Zerstörung und in der Folge den psychischen Zerfall der Figur, hier bedingt durch das System. Obwohl Kramer ihr Gegner ist und er sie als Terroristin stigmatisieren will, mag sie ihn auf eine spezielle Art und Weise, da er, wie sie auch, für seine Prinzipien und Ideen kämpft. Sie übersteht die Folter und alle anderen Torturen mit dem Gedanken an ihren Bruder und damit, dass sie überzeugt ist, als Märtyrerin sterben zu dürfen. Als sie begnadigt wird, bricht alles zusammen. Kramer als männlicher Agent und Repräsentant der „Methode“ und als Gegenspieler zu Mia ist selbst eingebunden in das überindividuelle politische und gesellschaftliche System. Zu bemerken sind intertextuelle Bezüge von Zehs Roman zu Kafkas Erzählung, denn in beiden Texten scheitert die Hauptfigur letztlich an ihrer unmenschlichen sozialen Umgebung. Daneben sind weitere Frauenfiguren in „Corpus Delicti“ in verschiedenen sozialen Zusammenhängen zu sehen. Diese Frauenfiguren werden weniger individuell und weniger selbstständig dargestellt.

Zur eigenen Position und Stellungnahme

Bei der Stellungnahme ist zu unterscheiden zwischen der inhaltsbezogenen Darstellung von Figuren und Figurenbeziehungen und der Wirkung dieser Darstellungsweisen auf die zeitgenössischen Rezipienten, also Lesepublikum um 1800, 1900 und 2000. Dabei sollte nicht nur das erzählte bzw. dargestellte Geschehen Berücksichtigung finden, sondern ebenso die Art und Weise des Erzählens bzw. der Darstellung und Dramaturgie. Neben der inhaltlichen Dimension sind also die literarischen Schreib- und Darstellungsweisen anzusprechen.
Dabei sind es zunächst eher realistische Darstellungen gesellschaftlicher Wirklichkeiten und Zusammenhänge in Bezug auf Handlung, Verhalten der Figuren sowie Themen und Motive (vergleichbar „Faust I“, „Woyzeck“). Sie ermöglichen es den Lesern, das Erzählte bzw. Dargestellte nachzuvollziehen und in Beziehung zu eigenen Erfahrungen zu bringen. Daneben stehen Erzählungen von fremden Wirklichkeiten, die aber eine kritische Sicht auf die Zusammenhänge ermöglichen (Utopie oder Dystopie).
Für viele Frauenfiguren gilt, dass mit ihrer Darstellung gerade keine Aufforderung zu einer gesellschaftlichen Veränderung verbunden wird. Doch andererseits sind ihre Bilder nicht so gezeichnet, dass die Frauen als bloße Opfer oder „Ergänzungen“ der männlichen Figuren zu sehen wären. Da in einem Essay Zuspitzungen erlaubt sind, solange sie dazu dienen, die Leser zum Nachdenken anzuregen, könnte darauf hingewiesen werden, dass mit Blick auf manche literarische Frauenfiguren gerade das ausdrückliche Ausleben von Weiblichkeit Aspekte der Emanzipation zeigen kann (etwa Margarethe, Marie).

Q1 & Q3: Fiktion und Wirklichkeit / Zwischen Tradition und Experiment, Krise und Neuanfang

Helene Hegemann / Franz Kafka / Juli Zeh

Leistungskurs

Aufgabenarten: Textbezogenes Schreiben: Interpretation / Erörterung literarischer Texte

Voraussetzungen gemäß Lehrplan und Erlass „Hinweise zur Vorbereitung auf die schriftlichen Abiturprüfungen im Landesabitur 2019"

Q1: Epochenumbruch 18./19. Jahrhundert – Literatur um 1800 und im frühen 19. Jahrhundert; Sprache, Natur als Imagination und Wirklichkeit

Q3: Subjektivität und Verantwortung – anthropologische Grundfragen

Aufgabenstellung

1. Interpretieren Sie die beiden Erzählanfänge (M 1 und M2) im Hinblick auf die inhaltliche und sprachlich-formale Gestaltung. (60 BE)

2. Erörtern Sie, ob und inwieweit Kafka als Wegbereiter des modernen Erzählens angesehen werden kann. Berücksichtigen Sie dabei die Materialien M1 und M2 sowie den nachfolgenden Ausschnitt aus Juli Zehs Roman „Corpus Delicti" (M3), in dem die Hauptfigur Mia eingeführt wird. (40 BE)

Materialgrundlage

- Franz Kafka: Die Verwandlung (Anfang). Frankfurt a. M.: Fischer Taschenbuch Verlag 2008
- Helene Hegemann: Axolotl Roadkill. © 2010 Ullstein Buchverlage GmbH, Berlin, S. 9
- Juli Zeh: Corpus Delicti. München: btb, Verlagsgruppe Random House 2010, S. 25

M1 Die Verwandlung (Anfang; 1915) *Franz Kafka (1883–1924)*

Text in alter Rechtschreibung

Als Gregor Samsa eines Morgens aus unruhigen Träumen erwachte, fand er sich in seinem Bett zu einem ungeheueren Ungeziefer verwandelt. Er lag auf seinem panzerartig harten Rücken und sah, wenn er den Kopf ein wenig hob, seinen gewölbten, braunen, von bogenförmigen Versteifungen geteilten Bauch, auf dessen Höhe sich die Bettdecke, zum gänzlichen Niedergleiten bereit, kaum noch erhalten konnte. Seine vielen, im Vergleich zu seinem sonstigen Umfang kläglich dünnen Beine flimmerten ihm hilflos vor den Augen. „Was ist mit mir geschehen?", dachte er. Es war kein Traum. Sein Zimmer, ein richtiges, nur etwas zu kleines Menschenzimmer, lag ruhig zwischen den vier wohlbekannten Wänden.

M2 Axolotl Roadkill (Anfang; 2010) *Helene Hegemann (*1992)*

O. K., die Nacht, wieder mal so ein Ringen mit dem Tod, die Fetzen angstgequälten Schlafes, mein von schicksalsmächtigen Orchestern erbebendes Kinderzimmer und all diese Einbrecherstimmen aus dem Hinterhof, die unausgesetzt meinen Namen schreien. Kein Hauptstraßenlärm und kein Stöhnen von leidenden, sich durch Stärke und Hässlichkeit hervorhebenden Monstern, die gerade gefesselt werden. Nur die Klaviatur der absoluten Dunkelheit, das Kreischen im Kopf, dieses unrhythmische Trommeln, scheiße. Früher war das alles so schön pubertär hingerotzt und jetzt ist es angestrengte Literatur. Um 16 Uhr 30 wache ich orientierungslos in einen Bettbezug gewickelt auf und bin in allererster Linie von mir selber gelangweilt. Ich kauere. Irgendwie läuft mir zu Lorbeerkränzen geflochtenes Blut aus dem rechten Ohr.

M3 Corpus Delicti *Juli Zeh (*1974)*

In dieser frühen Romanszene wird die Hauptfigur Mia eingeführt.

„Weil das Leben so sinnlos ist", sagt Mia, „und man es trotzdem irgendwie aushalten muss, bekomme ich manchmal Lust, Kupferrohre beliebig miteinander zu verschweißen. Bis sie vielleicht einem Kranich ähneln. Oder einfach nur ineinandergewickelt sind wie ein Nest aus Würmern. Dann würde ich das Gebilde auf einen Sockel montieren und ihm einen Namen geben: fliegende Bauten, oder auch: Die ideale Geliebte."

Während Mia mit dem Rücken zum Zimmer am Schreibtisch sitzt, vor sich ein paar Zettel, auf denen sie etwas notiert, liegt die ideale Geliebte auf der Coach, gekleidet in ihr eigenes Haar und das Licht der Nachmittagssonne. Durch keine Regung verrät die Schöne, ob sie versteht, was Mia spricht. Wir könnten uns fragen, ob sie Mia überhaupt wahrnimmt. Oder ob sie vielmehr in einer anderen Dimension existiert und dort ins Leere schaut, indes sich Mia bloß zufällig vor ihren Augen befindet, an einem Kreuzungspunkt zwischen den Welten. Der Blick der idealen Geliebten gleicht dem Starren eines Wassertieres, das keine Augenlider besitzt.

Inhaltliche Teilleistungen

Beispiellösung: Teilaufgabe 1

In dem Auszug aus Franz Kafkas Text „Die Verwandlung" von 1915 berichtet eine Erzählinstanz von einem fantastischen Ereignis (Gregor Samsa erwacht in seinem Zimmer als „ungeheuere[s] Ungeziefer", Z. 3 f.) im dramatischen Modus, zeitdeckend und linear, detailreich mit konkreten raum-zeitlichen Bestimmungen innerhalb einer realistischen Welt. Diese erweist sich als stabil, sie ist kein Traum. Der Erzähler, der an den Worten „dachte er" (Z. 14) zu erkennen ist, steht der Figur Samsa nahe. Er erzählt aus ihrer Sicht und ihrem scheinbar augenblicklichen Erleben, ist aber eigenständig. Der Leser erfährt detailliert und mit analytischem Blick auf Samsas verwandelten Körper Einzelheiten, die sich auf Körperausmaße und anatomische Merkmale beziehen sowie auf die Reaktion der Figur Samsa auf den ungewohnten Zustand: Samsa – und mit ihm der Leser – fragt sich, was mit ihm geschehen sei. Eine mögliche Interpretation, die sich auf eine erlebbare Wirklichkeit beziehen könnte, wird unvermittelt als erlebte Gedankenrede sofort verworfen: „Es war kein Traum." (Z. 14 f.) Dadurch werden die Welten des Realistischen und des Fantastischen miteinander verschränkt, sie sollen es bis zum Ende der Erzählung bleiben. Die im ersten Satz gehäuft verwendeten Alliterationen (unruhig, ungeheuer, Ungeziefer, vgl. Z. 1 ff.) verdeutlichen die Ungeheuerlichkeit der Situation aus der Sicht und dem persönlichen Erleben der Figur. Die drei Alliterationen funktionieren über Negationspartikel, die zugleich Bedrohlichkeit, Abscheu und Ekel vermitteln. So wird dem Leser eine surreale Situation vorgestellt, die fantastische Wirklichkeit konstruiert und zugleich bewertet. Die Erzählung widmet sich im Folgenden der Schilderung des Raumes, der die realistische Welt darstellt. Die Erkenntnis, dass diese unverändert ist und „ruhig zwischen den vier wohlbekannten Wänden" (Z. 17 f.) liegt, Samsa also nicht träumt, was die Differenz rational hätte erklären können, konfrontiert die Figur mit der Erfahrung absoluten Ausgeliefertseins an eine groteske und unbeherrschbare Situation. Die Unmittelbarkeit der Erkenntnis zieht den Leser tief hinein in die erzählte Welt und das Erleben der Figur.

Im Ausschnitt von Hegemanns Roman „Axolotl Roadkill" von 2010 fällt die Erzählinstanz mit der Hauptfigur Mifty zusammen, es liegt also homodiegetisches, intern fokalisiertes Erzählen vor. Diese Erzählweise könnte bewirken, dass sich der Leser sehr schnell mit der Figur identifiziert, in ihr Erleben und ihre Welt eintaucht und miterlebt. So wacht die Ich-Erzählerin orientierungslos und in einen Bettbezug eingewickelt in einem Bett auf, es ist bereits Nachmittag, so weit eine fikitionale Welt mit realistischen Zügen. Der Leser erfährt linear, zeitdeckend und szenisch die ersten Gedanken, die der Ich-Erzählerin durch den Kopf schießen. Diese sind assoziativ und ohne Bemühen um Verstehen von raum-zeitlichen Bestimmungen oder einer chronologisch kausalen Ereignisabfolge aggregativ zusammengestellt. Die eingesetzte bildhafte und wortgewaltige Sprache wirkt jedoch übertrieben und unangemessen durch ihre Lexik. Dadurch wird dem Leser das Miterleben verweigert, er muss eigene Erklärungen bilden, zumal das Erzählen von Anfang an wenig zuverlässig wirkt. Zwar erscheinen die Imaginationen als Erleben der Hauptfigur, wohl ihres (Alb-)Traumes, doch besteht ein Kontrast zwischen erzählten Ereignissen und Bewertung. Die Sprache ist durchgehend negativ konnotiert und charakterisiert die Hauptfigur als selbstgefällig und borniert, denn sie ist und fühlt sich allein, sehnt sich aber nicht nach Nähe in einer sozialen Welt, sondern wertet alles ab, was sie vermisst. Stimmen werden als „Einbrecherstimmen aus dem Hinterhof" (Z. 5 f.) bezeichnet, doch dass diese tatsächlich „unausgesetzt [ihren] Namen schreien" (Z. 6 f.), scheint wenig glaubwürdig. Dem fehlenden „Hauptstraßenlärm" (Z. 7) steht die als bedrohlich empfundene „Klaviatur der absoluten Dunkelheit, das Kreischen im Kopf, dieses unrhythmische Trommeln" (Z. 11 ff.) gegenüber, das bestimmend ist für die Situation, die Sehnsucht nach Menschlichkeit und Nähe aber fehlt. Formulierungen wie „zu Lorbeerkränzen geflochtenes Blut" (Z. 19 f.) oder der Hinweis auf „angestrengte Literatur" (Z. 15) erzeugen Distanz zum Erzählten, der dadurch bewirkte Illusionsbruch ist sicher beabsichtigt. So bleibt der Leser draußen, in seiner Wirklichkeit, rutscht nie in die erzählte Welt, bleibt rational beurteilend bei sich. Abgesehen von der Grundsituation, die an Kafka angelehnt ist, ist dieser Illusionsbruch wohl der größte Unterschied zwischen beiden Texten. Die Fokalisierung auf das Erleben einer Figur indes ist ähnlich, jedoch fehlt die Zuverlässigkeit des Erzählens. Auch ist die fiktive Welt nicht fantastisch, sondern realistisch, gleichwohl verwirrend. Das Erzählen verharrt in der Selbstbespiegelung, wodurch der Illusionsbruch ermöglicht wird.

Beispiellösung: Teilaufgabe 2

Ein Mensch erwacht aus einem Traum und findet sich in der realen Welt nicht zurecht. Noch im fantastischen Traumerleben gefangen, sucht er, sich zu orientieren. Dieses Thema subjektiven Erlebens ist für jeden Leser aufgrund eigener Erfahrungen plausibel, jedoch wird es in den drei Texten motivisch unterschiedlich verarbeitet.
Bei Kafka geht es um die Gleichzeitigkeit der fantastischen und der realistischen Welt, beide sind stabil und auf unbegreifliche Weise miteinander verwoben. So unfassbar die Situation auch ist, sie wird dem Leser in einfacher, nachvollziehbarer Weise geschildert, die unmittelbares Miterleben und Identifikation mit der Hauptfigur erlaubt. Dieser Umstand erzeugt eine Spannung, welche die Fiktion leitet.
Zwar knüpft Hegemanns Romananfang inhaltlich an das Traum-Erwachen-Thema an, das Erzählen jedoch bleibt hermetisch, da raum-zeitliche Bezüge zwischen äußerer und innerer Welt sowie traumhaftem und realem Erleben unklar bleiben. Die wortmächtigen Bilder sind kaum verständlich oder rational nachvollziehbar, sie erzeugen den Eindruck eines Fiebertraums, in dem die Grenzen zwischen Imaginiertem und realer Welt verschwimmen. Dadurch ist es dem Leser unmöglich, in die Fiktion einzutauchen, er bleibt auf Abstand. Der Text verweigert durchgängig jegliches Mitfühlen, der Leser bleibt Voyeur.
Juli Zeh indes knüpft wiederum an Kafka an, indem sie für die Figur Mia eine Fantasiewelt erzeugt, die ihr Eigenleben hat und damit stabil bleibt. Die ideale Geliebte stellt als Alter Ego für die Figur den Fluchtpunkt dar, der ihr das Leben in einer bedrohlichen und feindlichen Welt überhaupt möglich macht. Die realistische Darstellungsweise wird durch die Dystopie kontrastiert, jedoch kann der Leser das Erleben Mias mittragen: Man erlebt die bewusste Zerstörung und den psychischen Zerfall der Figur, hier bedingt durch das System. Unterstützt wird die Lesart auch durch einen heterodiegetischen Erzähler, der das Erleben der Figur und die Situation schildert und sogar den Leser anspricht. Der Text ist linear organisiert und erzeugt durch die Nullfokalisierung eine genaue Sicht auf die Figuren, hier die Hauptfigur Mia und der (fiktive) ideale Geliebte. All das vollzieht sich im narrativen Modus. Anders als bei Kafka erfolgt, durch diese Erzählweise ermöglicht, eine direkte Schuldzuweisung, die bei Kafka eher offenbleibt und dem Interpreten überlassen ist: Gregor Samsa stirbt in innerem Frieden. Gleichwohl lässt sich Zehs Roman direkt auf Kafkas Erzählung rückbeziehen, denn in beiden Texten scheitert die Hauptfigur an einer unmenschlichen sozialen Umgebung.
Abschließend lässt sich also sagen, dass sich beide modernen Texte thematisch-inhaltlich auf Kafka beziehen, vor allem hinsichtlich der Fokalisierung auf die innere Welt der tragenden Figur.

Q1 & Q3: Fiktion und Wirklichkeit / Zwischen Tradition und Experiment, Krise und Neuanfang

Helene Hegemann / Franz Kafka / Georg Büchner / Joseph von Eichendorff

Grundkurs

Aufgabenarten: Textbezogenes Schreiben: Interpretation/Erörterung literarischer Texte

Voraussetzungen gemäß Lehrplan und Erlass „Hinweise zur Vorbereitung auf die schriftlichen Abiturprüfungen im Landesabitur 2019"

Q1: Epochenumbruch 18./19. Jahrhundert; Sprache, Medien, Wirklichkeit

Q3: Subjektivität und Verantwortung – anthropologische Grundfragen; Neuanfänge nach historischen Zäsuren 1945 & 1990

Aufgabenstellung

1. Fassen Sie das erzählte Geschehen zusammen und charakterisieren Sie die Ich-Erzählerin unter besonderer Berücksichtigung ihrer Sprache. (30 BE)

2. Vergleichen Sie im Hinblick auf Gemeinsamkeiten und Unterschiede das Lebensgefühl der Ich-Erzählerin und ihr Erleben der Umwelt mit Woyzeck. (40 BE)

3. Vergleichen Sie das Erzählen hinsichtlich der Themen und Motive von Eichendorff mit Kafka und Hegemann: Wo sehen Sie Gemeinsamkeiten und wo Unterschiede? Erörtern Sie diese Frage vor dem Hintergrund Ihrer Ergebnisse. (30 BE)

Materialgrundlage

Helene Hegemann: Axolotl Roadkill. © 2010 Ullstein Buchverlage GmbH, Berlin, S. 56–59

Axolotl Roadkill (2010) *Helene Hegemann (geb. 1992)*

Die sechzehnjährige Mifti lebt seit dem Tod ihrer Mutter bei ihren Geschwistern: „Ich bin 16 Jahre alt und momentan zu nichts anderem mehr in der Lage, als mich trotz kolossaler Erschöpfung in Zusammenhängen etablieren zu wollen, die nichts mit der Gesellschaft zu tun haben, in der ich zur Schule gehe und depressiv bin. Ich bin in Berlin. Es geht um meine Wahnvorstellungen."

Obwohl intelligent und gut situiert, nimmt sie Drogen und verweigert die Schule. Zusammen mit zwei Freunden, Tina und Pörksen, ist sie in der Berliner Szene unterwegs.

„Haste Lust auf einen speziellen Mix aus Dorfdisco und Cowboysaloon, Mifti? Stell dir vor, Ronald Reagan macht 'ne Party in seinem Hobbykeller!"

Tina nur so: „Und der Gorbatschow legt auf!“

Und Pörksen dann wieder so, also bestialisch stotternd „Und da hängen wir heute Abend nämlich rum, kleines Baby. Leer, aber Techno.“

Obwohl mich mit Dekadenz gekoppelte Fäulnis stark fasziniert und ich normalerweise standhaft bin, seh ich mich bereits in einer Masse freizügiger Menschen untergehen, die ihre letzte Chance auf hemmungslosen Sex am Sonntagabend nicht verpassen wollen.

„Ey, Scheiße, warum habt ihr mir das nicht gesagt?“

„Wie jetzt?“

„Ja, guck dir bitte mal die Scheiße hier an.“

„Was denn, das ist doch geil! Hast du eigentlich mal dieses Video gesehen, das ich dir geschickt habe, wo die Frau zu ihrem Mann sagt: ‚Harald, ich geh den Hund trainieren!‘ Und er so: ‚Ja, zieh dir aber bitte was Warmes an, es ist frisch draußen?!‘“

„Ähm ...“

„Jedenfalls veranstaltet diese Party so ein komischer Typ, der heißt Ismail und ist echt schräg. Zum Beispiel hatte er mal so ein Erlebnis, angeblich komplett ohne Drogen, wo sein Gehirn sich plötzlich umgedreht hat. Also, diese ganze Gehirnmasse ist irgendwie nach links weggedriftet, und dann war oben und unten im Kopf ein Hohlraum, und es hat sich dann sozusagen umgedreht, das Gehirn, und jetzt sieht er alles verkehrt rum.“

„Gewöhnt man sich an so was?“

„Offenbar schon.“

Pörksen hat Ahnung von vielen Dingen. Ich saß mal in so einem Auto, das ihm über die Ferse gefahren ist, und er danach so: „Keine Sorge, das ist harmlos, ich habe darüber mal eine Dokumentation auf 3sat gesehen.“

[...] In diesem schwarz gestrichenen Heizkellerloch ist es naheliegend zu vermuten, dass man in irgendeiner jenseitigen Unwelt gelandet ist. An dem Punkt bin ich jetzt also, manche tragen hier venezianische Masken, und das Motto heißt unerforschte Territorien, und faszinieren tut mich so was echt nicht. Es gibt nicht genügend Freiraum, um auf der simulierten Tanzfläche unkoordiniert abzuspasten, dafür sind zu viele verzerrte Menschen anwesend, die die Party am heutigen Abend auch ohne speziellen Fetisch erkunden dürfen. Ich trinke Wodka Cranberry auf einer Sitzfläche aus Stahl, bewege mich nicht vom Fleck und atme so selten wie möglich ein, um nichts Unvorhergesehenes zu inhalieren. Ein Mädchen hängt mit ausgekugelten Schultern an einer an der Decke befestigten Kette, über ihren Rücken ziehen sich Geweberisse. Wir empfinden es natürlich nicht als gerechtfertigt, ihre Schreie nicht als Teil der inszenierten Situation einzuordnen.

Das hier ist eine Parallelwelt. Wir sitzen neben einer Frau, die sich Smily Susi nennt, und ihrem Typen. Die beiden sind ungefähr fünfzig und haben tätowierte Glatzen. „Mifti, hör mal kurz zu, die Smily Susi kenn ick seit'm Grundschulturnen! Da saß sie immer in ihrem hellblauen Biberstoffbody auf einer Bank und war total alleingelassen. [...] Kennst du eigentlich Tuffi?“ „Was?“ „Diesen Elefanten, der in den Sechzigern aus der Schwebebahn in Wuppertal gesprungen ist?“

„WAS?“

„Du kennst ihn also nicht, schade. Da gab es einen Elefanten vom Zirkus und der wurde als Werbegag durch die Schwebebahn geführt und ist da dann allen Ernstes rausgesprungen.“ „ZEN, Liebling, Zen.“ „Was ist Zen?“ „Ich buchstabiere das mal für dich: Z-E-N. Es gibt doch den Zenbuddhismus, und Zen ist halt so ein Zustand, voll meditativ, wo dir alles egal ist. Und währenddessen denkst du aber trotzdem manchmal an Sachen, die du noch machen musst und ...“ „Was?“ „Also, man denkt dann an Sachen, die man machen muss, zum Beispiel Klopapier kaufen, und so ein Typ, der meditative Reisen veranstaltet mit fünfzig Leuten zusammen, hat mal zu mir gesagt, dass man sich sagen muss: Auf Wiedersehen, ich muss noch Klopapier kaufen.“ „WAS?“ „Auf Wiedersehen, ich muss noch Klopapier kaufen.“

Jetzt erst merke ich, dass hier niemand ein Gesicht hat. Das ist lichttechnisch trickreich, wenn auch unergründlich gelöst: Niemand hat ein Gesicht, es herrscht grenzenlose Anonymität. Hier geht es also um Gott.

Nur auf dieser Party ist man anonym, man ist nur dann anonym, wenn man Gott ist. Ein Feuerbad. Die Hölle. Sex ist ja immer ein gewalttätiger Akt. Eusebius von Cäsarea sagt: „Wehe dem, der die Hölle jetzt für lächerlich hält und die Hölle erst an sich erfahren muss, ehe er an sie glaubt.“

Und obwohl ich als aufgeklärter Mensch die Hölle lange Zeit als machtpolitisches Instrument gedeutet habe, glaube ich jetzt an sie. Von einer Sekunde zur anderen bin ich woanders. In einer Fernsehdokumentation in Sibirien, wo Wissenschaftler bei einer Erdbebenentstehungs-Forschungsbohrung in neun Kilometern Tiefe einen Hohlraum erreichen. Sie lassen ein Mikrofon in die Höhle. Über das Mikrofon ist das Geschrei menschlicher Stimmen zu hören. Unzähliger Stimmen. Und später dann steigt eine giftige Gaswolke aus dem Bohrloch auf. Jeder kleinste Ton dringt durch das knöcherne Labyrinth in mein Innenohr, und ich erkenne diese Stimmen wieder, und sie teilen mir etwas mit, was definitiv nicht von dem Erschaffer des Tracks kalkuliert wurde vorher. Diese Musik und ich und eine grauenhafte Kreatur mit wüster Fratze und Krallen, die bei der Bergung des Bohrkopfes erscheint und mich anfaucht, so dass ich in Panik den Platz verlasse.

Inhaltliche Teilleistungen

Teilaufgabe 1

1. Einleitung und knappe Inhaltsübersicht

Erwartet wird hier, ausgehend von einem Einleitungssatz, der Autorin, Titel, Erscheinungsjahr und Thema nennt, eine gekürzte und dabei gewichtete Wiedergabe der wesentlichen Aussagen:

- „Einladung“ zur Party (wörtliche Rede), Kommentar sowie Urteil der Ich-Erzählerin dazu
- Beschreibung ihres Begleiters, des Raumes, der Anwesenden; Geschichten, aber keine Kommunikation; verschiedene Beobachtungen (Licht, Tanzen, Alkohol)
- Beschreibung des eigenen Körpergefühls, Assoziationen, die nichts mehr mit der Party selbst zu tun haben (Parallelwelt, Anonymität, Höllenvision)

2. Darstellung des Lebensgefühls und Charakterisierung der Ich-Erzählerin

Mifti als Ich-Erzählerin ist zugleich Hauptfigur, Tina und Pörksen sowie die anderen Menschen dienen nur als Kulisse. Für den Leser erfolgt die Charakterisierung indirekt, nämlich über die Figurensprache im Roman.

- assoziativ, Satzfetzen (Ellipse), z. B.: „Tina nur so: ‚Und der Gorbatschow legt auf!' Und Pörksen dann wieder so, also bestialisch stotternd […]" (Z. 19–22)
- Umgangs- bzw. Szenesprache, z. B.: „Haste Lust …" (Z. 15); „Und da hängen wir heute Abend nämlich rum, kleines Baby. Leer, aber Techno." (Z. 22–24)
- Übertreibungen, z. B.: „bestialisch stotternd" (Z. 21 f.); „abzuspasten" (Z. 74)
- Paradoxon (vor allem inhaltlich und immer an den Stellen, wo die Innensicht deutlich wird), z. B.: „mit Dekadenz gekoppelte Fäulnis" (Z. 25 f.)
- Symbol, z. B.: „Ein Feuerbad. Die Hölle." (Z. 131); „Hier geht es also um Gott." (Z. 126 f.)
- Sarkasmus, z. B.: „seh ich mich bereits in einer Masse freizügiger Menschen untergehen, die ihre letzte Chance auf hemmungslosen Sex am Sonntagabend nicht verpassen wollen." (Z. 27–31)

Erkennbar wird damit eine Figur, die in ihrer eigenen Welt lebt und ihre Mitmenschen nur abwertend beurteilt, eben als Kulisse für die eigene Inszenierung ansieht. Eine echte Kommunikation findet nicht statt, denn die Charakterisierung gilt ebenso für ihren Begleiter Pörksen.

Teilaufgabe 2

Ein Vergleich zwischen einem unbekannten Erzähltext mit im Unterricht gelesenen Texten hinsichtlich vorgegebener Thematiken

1. Vergleich der Motive „Lebensgefühl" und „Erleben der Umwelt": Büchners „Woyzeck" vs. Hegemanns „Mifti"

Motive: Figur „Woyzeck"	Motive: Figur „Mifti"
kein typischer Held, gedrückt, leidend; der Schwache, Erniedrigte	Prototyp der Wohlstandsverwahrlosten, leidet am meisten unter sich selbst
keine sozialen Beziehungen, die tragfähig sind, isoliert, bedrohliche Umwelt	soziale Beziehungen nicht tragfähig, dienen nur der Abgrenzung/Selbstvergewisserung: großspurig, von sich überzeugt, damit absolut „asozial"
beruflich: austauschbar, untergeordnet, kein Geld, Abhängigkeit und Unterordnung	hat Geld von den Eltern/Verwandten, verdient nichts, schwänzt die Schule, keine Abhängigkeit und Unterordnung: lebt nur für sich in selbst definierten Strukturen

gehetzt, immer unter Zeitdruck; Freizeit (Kirmes) ist für ihn die absolute Ausnahme (wegen ökonomischer Misere)	immer entspannt, narzisstisch, den ganzen Tag mit sich beschäftigt, nur Freizeit, Freiheit, Langeweile: immer auf der Suche nach dem Kick (Drogen, Sex, Alkohol)
keine Sprache für das, was ihm Angst macht; stattdessen Schizophrenie (Stimmen), Träume, apokalyptische Visionen/ Halluzinationen, Aberglaube (Pseudoerklärung Freimaurer)	elaboriert, wort- und sprachgewaltig, voller Fantasien (die aus den Drogenexzessen zu erklären sind, aber auch auf exzessiven Medienkonsum schließen lassen)

Teilaufgabe 3

Die Art und Weise des modernen Erzählens in „Axolotl Roadkill" kann zunächst mit beiden Traditionen (Realismus und Moderne) verglichen werden. Die Entwicklungslinie lässt sich so beschreiben: von Eichendorffs romantischer und ausschließlich auf das Erleben des Protagonisten fokussierter Darstellungskunst über Kafka („Die Verwandlung") bis hin zu Juli Zeh. Verbindende Motive und Themen sind insbesondere das Zurückgeworfensein auf das eigene Ich sowie das Leiden des Individuums. Von der romantischen Tradition wiederum können die vom Text ausgehende solipsistische Haltung der Hauptfigur und die Wendung gegen Vernunft und Aufklärung abgeleitet werden, die sich in der Moderne zuspitzen (Kafka, vor allem aber die Dystopie im Roman von Juli Zeh).
Der Unterschied bei Hegemann ist jedoch, dass ihr Roman „Axolotl Roadkill" die zentralen Fragen (Was ist der Mensch [im Gegensatz zum Tier]? Was treibt ihn zu seinen Handlungen? Was erlöst den Menschen aus seiner Einsamkeit, den Zwängen und der Sinnlosigkeit seines Lebens? Wie findet er zum Du?) nicht mehr thematisiert. Der Einzelne lebt isoliert, in sich, anonym, verachtet seine Umwelt und fühlt sich dabei wohl. Er lehnt jede echte menschliche Kommunikation (dem Du zugewandt) völlig ab.

Q1 & Q3: Fiktion und Wirklichkeit / Zwischen Tradition und Experiment, Krise und Neuanfang

Johann Wolfgang Goethe / Joseph von Eichendorff

Leistungskurs & Grundkurs

Aufgabenarten: Textbezogenes Schreiben: Interpretation / Erörterung literarischer Texte

Voraussetzungen gemäß Lehrplan und Erlass „Hinweise zur Vorbereitung auf die schriftlichen Abiturprüfungen im Landesabitur 2019“

Q1: Epochenumbruch 18./19. Jahrhundert; Sprache, Natur als Imagination und Wirklichkeit

Q3: Subjektivität und Verantwortung – anthropologische Grundfragen

Aufgabenstellung (LK-Niveau)

1. Interpretieren Sie das Gedicht „An den Mond“ von Johann Wolfgang Goethe (M1; 40 BE).

2. Vergleichen Sie Goethes Gedicht „An den Mond“ mit Josef von Eichendorffs Gedicht „Mondnacht“ (M2) im Hinblick auf inhaltlich-motivische und sprachlich-formale Aspekte der ästhetischen Gestaltung des Naturmotivs. Berücksichtigen Sie dabei den jeweiligen literaturgeschichtlichen Kontext sowie mögliche intertextuelle Bezüge. (60 BE)

Materialgrundlage

- Johann Wolfgang Goethe: An den Mond. Aus: http://gutenberg.spiegel.de/buch/gedichte-9503/86
- Joseph von Eichendorff: Mondnacht. Aus: Ders., Gedichte. Frankfurt am Main: Fischer Taschenbuch Verlag 2010, S. 293

M1 An den Mond (1786/1789) *Johann Wolfgang Goethe (1749 – 1832)*

Text in alter Rechtschreibung

Füllest wieder Busch und Tal
Still mit Nebelglanz,
Lösest endlich auch einmal
Meine Seele ganz;

Breitest über mein Gefild
Lindernd deinen Blick,
Wie des Freundes Auge mild
Über mein Geschick.

Jeden Nachklang fühlt mein Herz
Froh- und trüber Zeit,
Wandle zwischen Freud' und Schmerz
In der Einsamkeit.

Fließe, fließe, lieber Fluß!
Nimmer werd' ich froh;
So verrauschte Scherz und Kuß
Und die Treue so.

Ich besaß es doch einmal,
was so köstlich ist!
Daß man doch zu seiner Qual
Nimmer es vergißt!

Rausche, Fluß, das Tal entlang,
Ohne Rast und Ruh,
Rausche, flüstre meinem Sang
Melodien zu,

Wenn du in der Winternacht
Wütend überschwillst
Oder um die Frühlingspracht
Junger Knospen quillst.

Selig, wer sich vor der Welt
Ohne Haß verschließt,
Einen Freund am Busen hält
Und mit dem genießt,

Was, von Menschen nicht gewußt
Oder nicht bedacht,
Durch das Labyrinth der Brust
Wandelt in der Nacht.

M2 Mondnacht (1837) *Joseph von Eichendorff (1788–1857)*

Text in alter Rechtschreibung

Es war, als hätt' der Himmel
Die Erde still geküßt,
Daß sie im Blütenschimmer
Von ihm nun träumen müßt'.

Die Luft ging durch die Felder,
Die Ähren wogten sacht,
Es rauschten leis die Wälder,
So sternklar war die Nacht.

Und meine Seele spannte
Weit ihre Flügel aus,
Flog durch die stillen Lande,
Als flöge sie nach Haus.

Inhaltliche Teilleistungen

Beispiellösung: Teilaufgabe 1

In Johann Wolfgang Goethes Gedicht „An den Mond", das auf 1786/1789 datiert wird, lässt sich ein lyrischer Sprecher im Ansehen des Mondes auf eine Rückschau ein. Dabei lässt er Erlebnisse Revue passieren und schaut auf das ihm entschwundene Glück zurück, bleibt aber nicht sehnsüchtig oder traurig-melancholisch, sondern gelangt über die Reflexion und Betrachtung der grenzenlosen und wirkmächtigen Natur zurück in einen Zustand des seelischen Gleichgewichts und der Bewusstheit. So gelingt es ihm, die Natur als belebendes, vitales und dynamisches Prinzip anzuerkennen und für die Selbsterfahrung als reinigend zu nutzen. Der eigene Geist ist entscheidend, er muss nämlich die Gegensätze insofern vereinigen, als er das Schwärmen und Klagen überwinden und mittels Selbstreflexion zu einer höheren Ebene gelangen muss. Das Vertrauen in die inneren Bildungskräfte und in eine äußere Bildbarkeit helfen ihm, was eine Reifung der menschlichen Seele bedeutet.

Ein direktes lyrisches Ich (vgl. V. 14 und V. 17) spricht zunächst vertrauensvoll den Mond an, der für es Symbol des Trostes, des Verstehens sowie der Reinigung und Erlösung von seelischen Schmerzen ist. In den ersten drei Strophen, die in ihrer Stimmung einerseits liedhaft melodisch, zugleich aber melancholisch-gedämpft sind, fungiert der Mond als Freund und Begleiter des lyrischen Sprechers. Diese melancholische Grundstimmung wird durch den vierhebigen Trochäus klanglich erzeugt, die Kreuzreime und durchgängig männlichen Kadenzen unterstützen den eher einfachen und melodisch-liedhaften Ton. In der vierten der insgesamt neun Strophen, also etwa in der Mitte des Gedichtes, wechselt der Adressat des lyrischen Subjektes. Nun ist es der Fluss, der – ebenso freundschaftlich-vertraut und sogar mit dem Adjektiv „lieber" angesprochen – als stiller Zuhörer die intimsten Geheimnisse des lyrischen Ichs erfährt: So werde das lyrische Ich niemals wieder froh, Scherz und Kuss seien ebenso wie die Treue verrauscht, und diese Erfahrung verbleibe unauslöschlich in der gequälten Seele. In der Mitte des Gedichtes ist nun die Ursache für den seelischen Zustand ausgesprochen. Die Natur ist nicht statisch und unbelebt, vielmehr dient sie dem lyrischen Ich: der Mond als Symbol für Natur und Trost (vgl. V. 3 f., V. 5 f. und V. 11 f.) ebenso wie der Fluss, der auf Zeit, Erneuerung, Reinigung und Wiederbelebung verweist (vgl. V. 21 ff. sowie V. 25 ff.). Konsequenterweise werden sowohl der Mond als auch der Fluss personifiziert, doch während der Mond einfach im Indikativ angesprochen wird, erhält der Fluss seine Ansprache im Imperativ („Fließe", V. 13, „Rausche, flüstre", V. 23), der durch seinen beschwörenden Ton lebendige Dynamik vermittelt. So erschließt sich auch, dass der Fluss es ist, der den lyrischen Sprecher in Bewegung zu bringen vermag: Er fordert den Fluss auf, ihm die Melodien zu seinem Gesang zuzuflüstern (vgl. V. 23 f.), und hofft wohl darauf, dass die Energie des Flusses sich auf ihn überträgt: „[...] flüstre meinem Sang // Melodien zu, // Wenn du in der Winternacht // Wütend überschwillst [...]" (V. 23 ff.). Damit wird die Selbstreflexion in den letzten zwei Strophen vorbereitet: Das lyrische Ich erkennt und erlebt, dass Freundschaft, hier in Gestalt von Mond und Fluss (also Naturmetaphern), Offenheit und (Nächsten-)Liebe ermöglicht und dies die Emotionen sind, die denen der seelischen Qual und des Hasses entgegenstehen, den Menschen reinigen und als gereift und erlöst zurück ins Leben entlassen. Hierzu ist die bewusste Auseinandersetzung unabdingbar, denn nur was „gewußt" (V. 33) und „bedacht" (V. 34) wird, löst die Brust und wandelt nicht mehr im Labyrinth der Nacht (vgl. Strophe 9.).

Beispiellösung: Teilaufgabe 2

In Joseph von Eichendorffs „Mondnacht" von 1837 herrscht ein für die Romantik typischer volksliedhafter Ton, der durch das Formale unterstützt wird: Drei Vierzeiler lassen das Sommergedicht schon äußerlich sehr übersichtlich erscheinen. Durch die durchgängigen Kreuzreime, die weitgehend rein sind (bis auf „Himmel" – „Blütenschimmer"), sowie die einfache Wortwahl wirkt das Gedicht eingängig, was in der Verwendung des romantischen Volksliedverses (dreihebiger Jambus) seine Entsprechung hat.

Thema des kleinen Gedichtes ist die Sehnsucht des – auch hier wieder – direkten lyrischen Sprechers nach einer seelenhaften Entgrenzung, angeregt durch die Naturerfahrung. Das lyrische Ich bei Eichendorff bleibt aber passiv, erlebt die Rückkehr der Seele zu den Ursprüngen, und zwar im Rückblick, denn das Ganze ist (gekennzeichnet durch den Gebrauch des

Präteritums „flog“, V. 11, und des Konjunktivs II „flöge“, V. 12) bereits geschehen und wird aus der Erinnerung berichtet. Diese Erinnerung ist jedoch keine subjektiv-private, sondern eine mythisch-kollektive und bezieht sich auf den Mythos der Entstehung der Welt in der griechischen Mythologie, weswegen es keinen eindeutigen Adressaten gibt.
Zwar handelt es sich auch bei dem Gedicht „Mondnacht“ um ein erlebendes, direktes lyrisches Ich, dies wird aber erst spät und nur indirekt erkennbar, nämlich durch das Possessivpronomen „meine“ in der letzten Strophe (V. 9). Verstärkt wird dies durch die einleitende Pronominalkonstruktion „Es“ in Vers 1 und 7, womit zugleich eine Zweiteilung ersichtlich wird.
Eichendorffs lyrisches Ich erinnert sich in der ersten Strophe, allerdings an der Grenze des sprachlich Mitteilbaren. Das wird inhaltlich durch das Bild der liebenden Vereinigung von Himmel und Erde (vgl. V. 1 f.) sowie formal durch die Als-ob-Konstruktion und den Gebrauch des Konjunktivs II verdeutlicht. Die beiden letztgenannten Elemente wiederholen sich in den letzten Versen (vgl. V. 11 f.) und verklammern damit die beiden Teile.
In Strophe 1 lässt sich das Erleben des lyrischen Ichs als imaginativ beschreiben („Es war, als“, V. 1, „still geküßt“, V. 2, „Blütenschimmer“, V. 3), in einer Art Traumzustand.
Strophe 2 beschreibt tatsächliche Naturgegebenheiten, die im parataktischen Zeilenstil aneinandergereiht werden: „Luft“ geht durch „Felder“, beides V. 5, „Ähren wogten“, V. 6, „rauschten […] Wälder“ (V. 7), „sternenklar […] die Nacht“ (V. 8). Alle sind positiv konnotiert, inhaltlich sind sie das Ergebnis der Vereinigung von Himmel und Erde. Auch das Motiv der Bewegung findet sich wieder, hier als eine Luftbewegung (vgl. V. 5), die gleichermaßen verantwortlich ist für das Wogen, das Rauschen und den sternklaren Nachthimmel.
Strophe 3 zeigt den lyrischen Sprecher in seiner Erfahrung seelischer Entgrenzung, allerdings in typisch romantischer Art: Anknüpfend an die in Strophe 1 hervorgerufene Unsagbarkeit und formalsprachlich verklammert durch das konjunktivische „flöge“ (V. 12), kommt die Seele des lyrischen Ichs in einen Zustand metaphysischen Seins, der unfassbar bleibt, denn das lyrische Ich erzählt aus der (kollektiven) Erinnerung. Ist die Seele angekommen, wird sie ankommen, gibt es eine übersinnliche Welt als Ruhesitz der Seelen jenseits des irdischen Daseins und/oder findet sie in sich selbst ihre Heimatstätte? All das bleibt offen, in einer Art Schwebezustand.

Der Vergleich der Gedichte „An den Mond“ und „Mondnacht“ offenbart auf den ersten Blick viele Gemeinsamkeiten, wie etwa die Hinwendung des direkten (gepeinigten) lyrischen Sprechers an die Natur (Mond, Fluss, Himmel usw.) sowie ein unmittelbares, intensives Naturerleben. Das Motiv des Mondes, bei Goethe als Freund und Vertrauter verwendet, erscheint bei Eichendorff gleichsam als Kulisse für die Stimmung des lyrischen Sprechers. Die Bewegung, in die beide Seelen geraten, wird in Goethes Gedicht durch das Fließen des Flusses erzeugt, bei Eichendorff ist es der Wind, der der Seele das sphärische Fliegen ermöglicht. Das Motiv der Hoffnung auf Erlösung der eigenen Seele ist ähnlich, jedoch sehr unterschiedlich verarbeitet, flieht bei Eichendorff ins Unbestimmte, ins Transzendente und letztlich in den Wunsch oder den Traum nach Vereinigung mit dem Göttlich-Überirdischen. Bei Goethe dient sie dem lyrischen Sprecher zur Selbsterkenntnis und Reifung, führt ihn in die Bewusstheit, und zwar durch die eigene seelische Tätigkeit, die als Teil der Natur über vitalisierende, dynamische Bildungskräfte verfügt, die durch äußere Naturkräfte ausgebildet

werden können. Typisch ist diese Haltung für Goethes Idealismus und es zeigt sich hier der Freundschaftskult und Diskurs mit zahlreichen Zeitgenossen wie Spinoza, Fichte, Schiller oder auch Frau von Stein.
Eichendorff dagegen gilt als typischer Vertreter der (Spät-)Romantik, auch wenn sein Gedicht „Mondnacht“ aus dem Jahr 1837 stammt.
Das vordergründig harmonisierende Natur- und Stimmungsbild, besonders der ersten beiden Strophen, mündet in die Sehnsucht nach Vereinigung mit dem Transzendenten und ist daher letztlich von einem Erleben der eigenen Beschränkung gekennzeichnet, was typisch für die Romantik ist und angesichts der politisch-gesellschaftlichen Entwicklungen in Europa auch folgerichtig erscheint. Dem Menschen bleibt nur, im ewigen Lauf der Welt zu verharren, darauf ist er beschränkt (vgl. dazu den Gebrauch des Konjunktivs bei Eichendorff). Das lyrische Subjekt erlebt die Diskrepanz zwischen eigenem Anspruch, individuellem Sehnen und realen Verhältnissen. Damit offenbart sich jegliche Erhebung über die menschlichen Beschränkungen mittels Imagination als Selbsttäuschung. Darin zeigt sich ein für die Romantik typisches Erleben, eine typische Erkenntnis, die als romantische Ironie bezeichnet wird.

Aufgabenstellung (GK-Niveau)

1. Interpretieren Sie das Gedicht „Mondnacht“ (M2) von Joseph von Eichendorff auch unter Berücksichtigung epochenspezifischer Merkmale. (40 BE)

2. Untersuchen Sie die Gestaltung des Naturmotivs in „Mondnacht“ inhaltlich und sprachlich-formal und vergleichen Sie diese mit der in Johann Wolfgang Goethes Gedicht „An den Mond“. (30 BE)

3. Begründen Sie im Hinblick auf gesellschaftspolitische und epochentypische Merkmale, ob und inwiefern Goethes Gedicht für Eichendorff eine Vorlage gewesen sein könnte, beziehen Sie hier Ihre Ergebnisse zu Aufgabe 1 ein. (30 BE)

Inhaltliche Teilleistungen

Beispiellösung: Teilaufgabe 1

(Hinweis: Diese Lösung ist identisch mit der Lösung zur Aufgabe 2, erster Teil, LK-Niveau.)

In Joseph von Eichendorffs „Mondnacht“ von 1837 herrscht ein für die Romantik typischer volksliedhafter Ton, der durch das Formale unterstützt wird: Drei Vierzeiler lassen das Sommergedicht schon äußerlich sehr übersichtlich erscheinen. Durch die durchgängigen Kreuzreime, die weitgehend rein sind (bis auf „Himmel“ – „Blütenschimmer“), sowie die einfache Wortwahl wirkt das Gedicht eingängig, was in der Verwendung des romantischen Volksliedverses (dreihebiger Jambus) seine Entsprechung hat.
Thema des kleinen Gedichtes ist die Sehnsucht des – auch hier wieder – direkten lyrischen Sprechers nach einer seelenhaften Entgrenzung, angeregt durch die Naturerfahrung. Das lyrische Ich bei Eichendorff bleibt aber passiv, erlebt die Rückkehr der Seele zu den Ursprüngen, und zwar im Rückblick, denn das Ganze ist (gekennzeichnet durch den Gebrauch des Präteritums „flog“, V. 11, und des Konjunktivs II „flöge“, V. 12) bereits geschehen und wird

aus der Erinnerung berichtet. Diese Erinnerung ist jedoch keine subjektiv-private, sondern eine mythisch-kollektive und bezieht sich auf den Mythos der Entstehung der Welt in der griechischen Mythologie, weswegen es keinen eindeutigen Adressaten gibt.
Zwar handelt es sich auch bei dem Gedicht „Mondnacht" um ein erlebendes, direktes lyrisches Ich, dies wird aber erst spät und nur indirekt erkennbar, nämlich durch das Possessivpronomen „meine" in der letzten Strophe (V. 9). Verstärkt wird dies durch die einleitende Pronominalkonstruktion „Es" in Vers 1 und 7, womit zugleich eine Zweiteilung ersichtlich wird.
Eichendorffs lyrisches Ich erinnert sich in der ersten Strophe, allerdings an der Grenze des sprachlich Mitteilbaren. Das wird inhaltlich durch das Bild der liebenden Vereinigung von Himmel und Erde (vgl. V. 1 f.) sowie formal durch die Als-ob-Konstruktion und den Gebrauch des Konjunktivs II verdeutlicht. Die beiden letztgenannten Elemente wiederholen sich in den letzten Versen (vgl. V. 11 f.) und verklammern damit die beiden Teile.
In Strophe 1 lässt sich das Erleben des lyrischen Ichs als imaginativ beschreiben („Es war, als", V. 1, „still geküßt", V. 2, „Blütenschimmer", V. 3), in einer Art Traumzustand.
Strophe 2 beschreibt tatsächliche Naturgegebenheiten, die im parataktischen Zeilenstil aneinandergereiht werden: „Luft" geht durch „Felder", beides V. 5, „Ähren wogten", V. 6, „rauschten [...] Wälder" (V. 7), „sternenklar [...] die Nacht" (V. 8). Alle sind positiv konnotiert, inhaltlich sind sie das Ergebnis der Vereinigung von Himmel und Erde. Auch das Motiv der Bewegung findet sich wieder, hier als eine Luftbewegung (vgl. V. 5), die gleichermaßen verantwortlich ist für das Wogen, das Rauschen und den sternklaren Nachthimmel.
Strophe 3 zeigt den lyrischen Sprecher in seiner Erfahrung seelischer Entgrenzung, allerdings in typisch romantischer Art: Anknüpfend an die in Strophe 1 hervorgerufene Unsagbarkeit und formalsprachlich verklammert durch das konjunktivische „flöge" (V. 12), kommt die Seele des lyrischen Ichs in einen Zustand metaphysischen Seins, der unfassbar bleibt, denn das lyrische Ich erzählt aus der (kollektiven) Erinnerung. Ist die Seele angekommen, wird sie ankommen, gibt es eine übersinnliche Welt als Ruhesitz der Seelen jenseits des irdischen Daseins und/oder findet sie in sich selbst ihre Heimatstätte? All das bleibt offen, in einer Art Schwebezustand.

Beispiellösung: Teilaufgabe 2

Der Vergleich der Gedichte „An den Mond" und „Mondnacht" offenbart auf den ersten Blick Gemeinsamkeiten, wie etwa die Hinwendung des direkten (gepeinigten) lyrischen Sprechers an die Natur (Mond, Fluss, Himmel usw.). Das Motiv des Mondes, bei Goethe als Freund und Vertrauter verwendet, erscheint bei Eichendorff gleichsam als Kulisse für die Stimmung des lyrischen Sprechers. Die Bewegung, in die beide Seelen geraten, wird in Goethes Gedicht durch das Fließen des Flusses erzeugt, bei Eichendorff ist es der Wind, der der Seele das sphärische Fliegen ermöglicht. Das Motiv der Hoffnung auf Erlösung der eigenen Seele ist ähnlich, jedoch sehr unterschiedlich verarbeitet, flieht bei Eichendorff ins Unbestimmte, ins Transzendente und letztlich in den Wunsch oder den Traum nach Vereinigung mit dem Göttlich-Überirdischen. Bei Goethe dient dem lyrischen Sprecher zur Selbsterkenntnis und Reifung und führt ihn in die Bewusstheit, und zwar durch die eigene seelische Tätigkeit.

Eichendorff als typischer Vertreter der (Spät-)Romantik hat sein Gedicht „Mondnacht“ im Jahr 1837 verfasst. Das vordergründig harmonisierende Natur- und Stimmungsbild, besonders der ersten beiden Strophen, mündet in die Sehnsucht nach Vereinigung mit dem Transzendenten und ist daher letztlich von einem Erleben der eigenen Beschränkung gekennzeichnet, was typisch für die Romantik ist und angesichts der politisch-gesellschaftlichen Entwicklungen in Europa auch folgerichtig erscheint. Dem Menschen bleibt nur, im ewigen Lauf der Welt zu verharren, darauf ist er beschränkt (vgl. dazu den Gebrauch des Konjunktivs). Das lyrische Subjekt erlebt die Diskrepanz zwischen eigenem Anspruch, individuellem Sehnen und realen Verhältnissen. Damit offenbart sich jegliche Erhebung über die menschlichen Beschränkungen mittels Imagination als Selbsttäuschung. Das ist ein für die Romantik typisches Erleben sowie eine typische Erkenntnis.

Beispiellösung: Teilaufgabe 3

Zwischen den beiden Gedichten von Goethe und Eichendorff liegt ein halbes Jahrhundert und es ist anzunehmen, dass Eichendorff Goethes Gedicht gekannt und genutzt hat. Wichtiger aber als der Vergleich von Stilmitteln und Inhalten ist wohl, dass sich in diesem halben Jahrhundert die gesellschaftlichen und politischen Verhältnisse in Europa entscheidend geändert hatten. Dem zunächst idealistischen Menschenbild der Klassik, das auf die ästhetische Erziehung des Menschen zu Toleranz und Humanität gesetzt hatte (vgl. hierzu die Freundschaft zwischen Goethe und Schiller), folgte die Französische Revolution mit allen ihren „utopischen“ Hoffnungen Freiheit, Gleichheit, Brüderlichkeit, die jedoch allesamt gescheitert erschienen und in der Realität der Schreckensherrschaft der Jacobiner sowie Napoleons endete. Da die Ereignisse bis nach Deutschland übergriffen (Napoleon, Koalitionskriege, Ende des Heiligen Römischen Reiches Deutscher Nation), war es nur logisch, dass sich auch hier die gesellschaftspolitischen Grundüberzeugungen änderten. Es folgte die Geburtsstunde der Romantik, denn in dem Entwurf einer „Universalpoesie“ sollten wieder alle Lebensbereiche vereint werden: Technik, Wissenschaft, Politik, Gesellschaft, Kunst und Philosophie in einen Zusammenhang zu bringen, die Welt zu „romantisieren“, um ihren ursprünglichen Sinn und Zusammenhang in Harmonie wiederherstellen zu können, war das Ziel. Die Kunst sollte dies mit ihren Mitteln leisten, denn sie stellte die Gegenwelt zur Realität dar, diente damit als Reservat für die Freiheit. Leben und Schönheit sollten vereinigt, Leben und Gesellschaft poetisiert werden. Nur hierdurch ist Eichendorffs Text zu erklären: Er stellt eine Flucht in ebendiese zwar irreale, aber poetisierte Welt dar, befremdet auf angenehme Weise und tröstet so über die realen Verhältnisse hinweg. Das stellt auch den Grund für die Flucht und den Schwebezustand dar, in dem die Seele des lyrischen Sprechers bei Eichendorff sehnsüchtig verharrt und eben nicht durch Selbstreflexion zu einer eigenen Erhabenheit aufsteigt. Insofern ist Eichendorffs Gedicht eine Umdeutung des individuellen subjektiven Erlebens und übernimmt dennoch, ähnlich wie Goethe, Verantwortung für anthropologische Grundfragen der menschlichen bzw. zwischenmenschlichen Realität.

Q1 & Q3: Fiktion und Wirklichkeit / Zwischen Tradition und Experiment, Krise und Neuanfang

Johann Gottfried Herder: Der Mensch ist zu feinern Trieben, mithin zur Freiheit organisieret

Leistungskurs

Aufgabenarten: Analyse und Erörterung eines pragmatischen Textes

Voraussetzungen gemäß Lehrplan und Erlass „Hinweise zur Vorbereitung auf die schriftlichen Abiturprüfungen im Landesabitur 2019"

Q1: Epochenumbruch 18./19. Jahrhundert – Literatur um 1800 und im frühen 19. Jahrhundert

Q3: Soziales Drama und politisches Theater

Aufgabenstellung

1. Geben Sie die wesentlichen Aussagen Herders im vorliegenden Text wieder und erläutern Sie die Argumentationsstruktur des Textauszuges aus „Der Mensch ist zu feinern Trieben, mithin zur Freiheit organisieret" aus dem zwischen 1782 und 1788 entstandenen Werk „Ideen zur Philosophie der Geschichte der Menschheit". (40 BE)

2. Analysieren Sie die Position des Autors, indem Sie Herders Aussagen zur Anthropologie mit denen Georg Büchners in seinen Briefen und in „Woyzeck" vergleichen. (40 BE)

3. Erörtern Sie die Verfilmung des Dramas „Woyzeck" von Werner Herzog in Bezug auf die Umsetzung von Büchners Anthropologie. (20 BE)

Materialgrundlage

Johann Gottfried Herder: Der Mensch ist zu feinern Trieben, mithin zur Freiheit organisieret. Aus: http://www.textlog.de/5578.html (Stand: 11.03.2018)

Der Mensch ist zu feinern Trieben, mithin zur Freiheit organisieret (1782–1788) *Johann Gottfried Herder (1744–1803)*

Text in alter Rechtschreibung

Man spricht sich's einander nach, daß der Mensch ohne Instinkt sei und daß dies instinktlose Wesen den Charakter seines Geschlechts ausmache; er hat alle Instinkte, die ein Erdetier um ihn besitzt, nur, er hat sie alle, seiner Organisation nach, zu einem feinern Verhältnis gemildert.

Das Kind in Mutterleibe scheint alle Zustände durchgehen zu müssen, die einem Erdegeschöpf zukommen können. Es schwimmt im Wasser; es liegt mit offnem

Munde [...], sobald es auf die Welt kommt, schnappt es nach Luft, und Saugen ist seine ungelernte erste Verrichtung. Das ganze Werk der Verdauung und Nahrung, des Hungers und Durstes geht instinktmäßig [...] und ein Mensch darf nur durch Affekt oder Krankheit wahnsinnig sein, so sieht man bei ihm alle tierische Triebe. [...]

Also sind dem Menschen die Triebe nicht sowohl geraubt, als bei ihm *unterdrückt* und unter die Herrschaft der Nerven und der feinern Sinne *geordnet*. Ohne sie könnte auch das Geschöpf, das noch großenteils Tier ist, gar nicht leben. Und wie werden sie unterdrückt?

Der Mensch allein bleibt lange schwach; denn sein Gliederbau ist, wenn ich so sagen darf, dem *Haupt zuerschaffen* worden, das übermäßig groß in Mutterleibe zuerst ausgebildet wurde und also auf die Welt tritt. Die andern Glieder, die zu ihrem Wachstum irdische Nahrungsmittel, Luft und Bewegung brauchen, kommen ihm lange nicht nach, ob sie gleich durch alle Jahre der Kindheit und Jugend zu ihm und nicht das Haupt verhältnismäßig zu ihnen wächset. Das schwache Kind ist also, wenn man will, ein Invalide seiner obern Kräfte, und die Natur bildet diese unablässig und am frühesten weiter. Ehe das Kind gehen lernt, lernt es sehen, hören, greifen und die feinste Mechanik und Meßkunst dieser Sinne üben. Es übt sie so instinktmäßig als das Tier, nur auf eine feinere Weise. Nicht durch angeborne Fertigkeiten und Künste, denn alle Kunstfertigkeiten der Tiere sind Folgen gröberer Reize; und wären diese von Kindheit an herrschend da, so bliebe der Mensch ein Tier, so würde er, da er schon alles kann, ehe er's lernte, nichts Menschliches lernen. Entweder mußte ihm also die Vernunft als Instinkt angeboren werden, welches sogleich als Widerspruch erhellen wird, oder er mußte, wie es jetzt ist, schwach auf die Welt kommen, um *Vernunft zu lernen*.

Von Kindheit auf lernt er diese und wird, wie zum künstlichen Gange, so auch zu ihr, zur Freiheit und menschlichen Sprache durch Kunst gebildet. Er war zuerst ein Lehrling der zwei feinsten Sinne; denn der künstliche Instinkt, der ihm angebildet werden soll, ist *Vernunft, Humanität, menschliche Lebensweise,* die kein Tier hat und lernt. Hieraus erhellt, was menschliche Vernunft sei: Theoretisch und praktisch ist Vernunft nichts als etwas Vernommenes, eine gelernte Proportion und Richtung der Ideen und Kräfte, zu welcher der Mensch nach seiner Organisation und Lebensweise gebildet worden. Die Vernunft des Menschen ist *menschlich*. Von Kindheit auf vergleicht er Ideen und Eindrücke seiner zumal feinern Sinne nach der Feinheit und Wahrheit, in der sie ihm diese gewähren, nach der Anzahl, die er empfängt, und nach der innern Schnellkraft, mit der er sie verbinden lernt. Das hieraus entstandne Eins ist sein Gedanke, und die mancherlei Verknüpfungen dieser Gedanken und Empfindungen zu Urteilen von dem, was wahr und falsch, gut und böse, Glück und Unglück ist: das ist seine Vernunft, das fortgehende Werk der Bildung des menschlichen Lebens. Sie ist ihm nicht angeboren, sondern er hat sie erlangt; und nachdem die Eindrücke waren, die er erlangte, die Vorbilder, denen er folgte, nachdem die innere Kraft und Energie war, mit der er diese mancherlei Eindrücke zur Proportion seines Innersten verband, nachdem ist auch seine Vernunft reich oder arm, krank oder gesund, verwachsen oder wohlerzogen wie sein Körper. [...] Täuschen uns Menschen, und wir haben nicht Kraft oder Organ, die Täuschung einzusehen und die Eindrücke zur bessern Proportion zu sammlen, so wird unsere Vernunft krüppelhaft, und oft krüppelhaft aufs ganze Leben. Eben – weil der Mensch alles lernen muß, ja, weil es sein Instinkt und Beruf ist, alles wie seinen geraden Gang zu lernen, so lernt er auch nur durch Fallen gehen und kömmt oft nur durch Irren zur Wahrheit, indessen sich das Tier auf seinem vierfüßigen Gange sicher fortträgt; denn die stärker ausgedruckte Proportion seiner Sinne und Triebe sind seine Führer. Der Mensch hat den Königsvorzug, mit hohem Haupt, aufgerichtet weit umherzuschauen, freilich also auch vieles dunkel und falsch zu sehen, oft sogar seine Schritte zu vergessen und erst durch Straucheln erinnert zu werden, auf welcher engen Basis das ganze Kopf- und Herzensgebäude seiner Begriffe und Urteile ruhe; indessen ist und bleibt er seiner hohen *Verstandesbestimmung* nach, was kein anderes Erdengeschöpf ist: ein Göttersohn, ein König der Erde.

[...] Fast unglaublich wäre es, wenn es uns die Geschichte nicht sagte, in welche Höhen sich der menschliche Verstand gewagt und der schaffenden, erhaltenden Gottheit nicht nur nachzuspähen, sondern auch ordnend nachzufolgen bemüht hat. Im Chaos der Wesen, das ihm die Sinne zeigen, hat er Einheit und Verstand, Gesetze der Ordnung und Schönheit gesucht und gefunden. Und so niedrig der Mensch ist, kann er zu sich sagen: „Ich habe etwas mit Gott gemein; ich besitze Fähigkeiten, die der Erhabenste, den ich in seinen Werken kenne, auch haben muß: denn er hat sie rings um mich offenbart."

Inhaltliche Teilleistungen

Lösungshinweise: Teilaufgabe 1

In einem Einleitungssatz sollen zunächst Autor, Titel, Textsorte, Erscheinungsjahr und das Thema genannt werden. Herder thematisiert in seiner philosophischen Abhandlung, ein Auszug aus dem zwischen 1782 und 1788 entstandenen Werk „Ideen zur Philosophie der Geschichte der Menschheit", die den Menschen ausmachende Vernunft, Humanität und Selbstbestimmung, wobei er den Menschen als zur Vernunft und Freiheit bildbar einstuft und vom Tier abgrenzt.

Wesentliche Aussagen	Argumentationsstruktur
Die Annahme, der Mensch sei ohne Instinkte, ist falsch und zu revidieren: Er verfügt über Instinkte, hat sie aber „zu feineren Verhältnissen gemildert".	Inventio: Eine allgemeine Annahme, die gültig scheint, dient als Ausgangspunkt für eine neue Behauptung/These. Damit wird Interesse geweckt.
Der Säugling verfügt sichtbar über Instinkte (schwimmen, nach Luft schnappen, saugen), das betrifft zunächst alle Stoffwechselvorgänge und zeigt sich später in physischen und psychischen Ausnahmezuständen.	Zur Begründung seiner These führt Herder die Ontogenese an. Elocutio: verständliche Argumentation (Beobachtung!) Er berücksichtigt Ausnahmezustände im späteren menschlichen Leben (nimmt mögliche Gegenargumente vorweg).

Wesentliche Aussagen	Argumentationsstruktur
Der Mensch hat also Instinkte und sie durch seine Nerven- und Sinnesleistung geordnet. Nun fragt sich, wie er die Instinkte zu beherrschen vermag.	vorläufiges Fazit und weiterführende Frage (als rhetorische Frage): Antizipation dessen, was der Adressat denkt
Das Kind bildet, als Menschenwesen, bestimmt vom Kopf her seine Instinkte durch Lernen aus, dabei helfen ihm die Sinnesorgane (Sehen, Hören, Sensomotorik). Es fragt sich nun: Ist die Vernunft ein Instinkt oder ist sie erlernt?	Begründung der These wieder unter Verweis auf Ontogenese und Vorwegnahme der Gedanken/Einwände/Antithesen des Adressaten nach den zwei Möglichkeiten für den Ursprung der Vernunft
Das Lernen als zentraler Instinkt ist wohl für den Menschen typisch und er zeigt sich in der Sprache und der Freiheit des Menschen. Dieser lernt, weil ihm die Fähigkeit zur Vernunft, Humanität und menschlichen Lebensweise als typische und nur menschliche Eigenschaften angeboren sind: Lernfähigkeit, Bildbarkeit, vernunftbegabtes Handeln, Entscheidungsfähigkeit und Urteilskraft sind dem Menschen eigen. Basis ist die Vernunft, die er über Vorbilder und innere Bildungskräfte erlangt, die Lernen möglich machen. Das gilt ebenso für scheinbar oder vorübergehend deformierte menschliche Entwicklungen: Selbst hier lernt der Mensch aus Irrtümern, sogar Missbrauch der Freiheit ist möglich, aber revidierbar durch Lernen. Das ist möglich, weil der Mensch – aufgrund seines Verstandes – der Göttersohn auf Erden ist.	Zentrale Behauptung Herders (Zentrum des Textes): Es geht darum, wodurch der Mensch sich auszeichnet. Das sind Vorbilder und innere Kräfte, die Lernen ermöglichen. Vorwegnahme eines möglichen Einwandes/Gegenarguments (Antithese) Verstärkung durch christliche Verortung des Menschen: Gott hat ihn nach seinem Ebenbild geschaffen.
In der Geschichte zeigten sich vielfach die wahren menschlichen Möglichkeiten und Besonderheiten: Schaffen, Erhalten, Nachvollziehen, Ordnen, Verstehen und die Fähigkeit, Schönheit wahrzunehmen.	Beweis der These mittels der Geschichte als Vorwegnahme möglicher Einwände; christliche Verortung
Der Mensch ist also Gott ähnlich, aber befindet sich nicht in der Hybris, sondern im ehrfürchtigen Bewusstsein seiner Gottähnlichkeit.	Fazit als Verallgemeinerung einer als gegeben und gültig angesehenen Annahme: der Gottähnlichkeit des Menschen

Der Text folgt dem Muster der Rhetorik und will, von einer populären Grundannahme ausgehend, einen Leser überzeugen, dass diese Grundannahme zwar populär, aber nicht gültig sein kann bzw. ist. Dafür informiert und argumentiert der Text unter Bezug auf ein leicht zu beobachtendes, jedem zugängliches Alltagsbeispiel (aus der Lebenswelt der Lesenden), nimmt mögliche Gegenargumente und Einwände vorweg, um sich schließlich auf das christliche Weltbild zu beziehen, das als Grundlage seiner Argumentation zu sehen ist: die positivistische Sicht auf den von Gott so ausgestatteten und gedachten Menschen als *Göttersohn auf der Erde*.

Lösungshinweise: Teilaufgabe 2

Zitate aus: Georg Büchner: Werke und Briefe. Münchner Ausgabe. München: dtv Verlagsgesellschaft 1988, S. 285 und S. 288

Georg Büchners Woyzeck führt uns eine leidende, elende und gedrückte Figur vor. Woyzeck lebt am Rande der Gesellschaft unter den unwürdigsten Verhältnissen, bemüht sich aber, sich und allen Mitmenschen gerecht zu werden, und das, obwohl er ohne menschliche Beziehung leben muss, auf sich allein gestellt ist, etwa wenn es darum geht, über sich und seine Ängste kommunizieren zu wollen. Sein Leiden ist nicht von ihm direkt verursacht, vielmehr ist es die Gesellschaft, die ihn zu dem gemacht hat, was er ist. Die psychischen Wahnvorstellungen, unter denen er leidet, erschweren seine Situation zusätzlich, ebenso wie seine Eifersucht, die sich aus dem Verhalten seiner Freundin Marie und des Tambourmajors erklärt.

In seinen theoretischen Schriften und Briefen an die Familie (1834) äußert Büchner „Ich verachte Niemanden, am wenigsten wegen seines Verstandes oder seiner Bildung, weil es in Niemands Gewalt liegt, kein Dummkopf oder kein Verbrecher zu werden, – weil wir durch gleiche Umstände wohl Alle gleich würden, und weil die Umstände außer uns liegen. Der Verstand nun gar ist nur eine sehr geringe Seite unsers geistigen Wesens und die Bildung nur eine sehr zufällige Form desselben." (S. 285: „An die Familie". Gießen. Februar 1834)

Büchner vertritt hier die Ansicht, dass der Mensch unschuldig an seiner Entwicklung und seinem Gewordensein ist. Dies bestätigt zunächst noch Herders Ansicht. Im Gegensatz zu Herder aber geht Büchner davon aus, dass dem Verstand nur „eine geringe Seite zukomme", dass vielmehr die gesellschaftlichen Verhältnisse das Individuum bestimmen und dieses sich letztlich nicht wehren könne. Die Gewissheit, dass dem Menschen Bildbarkeit und Vernunftsbegabung inhärent seien und er auch und vielleicht gerade aus Situationen des Irrtums oder Missbrauchs seiner Freiheit lernen könne, teilt Büchner nicht, was vor allem in seinem Brief an die Braut (1834) deutlich wird, wenn er fragt: „Was ist das, was in uns lügt, mordet, stiehlt? Ich mag dem Gedanken nicht weiter nachgehen" (siehe nächstes Zitat). Damit fragt er danach, was den Menschen ausmacht und ob er eher einem Tier gleicht, einem zivilisierten Tier. Grundfrage ist auch, was die Handlungen des Menschen bestimmt und ob es so etwas wie einen freien Wille gibt. Dann nämlich müssten die Handlungen des Menschen einem erkennbaren Ziel dienen, die eine Erlösung aus allem ergäben, etwa dass das Ich zum Du findet. Zudem

äußert Büchner die Ansicht, dass „die Dummheit zu den allgemeinen Eigenschaften der menschlichen Dinge [gehöre]“, was Herder ablehnen würde unter Verweis auf die Vorbilder und die Bildbarkeit des Menschen zur Vernunft.
Büchner hat ein eher negativ-resignatives Bild von den menschlichen Bildungskräften, wie Herder sie nennt, wenn er etwa äußert:
„Ich finde in der Menschennatur eine entsetzliche Gleichheit, in den menschlichen Verhältnissen eine unabwendbare Gewalt, Allen und Keinem verliehen. Der Einzelne nur Schaum auf der Welle, die Größe ein bloßer Zufall, die Herrschaft des Genies ein Puppenspiel, ein lächerliches Ringen gegen ein ehernes Gesetz, es zu erkennen das Höchste, es zu beherrschen unmöglich.“ (S. 288: „An die Braut“. Gießen, um den 9. – 12.03.1834)

Ähnlich sind sich beide Autoren in der Ansicht, die der Bildung zukommt, nur Büchner sieht sie nicht zufällig, von Gott gewollt und gesteuert, sondern als Aufgabe des Dichters und der Literatur. Er vertritt die Ansicht, dass der Dichter die Aufgabe hat, durch das Nachzeichnen der „realen“ Verhältnisse Mitleid zu erzeugen, dabei aber keinesfalls Moral lehren oder belehren soll.
Unklar bleibt bei Büchner, was den Menschen innerlich bestimmt (das Muss) und warum er sich daraus nicht befreien kann, was auch für Woyzeck gilt, dem die inneren Stimmen zur ihn bestimmenden Macht werden und ihn ins Unglück treiben.

Lösungshinweise: Teilaufgabe 3

Was also bestimmt letztlich den Menschen und warum kann er sich aus diesem Zwang nicht befreien? Bei dieser Frage setzt die Interpretation von Werner Herzogs Literaturverfilmung an. Büchner gibt keine Antwort auf die Frage und es scheint bislang keine (end)gültige Antwort zu geben, vielleicht verlegt sich Werner Herzogs Verfilmung deshalb auf das Warten des Zuschauers auf die unausweichliche Katastrophe.
Konsequent eröffnet der Film mit einem Blick auf den Dorfteich, an dessen Ufer Woyzeck am Ende des Films Marie erstechen und in dessen Wasser er das blutige Messer werfen wird, um es wieder und wieder zu suchen und weiter hinauszuwerfen. Fast voyeuristisch folgt der Zuschauer der Hauptfigur Woyzeck, vor allem seinem Wahn und dessen Steigerung, wartet geduldig staunend auf die Katastrophe. Woyzeck wird von Anbeginn an als Versuchs- und Beobachtungsobjekt inszeniert. Ziel des Films ist es, Woyzecks Wahn mitzuerleben und zu verfolgen, der sich unaufhaltsam steigert bis zum Höhepunkt, dem Mord, der wie im Affekt geschieht, aber doch geplant ist. Dieser Wahn zeigt sich vor allem an Woyzecks ständig verzerrten Gesichtsausdrücken und seiner durchgängigen Sprachlosigkeit, die sich zu immer absurderen Phantasmen steigert. Es herrscht kein Mitleid, nur reiner Voyeurismus, der auch nicht im Sinne Herders durch ein Irren legitimiert werden kann, denn Lernen ist da ausgeschlossen, wo Marie getötet und Woyzeck psychisch tot ist, nachdem er das Einzige getötet hat, was er hatte: Der Voyeurismus endet im Staunen und in satter bürgerlicher Behaglichkeit, aber nicht in Mitleid oder Lernen.

Q1 & Q3: Fiktion und Wirklichkeit / Zwischen Tradition und Experiment, Krise und Neuanfang

Matthias Weigel: Das Ewig-Wilsonliche zieht uns hinan

Leistungskurs

Aufgabenart: Kommentar

Voraussetzungen gemäß Lehrplan und Erlass „Hinweise zur Vorbereitung auf die schriftlichen Abiturprüfungen im Landesabitur 2019"

Q1: Epochenumbruch 18./19. Jahrhundert – Literatur um 1800 und im frühen 19. Jahrhundert; Sprache und Öffentlichkeit

Q3: Soziales Drama und politisches Theater

Aufgabenstellung

1. Verfassen Sie einen Kommentar zu der Diskussion um die Inszenierung von Klassikern. Beziehen Sie sich auf die in den Materialien 1 – 3 deutlich werdenden Positionen zu der Inszenierung von Goethes „Faust" in der Regie von Robert Wilson. Erörtern Sie diese Positionen und nehmen Sie selbst Stellung zu dieser Diskussion um das Regietheater mit seinen aktualisierenden Klassikerinszenierungen.

Materialgrundlage

- Matthias Weigel: Das Ewig-Wilsonliche zieht uns hinan. Online unter: http://www.nachtkritik.de/index.php?option=com_content&view=article&id=10864:faust-i-und-ii-am-berliner-ensemble-musicalisieren-robert-wilson-und-herbert-groenemeyer-goethe&catid=38:die-nachtkritik-k&Itemid=40
- Stimmen der Theaterkritik. Online unter: http://www.nachtkritik.de/index.php?option=com_content&view=article&id=10864:faust-i-und-ii-am-berliner-ensemble-musicalisieren-robert-wilson-und-herbert-groenemeyer-goethe&catid=50:berliner-ensemble&Itemid=100190
- Daniel Kehlmann: Rede zur Eröffnung der Salzburger Festspiele 2009 (Auszug). Aus: Frankfurter Allgemeine Zeitung. Online unter: http://www.faz.net/aktuell/feuilleton/debatten/theater-wo-heute-laerm-ist-war-einst-magie-1623520-p5.html?printPagedArticle=true#pageIndex_5

M1 Das Ewig-Wilsonliche zieht uns hinan (2015) *Matthias Weigel (*1986)*

Faust I und II – Am Berliner Ensemble (BE) musicalisieren Robert Wilson und Herbert Grönemeyer Goethe

Berlin, 22. April 2015. Was für ein Event! Was Claus Peymann, Intendant des Berliner Ensembles, dem zukünftigen Volksbühnen-Leiter vorwirft, findet natürlich regelmäßig an seinem eigenen Hause statt. Und zwar sehr erfolgreich: Theater als Event, Theater als Show, Theater als Unterhaltung – und auch Theater als Musical. Robert Wilson und Herbert Grönemeyer haben aus Goethes „Faust I“ und „II“ ein nahezu durchkomponiertes Musical nach Disney-Bauart gemacht. Geometrischer Formalismus trifft sentimentalen Deutschrock – und zwei Goethe-Texte, die unterschiedlicher nicht sein könnten. [...] Der Frühlingsspaziergang („Vom Eise befreit ...“) bekommt eine in Dur erstrahlende Chor-Nummer, die Umbaupausen klingen nach Neuer-Deutscher-Welle-Synthesizer, und schließlich ein grummeliger Rammstein-Choral für die Walpurgisnacht: „Erleuchtet nicht zu diesem Feste / Herr Mammon prächtig den Palast? / Ein Glück, dass du’s gesehen hast, / Ich spüre schon die ungestümen Gäste.“ Ein Homunculus-Ragtime, Palast-Cembalo-Musik und ein Griechischer-Götter-Rap begleitet vom achtköpfigen Orchester werden im zweiten Teil folgen. [...]

Der erste Teil rauscht nur so durch. Kaum ist der Pakt geschlossen – nicht nur Auerbachs Keller wurde gestrichen –, ist auch schon der Verjüngungstrank eingenommen und der Schmuck verschenkt. Wie mit einem Suchscheinwerfer setzt Wilson immer wieder Spots auf einzelne Szenen – und schwenkt zügig weiter. Nachvollziehbare Zusammenhänge oder eine stringente Entwicklung sind ihm nicht wichtig.

Vier Fäuste ohne Halleluja

Deshalb kommt dieser Faust auch mindestens vierfach daher, Gretchen dreifach, Valentin doppelt. Ihre Texte: jeweils fragmentiert, aufgeteilt. Mal oben, mal unten, mal hinten taucht Fausts bleichgeschminkter Kopf mit Kung-Fu-Meister-Kinnbart aus dem Dunkel ins Licht und gibt seine bekannten Verse. Reichlich abstrakt, kontrastreich und bildhaft also, wie bei Regisseur Wilson üblich. Somit gibt es im ersten Teil nur eine richtige Figur, an der man haften bleibt: den androgynen Mephisto, gespielt von Christopher Nell. Er ist entspannter Kumpel-Typ, kein Wut-Zwerg, sondern ein lässiger Macher. Barbäuchig zurückgelehnt schreitet er die Bühne ab, mischt sich hier und dort ein, veräppelt, kommentiert, ironisiert. Überhaupt nimmt die Regie bei „Faust“ nicht viel ernst [...].

M2 Kritikenrundschau

In der **Zeit** (23.4.2015) schreibt Peter Kümmel, der eine Voraufführung gesehen hat: „Wilson hat sie alle am Faden, Faust, Gretchen, Helena: Marionetten, von oben gezogen, zu schwer für die Himmelfahrt. (...) Womöglich ist das ganze Spiel Ausdruck eines Kontrollzwangs und Sicherheitswahns, ein Versuch der Züchtigung allen Willens.“ Grönemeyers Musik habe „vor allem im schwächeren ersten Teil“ dienende Funktion, später blieben auch Songs im Gedächtnis (wie „Zum sehen geboren ...“). Doch ab und zu „kippt die feine Balance aus Zauber und Peinlichkeit, die diesem Abend ansonsten ihren Reiz gibt“. Das Auftauchen Mephistos als Pudel gelinge so „grob-schmissig, als hätte man Disneys ‚101 Dalmatiner‘ zum Musical verarbeitet und eine Randfigur, dieser Pudel, wäre daraus ins BE[1] entsprungen.“

„Zum Staunen, Raunen und Augenüberlaufen“ findet Christine Dössel den Abend in der **Süddeutschen Zeitung** (24.4.2015),

„der die kindliche Schau- und Theaterlust des Menschen befriedigt. Seine Märchenseligkeit." Sie erlebte ein rockiges, manchmal ein bisschen kitschiges, aber ungeheuer bilderstarkes „Faust"-Musical, dem man in jeder Szene ansehe, wie viel Arbeit und Feinschliff darin stecken, wie viel Liebe zum Detail und zum Effekt. Zwar sei Faust nur „ein vierfacher Fäustling", dafür sei Christopher Nell als Mephisto „ein Theatertier". [...]

„Der Einzige, der so etwas wie langfristige Individualität entwickeln darf, ist Christopher Nell als Mephisto, aber der ist dann auch wirklich großartig", findet auch Matthias Heine in der **Welt** (24.4.2015). „Wie er den Rockerteufel mit breitbeiniger enghosiger Hair-Metal-Coolness spielt und singt, macht sogar einen solchen Fließband-Wilson sehenswert. Aber Nell bleibt doch innerhalb des Konzepts und übersteigt es nie. Was diese Wilson-Inszenierung so berechenbar macht, ist das Fehlen von Schauspielern, die wenigstens mal für einen magischen Augenblick das Konzept sprengen."

M3 Wo heute Lärm ist, war einst Magie (2009) *Daniel Kehlmann*

(Rede zum Auftakt der Salzburger Festspiele 2009; Auszug)

Der Autor Daniel Kehlmann kritisiert das gegenwärtige Regietheater, das mit seinen Inszenierungen bloß vordergründige Aktualisierungen biete und in die Werke der Klassiker in unzulässiger Weise eingreife. Zur Stützung seiner Kritik beruft er sich auf Karl Kraus, einen berühmten Literaturkritiker der 1920er-Jahre.

In Wahrheit, so Kraus, sei Aktualisieren das Gegenteil dessen, was die Presse darunter verstehe, nämlich die behutsame Wiederherstellung dessen, was wir nicht mehr von der Vergangenheit wüssten, was uns unwiderruflich von ihr trenne. „Aktuell", schrieb er, „ist die Überwindung des Zeitwiderstands, die Wegräumung des Überzugs, den das Geräusch des Lebens dem Gehör und der Sprache angetan hat. Für aktuell aber halten die Zutreiber der Zeit den Triumph des Geräusches über das Gedicht, die Entstellung seiner Geistigkeit durch ein psychologisches Motiv, das der Journalbildung" – also der Bildung des Journalismus – „erschlossen ist."

Anmerkungen

1 BE: Berliner Ensemble

Inhaltliche Teilleistungen

Lösungshinweise

Der Kommentar

Der Kommentar in seiner Funktion der Meinungsbildung bezieht sich in der Regel auf eine Nachricht oder Information oder einen aktuellen Diskussionszusammenhang. Dabei erläutern die Verfasser ihre Sicht der Dinge, indem sie verschiedene Positionen bzw. Meinungen erörtern, selbst Urteile und Wertungen äußern und begründen. Daher sollte in einem einführenden Teil deutlich gemacht werden, worauf sich der Kommentar bezieht. In diesem Fall sollen verschiedene Ansichten zur Frage einer angemessenen Inszenierung von Klassikern kommentiert werden. Neben Aussagen der Verfasser sind Titel, Textsorte, Erscheinungsjahr und zusammenfassend die Position zu erläutern. Die Kernaussagen sollten dann benannt und in eigener Sprache wiedergegeben werden. Grundsätzlich ist ein Kommentar in die drei klassischen Teile Einführung, Hauptteil und Schluss zu gliedern. Anders als in einer schulmäßigen Erörterung sollte gleich zu Beginn die eigene Position deutlich werden. Im Hauptteil des Kommentars kommen die Argumente, die mögliche Einwände sogleich berücksichtigen und entkräften. Am Ende steht das Resümee, erlaubt sind hier auch ungewöhnliche, die Aufmerksamkeit bündelnde Formulierungen.

Bezugspunkt der Materialien 1 und 2 ist die „Faust"-Inszenierung als Musical unter Regie von Robert Wilson im Berliner Ensemble in der Spielzeit 2016/17. Die Beurteilungen und Positionen zu dieser Theaterproduktion unterscheiden sich.
Zunächst jedoch sollte die Inszenierung von Wilson in ihren Grundzügen erläutert werden und erst dann sind die verschiedenen kritischen Sichtweisen in eigenen Worten zu erfassen und ihre Positionen zu dieser Art der Klassikeraufführung zu bestimmen. Bei der Beurteilung der verschiedenen Stimmen sind mögliche Lesarten des Faust-Dramas zu berücksichtigen. Denn die jeweilige Regiekonzeption bezieht sich auf eine dieser Lesarten von Figuren und Handlung. Von Bedeutung ist vor allem, wie die Hauptfiguren Faust, Mephisto und Margarethe auch mit ihren Widersprüchen gesehen werden können. Davon ausgehend können das jeweilige Verständnis der dargestellten Handlung und die daraus folgenden Interpretationen der Regiekonzeption als Zuweisungen von Bedeutung erörtert werden.

Die Faust-Figur mit ihren Ambivalenzen

Faust ist ein Bündnis mit dem Teufel eingegangen, er weicht damit von christlichen Normen und Werten ab und könnte durch seine soziale Isolation eine gesellschaftliche Gefahr darstellen. Fausts Handeln ist nur auf den eigenen Vorteil bedacht; er ist skrupellos, gewissenlos und verantwortungslos, was sich durch sein rastloses Streben nach dem Höchsten (Entgrenzungsversuche) belegen lässt. Dies wird auch deutlich an seinem sexuellen Begehren Gretchens, hervorgerufen durch die Einnahme des Verjüngungstranks.
Faust hat ferner durch sein grenzenloses Begehren den Tod mehrerer Menschen verursacht bzw. mitverursacht: So könnte er als Mörder Valentins gelten, ist mindestens der Beihilfe zum Totschlag von Gretchens Mutter schuldig und trägt schließlich die Mitschuld am Tod seines Kindes. Erschwerend kommt hinzu, dass Faust sich selbst überschätzt und hinterlistig vorgeht. Andererseits kann darauf verwiesen werden, dass Faust zwar weitgehend ohne soziale Bindung lebt, aber im Volk angesehen ist, was die Ehrbezeugungen während des Osterspazierganges belegen. Seine erfolglose Suche nach Erkenntnis treibt ihn in einen Zustand von innerer Unruhe, Unzufriedenheit und Zerrissenheit. Demnach könnten seine Entgrenzungsversuche als letzter Versuch eines Verzweifelten, einen Ausweg zu finden, gewertet werden.

Damit ließe sich Fausts seelisches Gleichgewicht grundsätzlich infrage stellen, was man sowohl an seinem Suizidversuch als auch an der Einnahme des Verjüngungstranks erkennen kann. Seine Schuld bzw. Mitschuld am Tod Valentins und Gretchens Mutter ist erst durch das Mitwirken Mephistos entstanden. Faust selbst hat dabei das Teufelsbündnis nicht aktiv vorangetrieben (Mephisto sucht Faust auf, nicht umgekehrt). Hinzu kommt, dass die eigentliche Ursache für den Pakt zwischen Faust und Mephisto die Wette zwischen dem Herrn und Mephisto ist (vgl. „Prolog im Himmel"), die Beeinflussung kommt also von außen. Faust ist nicht abgrundtief schlecht, sondern teilweise selbst Opfer. Sein Schuldeingeständnis („Trüber Tag. Feld") und sein Versuch, Gretchen zu retten („Kerker"), zeigen, dass er als vernunftbegabter Mensch am Ende erkennt, dass sein Vorgehen falsch war.
In der sogenannten Gelehrtentragödie als Handlungsstrang von „Faust I" verkörpern zunächst Faust und Wagner, später der Student und Mephisto Gelehrtenfiguren. Im Auftrittsmonolog zeigt sich Faust als ‚philosophischer Kopf', der aber gerade am Leben (ver)zweifelt. In allen Wissensgebieten habe er sich eingearbeitet, nur um zu erkennen, „dass wir nichts wissen können" (V. 364). Dabei sehnt er sich nach wirklicher, umfassender Erkenntnis, um verstehen zu können, „was die Welt / Im Innersten zusammenhält" (V. 382 f.). Gerade aber deshalb ist er weder zu Geld noch zu gesellschaftlichem Ansehen gekommen (V. 374 f.). Daneben erscheint Wagner, Fausts Assistent, als Gegenbild. Ihm geht es um Anhäufung von Wissen, auch um entsprechend auf andere wirken und Eindruck machen zu können (V. 525, V. 546). Sein Ziel („Zwar weiß ich viel, doch möchte ich alles wissen", V. 601) glaubt er durch bloße Wissensvermehrung erreichen zu können, die grundsätzlichen Erkenntniszweifel von Faust teilt er nicht. Die Unterschiede zwischen Faust und Wagner als Gelehrtenfiguren werden beim Osterspaziergang deutlich. Wagner wünscht sich, auch so verehrt zu werden wie Faust, während diesem „[d]er Menge Beifall" (V. 1030) nichts bedeutet. Im weiteren Verlauf des Dramas löst sich Faust von seinem Erkenntnisstreben und stürzt sich, begleitet von Mephisto, ins volle Leben.

Die Mephisto-Figur mit ihren Ambivalenzen

Zunächst ist festzuhalten, dass Mephisto im Drama in ganz verschiedenen Rollen und in diesen wiederum als Rollenspieler auftritt. Schon im „Prolog im Himmel" erscheint er als Teil der himmlischen Hofgesellschaft, und zwar als „Schalk", also als (Hof-)Narr, der für das Komische zuständig ist und dem Herrscher gegenüber schon mal frech auftreten darf. Dennoch bleibt er in diesem Spiel dem Herrn untergeordnet. Der „Prolog im Himmel" setzt die Geschichte von Faust und seiner Beziehung zu Mephisto in Beziehung zu der Erzählung von Hiob aus dem Alten Testament. Dort hatte der Teufel prophezeit, dass Hiob noch Gott verfluchen würde, wenn er erst seinen Reichtum und schließlich seine Kinder und letztendlich seine Gesundheit verlöre. Hiob aber bleibt auch im Elend der Knecht Gottes und wird dafür reich belohnt. Die Tragödie von Faust erhält unter diesem Vorzeichen den Charakter einer Wiederholung der Wette des Teufels mit dem Herrn, nun aber unter den Bedingungen der modernen Welt.
In der Faust-Handlung erscheint er in verschiedenen Gestalten, zunächst als „schwarze[r] Pudel" (V. 1156), dann „gekleidet wie ein fahrender Scholasticus" (Regieanweisung zu V. 1321). Als „edler Junker" (V. 1535) bietet er sich Faust zur Unterhaltung an, nach dem Pakt schlüpft Mephisto in die Rolle von Faust und spielt einen Universitätslehrer bei der Studienberatung. In der Hexenküche möchte er sich als „Herr Baron" (V. 2510) ansprechen

lassen und wird auf dem Weg auf den Blocksberg als „Herr vom Haus“ (V. 3865) erkannt. Im Gretchen-Drama übernimmt Mephisto die Aufgabe des Intriganten, der die Verführung des Bürgermädchens vorbereitet und einleitet und dabei wie andere Intrigenerfinder des bürgerlichen Trauerspiels auch auf eigene Rechnung arbeitet. Schließlich agiert er als Sozialtechnologe und Techniker, der sich neuerer Magie bedient (siehe oben). In „Faust II“ tritt er ebenfalls in verschiedenen Rollen auf, die sich aus seinem Verhältnis zu Faust ergeben, aber er erscheint auch verwandelt in Verkleidungen. An mehreren Stellen kommentiert er das Spiel im Spiel, in einem Fall von außerhalb des Bühnenraums im „Proszenium“. So agiert die Mephisto-Figur nicht nur als Rollenspieler im fiktionalen Handlungszusammenhang, sondern auch als Theaterfigur, die die Darstellung als Spiel kenntlich macht.
Im Dialog der Paktszene bestimmt er sich selbst als Widerspruchsgeist, der „stets verneint“ und für die Negativität des Nichts steht. Destruktion, Reflexion und Materialismus bestimmen seine Reden und Handlungen. Mephisto als Teufelsfigur kann dementsprechend nicht bloß als das Böse aufgefasst werden. Einmal wäre eine solche Gleichsetzung nicht viel mehr als eine tautologische Ersetzung, die zum anderen kaum die verschiedenen Funktionen und Konstellationen erfasst, in denen Mephisto im dramatischen Geschehen zu sehen ist. Im Prolog erscheint er als einer aus dem „Gesinde“ (V. 274) des Herrn, der aus der Reihe der Lobpreisungen fällt und die Zustände auf der Welt mit spitzer Zunge kritisiert. Als scharfer Beobachter mit scharfem Intellekt kommentiert er das Verhalten der anderen Figuren. Dabei führt er alle Motive und Ziele auf Trieb und Materialismus zurück. Vor allem in der Beziehung mit Faust kann er als äußere Darstellung eines inneren Geschehens gesehen werden: Da Fausts erstes längeres Gespräch mit Mephisto ein Innewerden seiner eigenen „anderen“ Seite und der mephistophelischen Seite des Daseins überhaupt ist, ist seine einleitende Frage an Mephisto „Nun gut, wer bist du denn?“ (V. 1335) als Anfang einer Selbstergründung zu verstehen. In dieser Hinsicht erscheint Mephisto als Element dialogisierter Psychologie. Vor allem das Bündnis zwischen Faust und Mephisto macht deutlich, wie die beiden zwei Seiten einer Existenz bilden. Denn in der Wette bzw. im Pakt, den Faust mit Mephisto als Geist der Verneinung schließt, verwandelt sich Faust selbst in einen Geist, der jedes gegenwärtige Dasein, jeden Augenblick und jedes bewusst-reflektierende Verweilen in ihm negiert. Das liegt darin begründet, dass alles, was da ist, seinen Ansprüchen von vornherein nicht genügen kann. So ist es wertlos und soll zugrunde gehen.
Allerdings erschöpft sich Mephistos Rolle nicht in der Funktion dargestellter Psychologie; vor allem seine Präsenz als Figur im Text und als gespielte Figur auf der Bühne steht dazu in Spannung. Unter den Bedingungen des gespielten Experiments, das durch den Prolog eingeleitet wird, bleibt die Negativität und Destruktion des Bösen dem Guten dialektisch verbunden: „Drum geb’ ich [der Herr] gern ihm [dem Menschen] den Gesellen zu, / Der reizt und wirkt, und muss, als Teufel, schaffen.“ (V. 342 f.)
Wenn Mephisto den Wissenserwerb als systematische und zwanghafte Dressur und Folter beschreibt (V. 1912 f.), dann nimmt er die Geist- und Fantasielosigkeit eines Universitätsstudiums zum Ziel seiner satirischen (nur für die Zuschauer erkennbaren) Ironie. Auch dass auf diese Weise keine Zusammenhänge erkannt werden und nur geistloses Wissen erzeugt wird, ist Teil seiner zynischen Hinweise auf die Praxis der Lehre. In seiner Darstellung erscheint der Universitätsbetrieb als Produktion von Wissen in einer „Gedanken-Fabrik“ (V. 1923), die zwar Zusammenhänge zum Gegenstand hat, selbst aber keine herstellt. Mephistos Beratung des

Schülers rückt schließlich vor allem das ökonomisch und sozial Verwertbare eines Studiums in den Mittelpunkt. Damit reduziert er Wissenschaft auf strategisches Wissen für den äußeren Schein und den materiellen Gewinn bei der Anwendung und Verwertung von Wissen.

Margarethe

Die Kerker-Szene in „Faust I" bildet das tragische Ende der Gretchen-Handlung. Als Kindermörderin verurteilt, spiegelt Margarethes Einkerkerung zunächst ihre innere Befindlichkeit. Die Furcht vor der Hinrichtung, ihre Todesangst, die Last der Schuld am Tod der Mutter, des Bruders und ihres Kindes sind die zahlreichen Gründe für ihre Wahnvorstellungen. Die tragische Entwicklung des Geschehens ergibt sich einerseits aus den gesellschaftlichen Normen und Verhältnissen der Zeit, andererseits aus Margarethes Anpassung daran. Im Gespräch mit Faust, der sie mit der Hilfe Mephistos aus dem Kerker befreien will, erinnert sie sich an das Vergangene, an ihre fatalen Vergehen und ihre belastende Schuld. Dennoch möchte sie an der Beziehung zu Faust nicht rühren und sieht auch im Rückblick, dass diese gut und schön war. In dem wahnhaften Erinnern realisiert sie ihre Schuld und Verantwortung. Als sie erkennt, dass Faust wiederum von Mephisto begleitet und geleitet wird, wendet sie sich schließlich von ihm ab und damit dem zu, was sie als gut und schön erlebt hatte. So befreit sie sich von sozialen und persönlichen Bindungen im Sinne einer Emanzipation. Das Bekenntnis zu Gott stellt die Absage an Mephisto und damit auch an Faust nochmals deutlich dar. Margarethe fühlt sich zu Faust hingezogen und ist bereit, alles für das persönliche Glück in der Beziehung zu tun. Zugleich ist sie dem gesellschaftlichen Aufstieg zugeneigt und materialistisch orientiert, findet aber aus ihrer Ambivalenz durch ihr Handeln und das Erkennen der Folgen (Tod der Mutter, des eigenen Kindes und des Bruders) zu einer eigenen Identität. Damit geht die Loslösung von den Werten der Gesellschaft einher, tragischerweise auf Kosten des eigenen Lebens.

Aspekte zur Beurteilung der Regiekonzeption

Wie die persönliche Beurteilung der Faust-Inszenierung entwickelt und begründet wird, bleibt der individuellen Ausführung überlassen. Allerdings sind in jedem Fall folgende Aspekte zu berücksichtigen. Grundsätzlich beruhen Theaterinszenierungen auf Dramentexten. Schon die Verkörperung der Sprechtexte durch Schauspielerinnen und Schauspieler ist eine interpretierende Gestaltung: Werden Faust alt und Margarethe jung besetzt? Oder beide jung, oder beide alt? Die Besetzung ist daher Element der Regiekonzeption, zu der Spielweise, Kostüme (mit oder ohne zeitlichen Bezug usw.), Bühnenbild, Requisiten, Lichtregie und ggf. Ton gehören. Auch bei Klassikerinszenierungen vermittelt die Regie ein Verständnis des Textes. Zu fragen wäre, inwiefern die sich vermittelnde Lesart nachvollziehbar, schlüssig und überzeugend ist. Gerade wenn eine Inszenierung neue Wege der Umsetzung geht, kann eine neue Lesart bzw. ein anderes Verständnis von Figuren und Handlung als üblich gegeben sein, die dennoch Sinn macht, also eine neue, aber gleichwohl schlüssige Sicht auf Bekanntes bietet.

Eine Inszenierung kann sich auch so weit vom Text entfernen, dass kaum noch Zusammenhänge erkennbar sind. Im Fall der in M1 beschriebenen Inszenierung werden Motive aus Goethes „Faust" mehr oder weniger frei gestaltet und verarbeitet. Damit bewegt sich die Regiekonzeption auf der Grenze zwischen einer aktualisierenden Umsetzung des Textes (etwa mit den Vertonungen und der musikalischen Unterlegung) und einer Neugestaltung des Faust-Motivs, ähnlich wie die Verarbeitung des Romeo-und-Julia-Motivs im Musical „West Side Story“.

HINWEIS

Auf **Grundkurs-Niveau** würde die Aufgabenstellung wie folgt lauten:
Verfassen Sie einen Kommentar zur Inszenierung von Goethes „Faust“ unter der Regie von Robert Wilson. Beziehen Sie sich auf die in den Materialien 1 – 3 deutlich werdenden Positionen. Erörtern Sie diese Positionen und nehmen Sie selbst Stellung zu dieser Diskussion.

Für die Lösung dieser Aufgabe gelten weitgehend dieselben Hinweise wie auf den Seiten 44 – 49 für das Leistungskursbeispiel.
Allerdings werden bei der Erläuterung der Kritiken zur Umsetzung von Goethes „Faust“ nicht alle aufgeführten Aspekte und Bezüge zur Dramaturgie des Dramentextes erwartet. Es genügt der Bezug zu den Figuren Faust und Mephisto oder Margarethe sowie eine eigene, begründete Einschätzung der Inszenierung durch Wilson. Die weiterführenden Fragen zum Umgang mit Klassikern und ihrer angemessenen Rezeption in entsprechenden Inszenierungen mit ihren ästhetischen Qualitäten wird hier nicht erwartet.

Q1 & Q3: Fiktion und Wirklichkeit / Zwischen Tradition und Experiment, Krise und Neuanfang

B. L. Whorf: Die Grammatik formt den Gedanken

Leistungskurs

Aufgabenarten: Textbezogenes Schreiben / Analyse und Erörterung pragmatischer und literarischer Texte

Voraussetzungen gemäß Lehrplan und Erlass „Hinweise zur Vorbereitung auf die schriftlichen Abiturprüfungen im Landesabitur 2019“

Q1: Epochenumbruch 18./19. Jahrhundert – Literatur um 1800 und im frühen 19. Jahrhundert; Sprache, Medien und Wirklichkeit

Q3: Epochenumbruch 19./20. Jahrhundert – literarische Moderne im frühen 20. Jahrhundert

Aufgabenstellung

1. Geben Sie die zentralen Aussagen des Textes von Benjamin Lee Whorf wieder und erläutern Sie Whorfs Argumentation. (35 BE)

2. Analysieren Sie das Gedicht „Wünschelrute“ von Joseph von Eichendorff und zeigen Sie, welche Bedeutung der Sprache hier zugeschrieben wird. (35 BE)

3. Diskutieren Sie, welche Auffassung von Sprache und ihrer Funktion für das Erkennen von Wirklichkeit der Ich-Erzähler in dem Text „Ein Brief“ von Hugo von Hofmannsthal vertritt und inwiefern diese Auffassung der von Whorf bzw. der Eichendorffs entspricht. (30 BE)

Materialgrundlage

- Benjamin Lee Whorf: Die Grammatik formt den Gedanken. Aus: Ders., Sprache – Denken – Wirklichkeit: Beiträge zur Metalinguistik und Sprachphilosophie [1956]. Hrsg. und übers. von Peter Krausser. Reinbek: Rowohlt Taschenbuchverlag 1963, S. 11 – 12
- Joseph von Eichendorff: Wünschelrute. Aus: Ders., Gedichte. Frankfurt a. M.: Fischer Taschenbuch Verlag 2010, S. 108
- Hugo von Hofmannsthal: Gesammelte Werke in Einzelausgaben. Prosa II. Hrsg. von Herbert Steiner. Frankfurt a. M.: S. Fischer 1976. S. 7 – 20

M1 Die Grammatik formt den Gedanken (1956) *Benjamin Lee Whorf (1897 – 1941)*

Text in alter Rechtschreibung

Als die Linguisten so weit waren, eine größere Anzahl von Sprachen mit sehr verschiedenen Strukturen kritisch und wissenschaftlich untersuchen zu können, erweiterten sich ihre Vergleichsmöglichkeiten. Phänomene, die bis dahin als universal galten, zeigten Unterbrechungen, und ein ganz neuer Bereich von Bedeutungszusammenhängen wurde bekannt. Man fand, daß das linguistische System (mit anderen Worten, die Grammatik) jeder Sprache nicht nur ein reproduktives Instrument zum Ausdruck von Gedanken ist, sondern vielmehr selbst die Gedanken formt, Schema und Anleitung für die geistige Aktivität des Individuums ist, für die Analyse seiner Eindrücke und für die Synthese dessen, was ihm an Vorstellungen zur Verfügung steht. Die Formulierung von Gedanken ist kein unabhängiger Vorgang, der im alten Sinne dieses Wortes rational ist, sondern er ist beeinflußt von der jeweiligen Grammatik. Er ist daher für verschiedene Grammatiken mehr oder weniger verschieden. Wir gliedern die Natur an Linien auf, die uns durch unsere Muttersprachen vorgegeben sind. Die Kategorien und Typen, die wir aus der phänomenalen Welt herausheben, finden wir nicht einfach in ihr – etwa weil sie jedem Betrachter in die Augen springen; ganz im Gegenteil präsentiert sich die Welt in einem kaleidoskopartigen Strom von Eindrücken, der durch unseren Geist organisiert werden muß – aber das heißt weitgehend: von dem linguistischen System in unserem Geist. Wie wir die Natur aufgliedern, sie in Begriffen organisieren und ihnen Bedeutungen zuschreiben, das ist weitgehend davon bestimmt, daß wir an einem Abkommen beteiligt sind, sie in dieser Weise zu organisieren – einem Abkommen, das für unsere ganze Sprachgemeinschaft gilt und in den Strukturen unserer Sprache kodifiziert ist. Dieses Übereinkommen ist natürlich nur ein implizites und unausgesprochenes, ABER SEIN INHALT IST ABSOLUT OBLIGATORISCH; wir können überhaupt nicht sprechen, ohne uns der Ordnung und Klassifikation des Gegebenen zu unterwerfen, die dieses Übereinkommen vorschreibt.

M2 **Wünschelrute (1838)** *Joseph von Eichendorff (1788–1857)*

Schläft ein Lied in allen Dingen
die da träumen fort und fort,
und die Welt hebt an zu singen,
triffst du nur das Zauberwort.

M3 **Ein Brief (auch: Brief des Lord Chandos an Francis Bacon; 1902)**
Hugo von Hofmannsthal (1874–1929)

Dies ist der Brief, den Philip Lord Chandos, jüngerer Sohn des Earl of Bath, an Francis Bacon, später Lord Verulam und Viscount St. Albans, schrieb, um sich bei diesem Freunde wegen des gänzlichen Verzichtes auf literarische Betätigung zu entschuldigen. [...]

Es ist mir dann, als bestünde mein Körper aus lauter Chiffern, die mir alles aufschließen. Oder als könnten wir in ein neues, ahnungsvolles Verhältnis zum ganzen Dasein treten, wenn wir anfingen, mit dem Herzen zu denken. Fällt aber diese sonderbare Bezauberung von mir ab, so weiß ich nichts darüber auszusagen; ich könnte dann ebenso wenig in vernünftigen Worten darstellen, worin diese mich und die ganze Welt durchwebende Harmonie bestanden und wie sie sich mir fühlbar gemacht habe, als ich ein Genaueres über die inneren Bewegungen meiner Eingeweide oder die Stauungen meines Blutes anzugeben vermöchte.

Von diesen sonderbaren Zufällen abgesehen, von denen ich übrigens kaum weiß, ob ich sie dem Geist oder dem Körper zurechnen soll, lebe ich ein Leben von kaum glaublicher innerer Leere und habe Mühe, die Starre meines Innern vor meiner Frau und vor meinen Leuten die Gleichgültigkeit zu verbergen, welche mir die Angelegenheiten des Besitzes einflößen. Die gute und strenge Erziehung, welche ich meinem seligen Vater verdanke, und die frühzeitige Gewöhnung, keine Stunde des Tages unausgefüllt zu lassen, sind es, scheint mir, allein, welche meinem Leben nach außen hin einen genügenden Halt und den meinem Stande und meiner Person angemessenen Anschein bewahren.

Inhaltliche Teilleistungen

Beispiellösung: Teilaufgabe 1

Nennung der äußeren Textmerkmale (Autor, Titel, Textart, Erscheinungsjahr, Thema)

Der vorliegende Text mit dem Titel „Die Grammatik formt den Gedanken" von Benjamin Lee Whorf ist ein Kapitel aus der 1956 veröffentlichten sprachwissenschaftlichen Abhandlung „Sprache – Denken – Wirklichkeit". Der Autor erörtert dort den Zusammenhang der Grammatik einer Sprache mit dem Denken der Sprecher.

Wiedergabe der zentralen Textaussagen

Whorf verweist auf Ergebnisse vergleichender Sprachforschung, bei denen Sprachwissenschaftler darauf aufmerksam geworden seien, dass bislang allgemeingültig gehaltene Phänomene in einzelnen Sprachen deutlich erkennbare Unterschiede aufweisen. So habe man festgestellt, dass die Grammatik einer beliebigen Sprache nicht lediglich ein Instrument sei, das es den jeweiligen Sprechern ermögliche, ihre Gedanken auszudrücken, sondern dass die Grammatik diese Gedanken vielmehr beeinflusse, wenn nicht gar forme. Die Sprecher nähmen die Welt in den Kategorien wahr, die ihnen die Grammatik ihrer Sprache zur Verfügung stelle. Die durch die Grammatik begründeten Wahrnehmungskategorien und Bedeutungszuschreibungen seien für alle Teilnehmer einer spezifischen Sprachgemeinschaft durch Übereinkunft gleich.
Daraus leitet Whorf seine Kernaussage ab, wonach sich die Grammatik als Grundlage des Denkens und der Wahrnehmung der Welt darstellt. Whorfs These zufolge kann nur das wahrgenommen und gedacht werden, wofür die jeweilige Sprache grammatische Kategorien zur Verfügung stellt. Das bedeutet, dass Sprachgemeinschaften mit strukturell sehr unterschiedlichen Sprachen die Welt auch unterschiedlich wahrnehmen müssen. Eine wirkliche Verständigung zwischen den Angehörigen der unterschiedlichen Sprachgemeinschaften ist danach selbst unter Verwendung nichtsprachlicher Zeichen kaum möglich.

Erläuterung der Argumentation

Whorf begründet seine These mit Verweis auf die vergleichende Sprachbetrachtung: Im Vergleich der verschiedenen menschlichen Sprachen zeigten sich deutliche Unterschiede in der Sprachstruktur, Grammatik und im Wortschatz. Da die Sprache Voraussetzung für Wahrnehmung und Beschreibung von Wirklichkeit sei, ergebe sich damit eine je nach Sprache unterschiedliche Wirklichkeitsauffassung.

Beispiellösung: Teilaufgabe 2

Gedichtanalyse: Rede- und Sprechsituation im Gedicht erläutern

In dem Gedicht „Wünschelrute" von Joseph von Eichendorff, das 1838 veröffentlicht worden ist, wird die Macht der Sprache thematisiert.
Ein Sprecher aus dem Hintergrund redet ein ‚Du' an, wodurch eine unmittelbare Verbindung zu den Lesern hergestellt bzw. eine direkt Ansprache an die Leser gerichtet wird.

Beschreibung der lyrischen Form

Das Gedicht besteht aus einer Strophe mit vier Versen. Mit jeweils vier trochäischen Betonungen im Vers sowie dem Reimschema abab entspricht es der Lied-Form.

Herausarbeitung der Aussagen zur Funktion der Sprache

Der Sprecher beschreibt die Dinge der Welt als schlafend und dass in diesen Dingen ein Lied schlafe. Diese schlummernde, also noch stumme Musik könne hörbar gemacht werden, wenn das ‚Du' das „Zauberwort" (Z. 4) finde. Die so angesprochenen Leser stehen für die Menschen allgemein, die nun die richtige Sprache finden müssten, mit der sie die Dinge zum Erwachen bringen können. Dann ‚antwortet' die Welt mit Gesang, was deutlich macht, dass es nicht um Ableitung von Naturgesetzen geht oder eine andersartige in Begriffen gefasste Beschreibung der Welt, sondern eher um einen wunderbaren, magischen Vorgang. Die mit „Zauberwort" angesprochene Sprache hat also magische Kräfte, mit deren Hilfe sich der Mensch die schlafende Welt mit allem, was darin existiert, erschließen kann. So wird der Mensch selbst zum Magier: Eine zauberkräftige Sprache versetzt ihn in die Lage, die Welt als eine wunderbare Existenz voller Schönheit zu erfassen, mit ihr in Verbindung zu treten, sogar zu kommunizieren, und so ihre geheime, meist verborgene Wirklichkeit zu Gehör zu bringen.

Beispiellösung: Teilaufgabe 3

Erläuterung der Aussagen im Zusammenhang des Textes

Hugo von Hofmannsthal lässt in seinem 1902 veröffentlichten Text „Ein Brief" den (erfundenen) Lord Chandos an die historische Person Francis Bacon schreiben. Damit verlegt der Autor seine fingierte Schreibsituation ins 16. Jahrhundert, thematisiert dabei aber Fragen und Aspekte der Zeit um 1900. So meint der Briefschreiber Chandos, dass er nicht (mehr) in der Lage sei, sich über die ihn umgebende Wirklichkeit vernünftig und klar auszudrücken. Dabei sieht er sich in einem Zwiespalt, dem er nicht entkommen könne. So hofft er einerseits, „in ein neues, ahnungsvolles Verhältnis zum ganzen Dasein treten [zu können], wenn wir anfingen, mit dem Herzen zu denken" (Z. 10–13). Wenn aber andererseits diese „Bezauberung" (Z. 14) von ihm abgefallen sei, dann könne er nicht einmal sagen, worauf sich diese Hoffnungen und Ahnungen überhaupt vernünftigerweise beziehen ließen.

Damit steht der Ich-Erzähler aus von Hofmannsthals Text zwischen den Auffassungen, die einmal bei Whorf und zum anderen in Eichendorffs „Wünschelrute" zum Ausdruck kommen. Das Gefühl, dass sein „Körper aus lauter Chiffern, die mir alles aufschließen" (Z. 8–10), bestünde, entspricht der magischen Auffassung von Sprache und ihren ‚Zauberworten', mit denen die Dinge der Welt zum Klingen gebracht und ihre Wirklichkeit offenbart werden kann: Der Ich-Erzähler spricht von einer Bezauberung, die ihm das Aufgehen in einer visionären Schau der Wirklichkeit ermöglicht, in dem Grenzen zwischen Körper und Geist verschwimmen. Die Magie ergreift sogar von seinem Körper Besitz, er selbst wird in diesem visionären Zustand der Schlüssel zu einem tieferen Verständnis von Welt. Die Lähmung, die sich aus dem Unvermögen ergibt, nichts Vernünftiges über diese Schau der Wirklichkeit mit der zur Verfügung stehenden Sprache sagen zu können, weil es sich der bekannten Ordnung und den bekannten Strukturen entzieht, entspricht der Auffassung, nur in den Grenzen der jeweils gegebenen Sprache auch denken zu können.

Erörterung der Ausgangsfrage mittels Pro- und Kontraargumenten

Mögliche (Pro-)Argumente, die der Position von Whorf entsprechen:
Die Darstellung der Welt bzw. der eigenen Befindlichkeiten, etwa beim Reden über Gefühle, ist an die Sprache und deren Begriffe gebunden, die eben gesprochen werden. Ein möglichst ausdifferenzierter Wortschatz erlaubt zudem eine genauere sprachliche Reflexion über Sprache und Sprachgebrauch. Hier sind Sprecher sogenannter restringierter Codes deutlich benachteiligt. Aufgrund ihres fachspezifisch größeren und genaueren Vokabulars rücken Fachsprachen bei den entsprechenden Sprechern bestimmte Aspekte des jeweiligen Fachgebiets stärker in den Blick.
Sprachliche Varietäten, wie z. B. Jugendsprachen, erfüllen auch eine soziale Funktion, indem sie eine Gruppenidentität erzeugen. Innerhalb dieser Gruppen herrschen meist ähnliche Denkweisen und -muster vor, die von den meisten Mitgliedern geteilt werden, sie aber auch von Nichtmitgliedern abgrenzen.

Mögliche (Kontra-)Argumente, die der Position Eichendorffs entsprechen:
Wenn Menschen mehrere verschiedene Sprachen sprechen, können sie auch in verschiedenen Sprachen das zum Ausdruck bringen, was sie denken. Gerade das Beispiel der Übersetzungen aus fremden Sprachen zeigt, dass es grundsätzlich möglich ist, sich über Sprachgrenzen zu verständigen.
Auch das in Fachsprachen oder in sozialen Gruppensprachen Gesagte kann in andere, nämlich standardsprachliche Aussagen übersetzt bzw. übertragen werden. Zudem kann etwas gedacht werden, das nicht oder noch nicht oder nicht ohne Weiteres zur Sprache gebracht werden kann, was ein Beleg dafür ist, dass das Denken sich auch von Sprache lösen kann.

Q2: Sprache und Literatur in politisch-gesellschaftlichen Zusammenhängen

Brauchen wir noch das „Sie“ als Anrede in unserer Schule?

Leistungskurs

Aufgabenart: Materialgestütztes Schreiben eines argumentierenden Textes

Voraussetzungen gemäß Lehrplan und Erlass „Hinweise zur Vorbereitung auf die schriftlichen Abiturprüfungen im Landesabitur 2019“
Q2: Sprache und Öffentlichkeit

Aufgabenstellung

Ausgangssituation: „Du“ wird längst nicht mehr nur in der Familie oder unter Freunden gesagt – auch in Deutschland. So wurde in manchen öffentlichen Einrichtungen schon ein „Duz-Schalter: Hier werden Sie geduzt“ eingerichtet. Stirbt das Siezen in der deutschen Sprache aus? Ist es zeitgemäß, daran festzuhalten, oder sollten wir, wie schon in vielen anderen Bereichen, auf das „Sie“ verzichten? Die Schulzeitung an Ihrer Schule bittet Lehrerinnen und Lehrer, Schülerinnen und Schüler sowie Eltern um Beiträge und Stellungnahmen zu dieser Diskussion.

Arbeitsauftrag: Verfassen Sie auf der Grundlage der Materialien M1 bis M4 sowie Ihres eigenen fachlichen Wissens einen argumentierenden Textbeitrag für die Schulzeitung, in dem Sie Ihre eigene Position zum Thema begründen. Umreißen Sie dafür das zentrale Problem, beschreiben Sie kurz die historische Entwicklung der Anredeformen in der deutschen Sprache und stellen Sie zentrale Standpunkte und Argumente in der aktuellen Diskussion dar.

Materialgrundlage

- Auszüge aus dem Lemma „Du“. Aus: Jacob und Wilhelm Grimm, Deutsches Wörterbuch, Band 2. Leipzig 1860. Nachdruck: München: dtv Verlagsgesellschaft 1984, S. 1463 – 1482
- Siezen & Duzen in Deutschland. Wie reden Beschäftigte ihre Kollegen und Vorgesetzten an? Aus: Globus (12081; Winter 2016). Quelle: Stepstone, Kienbaum
- Tanja Karrasch: Siezen vs. Duzen. Als ich plötzlich Sie wurde. Aus: Kölner Stadt-Anzeiger vom 17.09.2014 (Online unter: https://www.ksta.de/region/siezen-vs--duzen-als-ich-ploetzlich-sie-wurde-493366; zuletzt aufgerufen: 10. Mai 2018)
- Livia Rasche: Duzen oder Siezen. Nach wie vor steckt in dieser Frage viel kritisches Potenzial. Aus: Bild der Wissenschaft vom 04.03.2008 (Online unter: https://www.wissenschaft.de/geschichte-archaeologie/duzen-oder-siezen-nach-wie-vor-steckt-in-dieser-frage-viel-kritisches-potenzial/; zuletzt aufgerufen: 10. Mai 2018)

M1 Deutsches Wörterbuch: Auszüge aus dem Lemma „Du“ (1860)

Jacob und Wilhelm Grimm

Text in originaler Schreibweise mit konsequenter Kleinschreibung und „sz“ für „ß“ bzw. „ss“

du war die einfache und natürliche anrede der ersten person an die zweite und ursprünglich wuszte man von keiner andern. im 9ten jahrhundert fieng man an die zweite person des pl. auch statt des sing. für bestimmte verhältnisse daneben gelten zu lassen. im 17ten jahrhundert gieng man weiter und gebrauchte in gewissen fällen die dritte person des sing. für die zweite, womit natürlich die unterscheidung der geschlechter verbunden war. am ende des 17ten jahrhunderts steigerte sich der misbrauch so weit dasz man auch die dritte person des pl. für die zweite zuliesz. das verbum muszte sich jedesmal diesen änderungen fügen. es ward dadurch allerdings möglich die abstufungen der geselligen verhältnisse feiner auszudrücken, aber das widernatürliche und ungrammatische dieser steigerungen die jetzt eingewurzelt sind, läszt sich nicht verwischen. der letzte grad findet sich in keiner andern sprache, nicht in den romanischen, selbst in der neuniederländischen nicht, die doch den ganzen singular des pronomens aufgegeben hat. [...]

in den verhältnissen die ein nahes vertrauliches leben voraussetzen, ist nur du gebräuchlich, also zwischen geschwistern, eheleuten, nahen verwandten. gibt man es auf, so zeigt das entfremdung. (...) bei gleichgestellten die in besonderer verbindung stehen, ist es hier und da noch herkömmlich, auf einigen universitäten, wie z. b. in Jena und Leipzig, redet jeder student den andern du an, wenn er ihn auch nicht kennt. hat man brüderschaft getrunken, so folgt das gegenseitige du. es liegt dann eine ehre darin und versagt man du, so ist das eine verletzung oder zurückweisung. so geben auch die spanischen granden sich unter einander du und verweigern es andern. in einer Rhetorik von 1511 wird gesagt alle edelleute duzen einander, wen sie nicht für edel halten, den irzen sie. [...]

ebenso redeten bis an das ende des 18ten jahrhunderts die fürsten ihre beamten mit er an, der edelmann seinen gerichtshalter, der pfarrer den küster, der lehrer den schüler der höheren klassen. es lag nichts herabwürdigendes darin und bezeichnete nur die verschiedenheit des verhältnisses. der vormund sagt zum mündel „ei, Leander, so jung und er hat sich schon ein mädchen ausgesehen?“ Lessing 1, 464. Ferdinand redet in Cabale und liebe den vater seiner geliebten immer damit an, wie der präsident den secretar Wurm, „sieht er, mein lieber Wurm“ Schiller 185a u. s. w. zur Louise sagt der präsident „auch sie, hoff ich, wird ihre gunst nicht verschenkt haben“ 193a. die lady zu dem mädchen „Louise nennt sie sich? wo will denn sie hinaus?“ 203b, sie wechselt mit du. wo „sie“ des pl. noch nicht eingeführt war, gebrauchte es auch der geringere dem höheren gegenüber. [...]

bei verstimmungen, plötzlicher entfremdung geht man in er über. der vater sagt zu dem sohn den er sonst duzt, „seit wenn ist denn das ei klüger als die henne? he? herr doctor, vergesz er nicht dasz ich vater bin“ Lessing 1, 27. (...) Faust zu Wagner den er sonst ihr oder du anredet, „such er den redlichen gewinn! sei er kein schellenlauter thor!“ Göthe 12, 37. [...] Werther sagt zu einem dienstmädchen „soll ich ihr helfen (das gefäsz auf den kopf heben), jungfer?“ Göthe 16, 11. [...]

es ist schon oben … bemerkt dasz wenn eine hohe würde angeredet ward, man gegen das ende des 17ten jh. anfieng das verbum im pl. zu setzen. so auch auszer der anrede.

M2 Siezen & Duzen in Deutschland. Wie reden Beschäftigte ihre Kollegen und Vorgesetzten an? (2016)

Globus

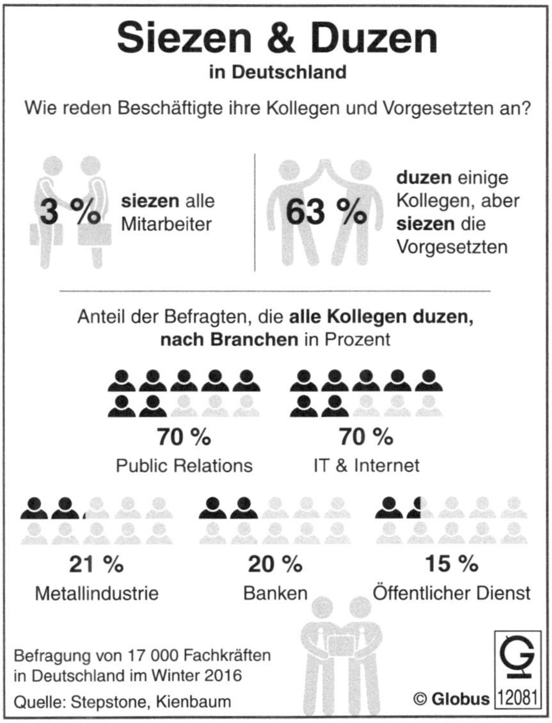

M3 Siezen vs. Duzen: Als ich plötzlich Sie wurde (2014)

*Tanja Karrasch (*1991)*

Kürzlich ist es das erste Mal passiert: Ich stand ganz entspannt da und wartete auf eine Freundin, als ein junger Typ auf mich zukam. Ungefähr mein Alter, vielleicht ein, zwei Jahre älter, sympathisches Lächeln. Sympathisch – das verflog schnell, als er den Mund aufmachte und folgenden Satz aussprach: „Entschuldigung, wissen Sie vielleicht, wo hier der Bahnhof ist?" Bahnhof war ein gutes Stichwort – ich war perplex, vor den Kopf gestoßen: SIE?! Für wie alt hielt dieser Typ mich? 30? Bevor ich mich versah, ging mir schon folgender kluger Satz über die Lippen: „Ehm … Sie dürfen ruhig du zu mir sagen. Ich glaube, wir sind gleich alt." […]

Natürlich war es nicht das erste Mal, dass ich gesiezt wurde. Ich erinnere mich noch gut an meinen ersten Tag in der Oberstufe. Vor den Ferien war ich noch Tanja gewesen, plötzlich sprachen mich Lehrer, die mich seit der fünften Klasse kannten, mit Frau Karrasch an. Das war natürlich ungewohnt, aber irgendwie auch cool.

„Ihr seid jetzt eben auch erwachsen", erklärten uns die Lehrer. […]

Das Du-Sie-Hin-und-Her – sehr unangenehm. Das entsteht meistens, wenn zwei

Personen eher sporadisch im Kontakt stehen. Anfangs hatte man sich gesiezt, dann wurde irgendwann das Du angeboten. Beim nächsten Treffen ist man sich nicht mehr sicher, ob der andere sich noch daran erinnert, deswegen versucht man es mal vorsichtshalber lieber wieder mit Sie. Der andere ist verwirrt, siezt zurück. Im Laufe des Abends tastet man sich langsam vorwärts: „Entschuldigen Sie, aber waren wir nicht eigentlich beim Du?" Der andere ist erleichtert: „Ja stimmt, natürlich können Sie, ich meine kannst du Du sagen." [...] Das Sie macht unsere Kommunikation komplizierter. Es gibt natürlich auch Momente, in denen es uns hilft. Im Job beispielsweise ist es per Sie vermutlich einfacher, einem Kollegen oder einer Kollegin distanziert und respektvoll die ehrliche Meinung zu sagen. Aber dass 20-Jährige sich verkrampft untereinander siezen, das ist doch albern! Noch wird sich wohl keiner von uns auf den Schlips getreten fühlen, wenn er von einem Gleichaltrigen mit Du angesprochen wird. Also machen wir uns locker und duzen wir drauf los!

M4 Duzen oder Siezen? Nach wie vor steckt in dieser Frage viel kritisches Potenzial (2008) *Livia Rasche*

Das Duzen durchlief von den Anfängen der deutschen Sprache bis heute verschiedene Stadien der Wertschätzung und Bedeutung. Wo sich früher alle duzten, taten das bald nur noch die niederen Ränge. Zwischenzeitlich sogar aus Familien verbannt, feierte das Du während der Studentenbewegung ein Comeback. Heute ist es überall zu finden und steht dabei nicht mehr nur für Nähe, Vertraulichkeit oder Herablassung, sondern drückt oft ein ganzes Lebensgefühl aus.

Auf gute Anrede folgt guter Bescheid, sagt schon ein deutsches Sprichwort. Was an und für sich ein guter und auf den ersten Blick simpel zu befolgender Ratschlag ist, kann sich in der Praxis als problematisch erweisen. Wo früher feste Regeln und Normen die korrekte Form der Titulierung vorgaben, ist der heutigen Generation mehr Spielraum gegeben und gleichzeitig mehr Raum für Fehler. Wo das „Du" für den Einen Nähe und Vertraulichkeit ausdrückt, hört der Andere Herablassung und den Versuch der Dominanz. [...] Bis in die 60er Jahre hinein siezten sich schon 16- bis 17-Jährige gegenseitig als Zeichen ihres Status als junge Erwachsene. Mit den Studentenbewegungen Ende der 60er verschob sich die Altersgrenze dafür aber immer weiter nach hinten, erst zehn, dann 15 Jahre. Heute, hat der Linguist Leonhard Kretzenbacher von der Universität in Melbourne herausgefunden, gibt es überhaupt keine feste Grenze mehr: „Viel wichtiger als das absolute Alter ist bei der Anrede der Altersunterschied der beiden Gesprächspartner", erklärt er gegenüber ddp. „Er entscheidet über die Verwendung von ‚du' und ‚Sie' und darüber, ob sich die Menschen korrekt angesprochen fühlen." [...] Das Siezen schließlich verbreitete sich im 19. Jahrhundert, als die feudalherrschaftliche Gesellschaft demokratisiert und egalisiert wurde. Mehr als alles andere war es wahrscheinlich eine Kompromisslösung, da der Adel sich einerseits nicht duzen lassen wollte, das „Ihr" innerhalb der normalen Bürgerschaft aber auch nicht durchzusetzen war. Das gegenseitige Duzen war damit zu einem vorläufigen Ende gekommen. Erst die Studenten befreiten es in den 60er Jahren wieder aus dem familiären Umfeld und machten es wieder gesellschaftsfähig.

Inhaltliche Teilleistungen

Beispiellösung

Brauchen wir noch das „Sie“ als Anrede in unserer Schule?

„Duzen oder Siezen“ – was ist die angemessene Anrede für den Umgang an unserer Schule? Die Redaktion unserer Schulzeitung hat dazu aufgerufen, Beiträge und Meinungen zu dieser Frage einzubringen. Bevor ich meine eigene Position dazu darstelle, möchte ich die sprachgeschichtlichen und gesellschaftlichen Zusammenhänge des Themas kurz aufzeigen, um meine Begründungen und Vorschläge zu erläutern.
In der deutschen Gegenwartssprache gibt es verschiedene Formen der Anrede. Neben den Personalpronomen „Du“ und „Sie“ können wir uns mit Vor- bzw. Nachnamen ansprechen, im letzteren Fall in der Regel mit dem förmlichen Zusatz „Frau“ bzw. „Herr“. Für allgemeine Ansprachen steht noch „Damen und Herren“ zur Verfügung, ergänzt mit dem Possessivpronomen „meine“. Weitere Anredeformen bestehen in der Kombination von attributiven Formen und Nomen wie etwa „lieber Freund / liebe Freundin“ oder „mein Liebling“.
Außer solchen direkten Anreden sind indirekte zu finden, in der Regel eingebettet in Begrüßungsformeln, so beispielsweise „Herzlich willkommen“.
Je nach Kommunikationssituation und Kontext bietet das Sprachsystem direkt-persönliche oder allgemeine bzw. eher informelle und private sowie förmliche Wendungen der Ansprache. Vor allem beim „Du“ und „Sie“ zeigt sich, dass verschiedene Sprachen unterschiedliche Strukturen bieten, so machen einige keinen Unterschied in der direkten Anrede, z. B. das Englische. Zunächst markiert das „Du“ das Gegenüber in der Sprechsituation, ist aber in der deutschen Gegenwartssprache für Kommunikationspartner gebräuchlich, die sich persönlich nahestehen bzw. vertraut sind. Hingegen verweist das „Sie“ auf Fremdheit bzw. Distanziertheit. Daneben werden Jüngere von Älteren „geduzt“. Sieht man sich auf gleicher gesellschaftlicher Ebene, wie es beispielsweise bei Jugendlichen oder jungen Erwachsenen der Fall ist, wird eher das „Du“ erwartet und gebraucht.
Dass dieses System gesellschaftlichen und historischen Veränderungen unterliegt und sich dabei gleichfalls wandelt, wird in diachroner Sicht auf Sprache deutlich. Jacob und Wilhelm Grimm verweisen in ihrem Wörterbuch darauf, dass im 9. Jahrhundert neben dem „Du“ sich auch das „Ihr“ als Anredeform zur Kennzeichnung bestimmter Verhältnisse findet. Im 17. Jahrhundert tritt zudem die 3. Person Plural als Form der würdevollen Anrede hinzu. Bemerkenswert ist, dass unter Gleichgestellten das „Du“ auch später gebräuchlich bleibt, während das „Ihr“ zur Kennzeichnung von Statusunterschieden verwendet wird. Im Laufe des 18. Jahrhunderts wird die 3. Person Singular zur Anrede von Untergebenen gebraucht, teils kommt es sogar zu Wechseln in der Anrede, wie Beispiele aus der Literatur der Zeit zeigen. Bemerkenswert ist, dass die Grimms die gesamte Entwicklung sehr kritisch sehen und als bedenklich beurteilen. Von der Autorin Livia Rasche erfährt man, dass sich das „Sie“ als höfliche Anrede im 19. Jahrhundert durchsetzte und wie heute in der Regel gesellschaftliche und persönliche Distanz der Kommunikationspartner anzeigte. In bestimmten Schichten fand das Siezen sogar Eingang in die Familie.
Das gegenwärtige deutsche Sprachsystem bietet die Wahl der Anrede, mit der man bestimmten gesellschaftlichen Normen entspricht, aber gleichzeitig die Beziehungen zum

Gesprächspartner zum Ausdruck bringen kann. Das „Du" signalisiert Vertrauen, Nähe oder Dazugehörigkeit, wenn es unter Gleichgestellten verwendet wird.
Aktuell kann von einer besonderen „Duz-Kultur" gesprochen werden. Angestoßen durch die Studentenbewegung der 1960er-Jahre ist es nun üblich, dass sich Jugendliche, Studierende, Sportler und Parteimitglieder auch unbekannterweise von vornherein mit „Du" ansprechen. In der Werbesprache wird das „Du" besonders oft genutzt: Beispielsweise duzt das schwedische Möbelhaus Ikea die Kunden, ebenso eine Reihe von Modeunternehmen oder der Getränkehersteller „Coca Cola". Das „Du" soll Nähe und Vertrautheit suggerieren, um die Werbebotschaft persönlich wirksamer zu kommunizieren.
Ein anderer Bereich des öffentlichen Lebens, in dem das persönliche Du zunehmend in Gebrauch kommt, ist die Arbeitswelt. Nach den Ergebnissen einer Befragung von Stepstone und Kienbaum aus dem Jahr 2016 duzen sich in der IT- und Internet-Branche sowie im Bereich Public Relations 70 % aller Mitarbeitenden. Allerdings sind es in eher traditionellen Gewerben wie der Metallindustrie oder dem Bankensektor nur ein Fünftel. Mit Blick auf die Statusunterschiede wird nach diesen Befunden aber auch deutlich, dass die Kommunikation von Vorgesetzten und Untergebenen nach wie vor durch das distanzierende „Sie" bestimmt wird. Mit den Worten einer jungen Frau, die nun selbst in der Öffentlichkeit gesiezt wird: „Im Job beispielsweise ist es per Sie vermutlich einfacher, einem Kollegen, einer Kollegin distanziert und respektvoll die ehrliche Meinung zu sagen." (M 3)
Der Gebrauch der jeweiligen Anrede folgt also bestimmten, aber sich wandelnden gesellschaftlichen Regeln und Konventionen. Die Wahl der Anrede kann gegen diese bewusst verstoßen, wenn sich Streitende mit „Du" anreden oder jemand dem anderen das „Sie" verweigert, um Kritik oder Missachtung auszudrücken. In anderen Fällen erleichtert es das Siezen, notwendige Kritik z. B. an einem untergebenen Mitarbeiter zu formulieren.

Vor diesem Hintergrund ist die an unserer Schule entbrannte Diskussion um die Anrede zu sehen. So ist es ganz selbstverständlich, dass sich alle Schülerinnen und Schüler, unabhängig davon, ob sie sich gut kennen oder ganz fremd sind, untereinander duzen. Das entspricht dem Trend der deutschen Gegenwartssprache, wurde aber auch schon von den Grimms an einigen Universitäten des 19. Jahrhunderts beobachtet (M 1). Beim Eintritt in die Oberstufe werden wir von einigen Lehrpersonen gesiezt, die uns manchmal schon Jahre kennen und in der Sekundarstufe I natürlich mit „Du" angesprochen haben. „Das war ungewohnt, aber irgendwie auch cool", meint eine Studentin dazu im Rückblick (M 3). Ich selbst habe das auch so erlebt und mich zunächst ganz komisch gefühlt, sodass ich sogar meine Klassenlehrerin von früher darum gebeten habe, mich weiterhin zu duzen. Sie lehnte das mit dem Hinweis ab, dass diese förmlich-distanzierende Anrede zeigen soll, dass wir nun nicht nur selbstständiger sein, sondern auch entsprechend behandelt werden sollten. Seither denke ich anders darüber.

Da wir in der deutschen Gegenwartssprache die Anredeformen nach gesellschaftlichen Regeln differenzieren, sollten wir dies auch in unserer Schule nutzen und uns nicht auf nur eine Anredeform wie „Du" beschränken. Gerade die Wahlmöglichkeit bringt jeden dazu zu prüfen, welche Anredeform einer Kommunikationssituation und dem Gesprächspartner angemessen ist und wie damit die Beziehungsebene zum Ausdruck gebracht und gestaltet wird.

Original-Prüfungsaufgaben

Landesabitur 2016

Verwandlungen

Grundkurs

Aufgabenarten: Textwiedergabe / Textanalyse / Gestaltende Interpretation

Voraussetzungen gemäß Lehrplan und Erlass „Hinweise zur Vorbereitung auf die schriftlichen Abiturprüfungen im Landesabitur 2016"
Q1: Das Individuum im Spannungsfeld zwischen Ideal und Wirklichkeit
Q2: Individuum und Gesellschaft

Aufgabenstellung*

1. Geben Sie den Inhalt wieder und analysieren Sie die sprachlich-formale Gestaltung des Romanauszugs. (Material; 30 BE)

2. Vergleichen Sie den Textauszug aus Haushofers Roman „Die Wand" (Material) mit Kafkas Erzählung „Die Verwandlung" hinsichtlich des Motivs der Verwandlung. (45 BE)

3. „Die Mutter schien ebenso wie wir den widerwärtigen Coppelius zu hassen; denn sowie er sich zeigte, war ihr Frohsinn, ihr heiteres unbefangenes Wesen umgewandelt in traurigen, düstern Ernst." (E. T. A. Hoffmann: Der Sandmann)
Beurteilen Sie ausgehend von dem vorliegenden Zitat, inwiefern in E. T. A. Hoffmanns Erzählung „Der Sandmann" das Verhältnis von Wahnsinn und Wirklichkeit als eine Form der Umwandlung bzw. der Verwandlung interpretiert werden kann. (25 BE)

Materialgrundlage

Marlen Haushofer: Die Wand. München: dtv 2004, 7. Auflage, S. 40 f., 56 f., 76, 170

Erlaubte Hilfsmittel

- ein Wörterbuch der deutschen Rechtschreibung
- eine Liste der fachspezifischen Operatoren
- Kafka: Die Verwandlung, Hoffmann: Der Sandmann

Die Wand (1963) *Marlen Haushofer (1920 – 1970)*

Der Roman ist der tagebuchartige Bericht einer namentlich nicht genannten Erzählerin, die mit einem befreundeten Ehepaar ein langes Wochenende in einem Jagdhaus in den Bergen verbringen will. Als sie am Morgen eines Junitages erwacht, stellt sie fest, dass sie allein ist, nur ihr Hund Luchs ist bei ihr. Ihre Freunde sind von einem abendlichen Wirtshausbesuch

* Quelle: Hessisches Kultusministerium

im nahen Dorf nicht zurückgekehrt. Auf der Suche nach ihnen stößt sie gegen eine gläserne Wand, die offenbar das gesamte Gebiet großräumig einschließt. Jenseits der unüberwindbaren Wand erblickt sie erstarrte Menschen und Tiere; offenbar gibt es dort kein Leben mehr. Eingeschlossen in das von der Wand umgrenzte Gebiet, muss sie nun mit dem zurechtkommen, was ihr geblieben ist.

Text in alter Rechtschreibung

Mittags kochte ich Milchreis und verzichtete auf Zucker. Trotz meiner Sparsamkeit besaß ich aber schon nach acht Wochen kein Stück Zucker mehr und mußte in Zukunft auf jede Süßigkeit verzichten.

Ich nahm mir auch fest vor, täglich die Uhren aufzuziehen und einen Tag vom Kalender abzustreichen. Das schien mir damals sehr wichtig, ich klammerte mich geradezu an die spärlichen Reste menschlicher Ordnung, die mir geblieben waren. Gewisse Gewohnheiten habe ich übrigens nie abgelegt. Ich wasche mich täglich, reinige meine Zähne, wasche die Wäsche und halte das Haus sauber.

Ich weiß nicht, warum ich das tue, es ist fast ein innerer Zwang, der mich dazu treibt. Vielleicht fürchte ich, wenn ich anders könnte, würde ich langsam aufhören, ein Mensch zu sein, und würde bald schmutzig und stinkend umherkriechen und unverständliche Laute ausstoßen. Nicht daß ich fürchtete, ein Tier zu werden, das wäre nicht sehr schlimm, aber ein Mensch kann niemals ein Tier werden, er stürzt am Tier vorüber in einen Abgrund. Ich will nicht, daß mir dies zustößt. In letzter Zeit habe ich gerade davor die größte Angst, und diese Angst läßt mich meinen Bericht schreiben. Wenn ich am Ende angelangt bin, werde ich ihn gut verstecken und ihn vergessen. Ich will nicht, daß das fremde Ding, in das ich mich verwandeln könnte, ihn eines Tages finden wird. Ich werde alles tun, um dieser Verwandlung zu entgehen, aber ich bin nicht eingebildet genug, fest zu glauben, mir könne nicht widerfahren, was so vielen Menschen vor mir geschehen ist.

Schon heute bin ich ja nicht mehr der Mensch, der ich einmal war. Woher sollte ich wissen, in welche Richtung ich gehe? Vielleicht habe ich mich schon so weit von mir entfernt, daß ich es gar nicht mehr merke.

[...]

Jetzt hatte ich also die Täler, die ich erreichen konnte, ohne tagelang wegzubleiben, erforscht. [...]

Während des langen Rückwegs dachte ich über mein früheres Leben nach und fand es in jeder Hinsicht ungenügend. Ich hatte wenig erreicht von allem, was ich gewollt hatte, und alles, was ich erreicht hatte, hatte ich nicht mehr gewollt. Wahrscheinlich ist es meinen Mitmenschen ebenso ergangen. Gerade darüber haben wir, als wir noch zueinander sprachen, nie gesprochen. [...] Damals auf dem Rückweg in mein Tal war ich mir noch nicht klar darüber, daß mein früheres Leben ein jähes Ende gefunden hatte, das heißt, ich wußte es wohl schon, aber nur mit dem Kopf, und also glaubte ich nicht daran. Erst wenn das Wissen um eine Sache sich langsam im ganzen Körper ausbreitet, weiß man wirklich. [...] Seit jenem Junitag ist Zeit vergangen und allmählich fange ich an zu begreifen, daß ich nie wieder zurück kann.

Gegen ein Uhr mittags erreichte ich den Pfad, der durch die Latschen[1] führt, und ruhte mich auf einem Stein aus. Der Wald lag dunstend in der Mittagssonne, und warme Duftwolken stiegen aus den Latschen zu mir auf. Jetzt konnte ich erst sehen, daß die Alpenrosen blühten. Als rotes Band zogen sie sich über die Halden[2] dahin. Es war jetzt viel stiller als in der Mondnacht, als läge der Wald schlafgelähmt unter der gelben Sonne. Ein Raubvogel zog hoch im Blauen seine Kreise, Luchs schlief mit zuckenden Ohren, und die große Stille senkte sich wie eine Glocke über mich. Ich wünschte, immer hier sitzen zu dürfen, in der Wärme, im Licht, den Hund zu Füßen und den kreisenden Vogel zu Häupten. Längst hatte ich aufgehört zu denken, so, als hätten meine Sorgen und Erinnerungen nichts mehr mit mir gemein. Als ich weitergehen mußte, tat ich es mit tiefem Bedauern, und ganz langsam verwandelte ich mich unterwegs wieder in das einzige Geschöpf, das nicht hierhergehörte, in einen Menschen, der verworrene Gedanken hegte, die Zweige mit seinen plumpen Schuhen knickte und das blutige Geschäft der Jagd betrieb.

[…]

Wenn ich heute an die Frau denke, die ich einmal war, die Frau mit dem kleinen Doppelkinn, die sich sehr bemühte, jünger auszusehen, als sie war, empfinde ich wenig Sympathie für sie. Ich möchte aber nicht zu hart über sie urteilen. Sie hatte ja nie eine Möglichkeit, ihr Leben bewußt zu gestalten. Als sie jung war, nahm sie, unwissend, eine schwere Last auf sich und gründete eine Familie, und von da an war sie immer eingezwängt in eine beklemmende Fülle von Pflichten und Sorgen. Nur eine Riesin hätte sich befreien können, und sie war in keiner Hinsicht eine Riesin […].

[…]

Als Kind hatte ich immer unter der närrischen Angst gelitten, daß alles, was ich sah, verschwand, sobald ich ihm den Rücken kehrte. Alle Vernunft hat nicht vermocht, mich ganz von dieser Angst zu heilen. […] Sicherheit bedeutete für mich soviel wie sehen und berühren können. So erging es mir auch in jenem Sommer. War ich auf der Alm, zweifelte ich an der Wirklichkeit des Jagdhauses, und war ich im Tal, löste sich in meiner Vorstellung die Alm in Nichts auf. Und waren meine Ängste wirklich so närrisch? War die Wand nicht eine Bestätigung meiner kindlichen Furcht? Über Nacht war mir mein früheres Leben, alles, woran ich hing, auf unheimliche Weise gestohlen worden. Alles konnte geschehen, wenn dies möglich gewesen war. Immerhin hatte man mir beizeiten so viel Vernunft und Disziplin beigebracht, daß ich jede derartige Anwandlung schon im Keim bekämpfte. Ich weiß aber nicht einmal, ob dieses Verhalten normal ist; vielleicht wäre die einzig normale Reaktion auf alles, was geschehen ist, der Wahnsinn.

Anmerkungen

1 Latsche: in Gebirgen wachsende strauchartige Kiefer

2 Halde, hier: sanft abfallende Seite eines Berges

Hinweise

Marlen Haushofer, österreichische Schriftstellerin (1920 – 1970), erhielt 1968 den österreichischen Staatspreis für Literatur.

Die Rechtschreibung entspricht der Textvorlage.

Die folgende Lösung ist eine nicht amtliche Lösung.

Inhaltliche Teilleistungen

Beispiellösung: Teilaufgabe 1

In Marlen Haushofers Roman „Die Wand" aus dem Jahre 1963 geht es um das einsame Leben der Hauptfigur und Ich-Erzählerin in einem durch eine gläserne Wand abgeschlossenen Raum. Sie reflektiert ihr bisheriges Leben und ihre Angst, sich ungewollt zu verändern und dabei sich selber fremd zu werden.

Zum Inhalt des Romanauszugs

In einem von einer gläsernen Wand abgeschlossenen Land muss die Ich-Erzählerin ihr Leben ganz auf sich gestellt meistern. Dazu bevorratet sie die vorhandenen Lebensmittel und versucht, in ihrer Isolation den Alltag zu gestalten, indem sie gewisse Gewohnheiten wie Körperpflege und Haushaltung aufrechterhält. Vor allem wird sie von der Angst, zu einem „fremde[n] Ding" (Z. 33) zu werden, beherrscht: sich selber also fremd zu werden, ohne es selbst zu bemerken. Sie blickt auf ihr vorheriges Leben zurück, das ihr nun als „in jeder Hinsicht ungenügend" (Z. 52) erscheint.
So meint sie, dass sie kaum etwas von dem erreicht habe, was sie eigentlich angestrebt hatte, und das, was sie wollte und was sie erreicht hat, komme ihr unwert vor. Damit habe ihr „früheres Leben ein jähes Ende" (Z. 61) erlitten und langsam realisiere sie, dass sie nie wieder zu ihrem alten Leben zurückkönne (vgl. Z. 68 f.). Wie sie als junge Frau gelebt und empfunden habe, erscheint der Ich-Erzählerin nun merkwürdig und fremd. Vor allem, ihr früheres Leben nicht bewusst gestaltet zu haben, bedauert sie dabei (vgl. Z. 105 f.). Das Leben mit ihrer Familie war ihr eine „schwere Last" (Z. 107), sie hatte es als Einengung in eine „beklemmende Fülle von Pflichten und Sorgen" (Z. 109 f.) empfunden.
Ob die Isolation im Leben hinter der Wand ihre „kindliche[...] Furcht" (Z. 127) bestätigen könnte und insofern diese unwirkliche Situation „die einzig normale Reaktion" (Z. 137) auf das sei, was bisher war, bewegt und bestimmt nun das Nachdenken der Ich-Erzählerin.

Zur sprachlich-formalen Gestaltung des Romanauszugs

Der Text wirkt wie eine Art Tagebuch, in dem die Ich-Erzählerin erlebtes Geschehen und Ereignisse, Gedanken und Empfindungen beschreibt und für sich selbst festhält. Entsprechend der Ich-Form werden die Aussagen durch Personalpronomina als sprachlicher Ausdruck des Selbstbezuges bestimmt. Das Erzählverhalten kann als personal, die Erzählhaltung als weitgehend neutral bis melancholisch beschrieben werden: Damit wird die Distanz der Ich-Erzählerin zu sich selbst und zu ihrem früheren Leben erkennbar.
Wortwahl und Satzgestaltung bringen das innere Geschehen und die Stimmung der Erzählerin mit ihren Reflexionen über sich und ihr Verhältnis zu anderen bzw. der Welt zum Ausdruck. Dies verdeutlichen unter anderem eingeschobene Fragesätze, wie z. B. „Woher sollte ich wissen, in welche Richtung ich gehe?" (Z. 41 f.) oder „Und waren meine Ängste wirklich so närrisch?" (Z. 125 f.). Besonders bei der Schilderung des inneren Erlebens auf der Waldlichtung werden zudem Personifikationen („als läge der Wald schlafgelähmt unter der gelben Sonne", Z. 79 f.) und Vergleiche („die große Stille senkte sich wie eine Glocke über mich", Z. 82 f.) genutzt.

Beispiellösung: Teilaufgabe 2

Zum Motiv der Verwandlung in Haushofers Text „Die Wand“

Das Motiv der Verwandlung wird in diesem Roman in zweifacher Weise gestaltet, und zwar einmal in Bezug auf das erzählte äußere Geschehen und zum anderen in Bezug auf das innere Geschehen der Hauptfigur und Ich-Erzählerin. Diese findet sich wieder in einer Welt, die sich über Nacht verwandelt hat: Eine unüberwindliche Wand, deren Herkunft und Beschaffenheit rätselhaft ist, hat die Frau von ihrer alten Lebenswelt abgetrennt. In dieser Abgetrenntheit ist sie auf sich allein gestellt, ohne Möglichkeit der Kommunikation mit anderen, sodass die Angst, sich in ein anderes Wesen zu verwandeln, Besitz ergreift: „langsam auf[zu]hören, ein Mensch zu sein und [...] bald schmutzig und stinkend umher[zu]kriechen und unverständliche Laute aus[zu]stoßen“ (Z. 19 ff.). Dabei geht es um die mögliche Verwandlung in ein „fremde[s] Ding“ (Z. 33), der sie auf alle Fälle entgehen möchte, wissend, dass es anderen vor ihr schon so ergangen sei (vgl. Z. 55 f.).
Das Verwandlungsmotiv wird in dieser Erzählung vor allem zur Thematisierung einer Entfremdung von sich selbst gestaltet, die dazu führt, die eigene Identität zu verlieren, ohne es zu merken. In anderer Hinsicht stellt die Hauptfigur schon eine Veränderung fest, wenn sie darüber reflektiert, dass sie jetzt schon nicht mehr der Mensch sei, der sie einmal gewesen sei. Hatte sie sich früher bemüht, „jünger auszusehen, als sie war“ (Z. 101 f.), oder „immer eingezwängt in eine beklemmende Fülle von Pflichten und Sorgen“ (Z. 109 f.) gelebt, so hatte sie zugleich nicht die Kraft, sich davon zu befreien.
Auch in der mittäglichen Rast, von der sie erzählt, löst sie sich gleichsam als Person auf; sie hat „aufgehört zu denken“ (Z. 87), so als hätten ihre „Sorgen und Erinnerungen nichts mehr mit [ihr] gemein“ (Z. 88 f.). Erst als sie weitergeht, verwandelt sie sich wieder „in einen Menschen, der verworrene Gedanken“ (Z. 93 ff.) hegt und weiter das „blutige Geschäft der Jagd“ (Z. 96 f.) betreibt. Die Ich-Erzählerin selbst stellt sich die Frage, ob „die Wand nicht eine Bestätigung [ihrer] kindlichen Furcht“ (Z. 126 f.) sei. Mit „Vernunft und Disziplin“ (Z. 133) hat sie gegen das Verschwinden der Wirklichkeit anzukämpfen gelernt. Nun ist ihr „[ü]ber Nacht“ (Z. 128) ihr früheres Leben und alles, woran sie hing, „auf unheimliche Weise gestohlen worden“ (Z. 129 f.).
Das Motiv der Verwandlung in diesem Roman bezieht sich, soweit aus diesem Auszug ersichtlich, auf das Thema der Selbstentfremdung und des Selbstverlustes. Sich zu verlieren bedeutet auch den Verlust von Realität und „Wahnsinn“ (Z. 138) als Konsequenz dieser Art von Verwandlungen.

Zum Vergleich des Verwandlungsmotivs bei Kafka und Haushofer

(zitiert nach: Franz Kafka: Die Verwandlung. Aus: Ders., Erzählungen. Frankfurt a. M.: Fischer Taschenbuch Verlag 1986)

In Kafkas Erzählung „Die Verwandlung“ lassen sich zwei Aspekte der Verwandlung unterscheiden: die Verwandlung zu Beginn der Erzählung sowie die Verwandlung, die Gregor als Verwandelter durchmacht. Schon gleich zu Beginn von Kafkas Erzählung wird die Verwandlung zur Anschauung gebracht, nämlich in der wohl über Nacht stattgefundenen Verwandlung Gregor Samsas in ein käferartiges Tier, in ein „ungeheure[s] Ungeziefer“ (S. 57) von menschlicher Größe. Zunächst hält Gregor selbst dies für „Narrheiten“ (ebd.), doch manifestiert sich im folgenden Geschehen die Verwandlung als realer Tatbestand: „Es war kein Traum.“ (ebd.) Damit wird eine Parallele zu Haushofers Roman deutlich: Die Verwand-

lung der Welt, das Eingesperrtsein der Ich-Erzählerin durch eine gläserne Wand ist über Nacht geschehen, die Ursache bleibt rätselhaft, etwas Unerklärliches bildet auch hier den Ausgangspunkt. Somit kann von einer intertextuellen Beziehung gesprochen werden. In beiden Fällen ist die Realität des Käfers bzw. der Wand für die literarischen Figuren eine dann nicht mehr zu hinterfragende Selbstverständlichkeit. Dies wird vor allem durch das jeweilige Erzählverhalten (personale bzw. Ich-Erzählung) bestätigt; den Lesern wird dabei ausschließlich die Perspektive der Hauptfiguren eröffnet.
Allerdings sind auch Unterschiede zwischen beiden Figuren erkennbar, denn bei Kafka verwandelt sich allein Gregors Körper, während er seine geistige und seelische Identität erhalten bleibt. Auch die Welt, in der er verwandelt erwacht, ist geblieben, die „wohlbekannten" (S. 57) Wände seines „etwas zu kleine[n] Menschenzimmer[s]" (ebd.) werden von ihm so wiedererkannt. Der Verlust der personalen Identität ist für die Ich-Erzählerin bei Haushofer die größte Angst.
Abgeschlossen zu sein ist in beiden Erzählungen ein bedeutsamer Aspekt der Verwandlungen. Die Ich-Erzählerin ist eingeschlossen in ihrer neuen Welt und auch Gregor lebt wie ein Gefangener in seinem Zimmer. Das Zimmer verwandelt sich, nachdem man es geräumt und ihm „alles" (S. 86) genommen hatte, „was ihm lieb war" (ebd.), allmählich in eine Abstellkammer, in der Gerümpel und Abfall entsorgt werden. Gregor selbst verändert sich durch die Veränderung der äußeren Lebensumstände, er ändert seine Essgewohnheiten, ernährt sich von Küchenabfällen und leidet zunehmend an Appetitlosigkeit. Er verliert nach und nach seine menschlichen Fähigkeiten und entwickelt neue, ihm selbst bisher unbekannte Eigenschaften (Gleichgültigkeit, aber auch Bereitschaft zur Rebellion). Die Ich-Erzählerin fürchtet sich davor, ein ihr selbst „fremde[s] Ding" (Z. 33) oder gar wahnsinnig zu werden. Gregor ist am Ende vor allem für die anderen nur noch das „Untier" (S. 100), „es" (S. 101), das Zeug, das, wäre es noch Gregor, selbst einzusehen habe, dass es verschwinden müsse.

Zusammenfassend kann gesagt werden, dass mit dem Motiv der Verwandlung sowohl in der Erzählung Kafkas als auch in Haushofers Roman die Frage menschlicher Identität thematisiert wird. Zum Tier oder Ding zu werden sind demnach die Aspekte eines möglichen Selbstverlustes oder der Selbstvergessenheit. Der mögliche Verlust des Menschlichen verweist auf die Gegensätzlichkeit von lebendiger Erhaltung menschlicher Identität und dem äußeren Zwang zur Selbsterhaltung.

Beispiellösung: Teilaufgabe 3

(zitiert nach: E. T. A. Hoffmann: Der Sanmann. Aus: Ders., Zwei Nachtstücke. München: dtv 1980)

In der zitierten Aussage aus E. T. A. Hoffmanns Erzählung „Der Sandmann" wird auf die Veränderungen und Verwandlungen hingewiesen, die die genannten Figuren in der Erzählung durchmachen. Auch in der dort dargestellten Spannung von Wahnsinn und Wirklichkeit sind Aspekte von Verwandlungen zu erkennen.
Für den jungen Nathanael ist der „alte Advokat Coppelius" (S. 13) der Sandmann, der in der Erzählung der alten Amme als augenausreißender Dämon erscheint. Mit Coppelius ist auch das Motiv der Verwandlung verbunden, etwa schon mit den alchemistischen Versuchen, die er mit Nathanaels Vater durchführt. In diesen geht es ja um die Wandlungsfähigkeit

von Stoffen. Zudem löst Coppelius verschiedene Veränderungen und Wandlungen aus. Sie betreffen einerseits die äußeren Dinge, z. B. die „Näschereien" (S. 14) der Kinder in Ungenießbares, andererseits die Gemüter und das Wesen der Menschen: Der Frohsinn der Mutter wird „umgewandelt in traurig düsteren Ernst" und die „sanften ehrlichen Züge des Vaters" (ebd.) werden zum „widerwärtigen Teufelsbilde verzogen" (S. 16), sodass er nun Coppelius ähnlich sieht. Coppelius ist die Verkörperung der „dunklen Macht" (S. 21), er ist derjenige, der „überall, wo er einschreitet, [...] Verderben bringt" (S. 22).
Die gilt so vor allem für die Sicht und das Erleben von Nathanael, während für die aufgeklärte Clara die dunkle Macht von Coppelius allein im „Innern" (S. 20) seinen Ursprung hat, die „wahre wirkliche Außenwelt" (ebd.) habe daran „wohl wenig" (ebd.) teil. Lothar fügt hinzu, dass diese „dunkle psychische Macht" (S. 22) oft „fremde Gestalten" (ebd.) der „Außenwelt" (ebd.) „in unser Inneres hineinzieht, so daß wir selbst nur den Geist entzünden, der [...] aus jener Gestalt spricht" (ebd.).
Diese Argumentation überzeugt Nathanael allerdings nicht, für ihn löst sich die Grenze zwischen fantastischer Innenwelt und wirklicher Außenwelt nach und nach auf. Die fantastische Innenwelt seines Gemüts verwandelt sich in eine für ihn ebenso erfahrbare wie wirkliche Außenwelt – und diese wird umgekehrt zum Spiegel seines Inneren. Innen und außen verschwimmen in seiner Wahrnehmung, sodass er Clara zunächst als „lebloses, verdammtes Automat" (S. 32) beschimpft, um sich dann in den Automaten Olimpia zu verlieben. Selbst in dem objektiver Blick durch das Taschenperspektiv verwandeln sich die „seltsam starr und tot" (S. 36) wirkenden Augen Olimpias, als gingen in ihrem „Liebesblick" (S. 44) „feuchte Mondesstrahlen" (S. 36) auf. Außenwelt und Innenwelt können kaum mehr auseinandergehalten werden, selbst für Leser und auch den Erzähler gehen Fantasie, Wahnsinn und Wirklichkeit (Coppelius = Coppola?) ineinander über.

Aspekte der Verwandlung sind also in E. T. A. Hoffmanns Erzählung durchaus auszumachen, vor allem das Verhältnis von Wahnsinn und Wirklichkeit, von Innenwelt und Außenwelt wird bestimmt durch eine Vielzahlt von Verwandlungen, die die Grenzen von Wahn und Wirklichkeit ineinanderfließen lassen.

Landesabitur 2016

Nächtliche Reflexionen

Leistungskurs

Aufgabenarten: Textwiedergabe und Analyse / Literarische Erörterung / Gestaltende Interpretation

Voraussetzungen gemäß Lehrplan und Erlass „Hinweise zur Vorbereitung auf die schriftlichen Abiturprüfungen im Landesabitur 2016"
Q2: Individuum und Gesellschaft
Q3: Weltentwürfe

Aufgabenstellung*

1. Beschreiben Sie die Situation und den psychischen Zustand des Protagonisten aus dem Theaterstück „ZWEI UHR NACHTS" von Falk Richter und analysieren Sie den Aufbau und die sprachliche Gestaltung des Textauszuges (M1). (30 BE)

2. Stellen Sie den Monolog aus Richters „ZWEI UHR NACHTS" (M1) inhaltlich und sprachlich dem Monolog Fausts in der Szene „Nacht" (M2) aus Goethes Drama „Faust I" gegenüber. (40 BE)

3. Verfassen Sie einen inneren Monolog, den Josef K. aus Franz Kafkas Roman „Der Prozess" um zwei Uhr nachts über seine Situation kurz vor seinem 31. Geburtstag gehalten haben könnte, bevor er am nächsten Abend von zwei Herren abgeholt wird (zehntes Kapitel).
   Begründen Sie die inhaltlich-thematische und sprachlich-formale Gestaltung Ihres Textes. (30 BE)

Materialgrundlage

- Falk Richter: ZWEI UHR NACHTS. DER MANN OHNE ERINNERUNG. In: Programmheft Schauspiel Frankfurt. Frankfurt a. M.: 2015, S. 12f.
- Johann Wolfgang Goethe: Faust. Der Tragödie erster Teil. Aus: Ders., Goethes Werke. Hamburger Ausgabe in 14 Bänden. Band III. Hrsg. von Erich Trunz. München: dtv 1981, 11. Auflage, S. 20f.

Erlaubte Hilfsmittel

- ein Wörterbuch der deutschen Rechtschreibung
- eine Liste der fachspezifischen Operatoren
- Goethe: Faust I
- Kafka: Der Prozess

* Quelle: Hessisches Kultusministerium

M1 ZWEI UHR NACHTS. DER MANN OHNE ERINNERUNG (2015)

*Falk Richter (*1969)*

Bei dem folgenden Textauszug handelt es sich um den Eingangsmonolog des Protagonisten aus dem im Frühjahr 2015 im Schauspiel Frankfurt uraufgeführten Theaterstück „ZWEI UHR NACHTS“ von Falk Richter. Der Protagonist arbeitet als Unternehmensberater, der für die Ausübung seiner beruflichen Tätigkeit häufig in anderen Städten in Hotels übernachtet.

WER IST DIESER MANN? Wieso hat er seit drei Tagen sein Handy nicht mehr eingeschaltet? Warum hat er gestern Nacht um 1 Uhr 57 seinen Skype Account gelöscht und anschließend unter einem anderen Namen neu eingerichtet? Warum sitzt er jetzt unterhalb des Fensters eines Hotelzimmers in einer Stadt, in der er in diesem Augenblick laut seines Google Calendars NICHT sein sollte und – ja was?
Weint?

Er wirkt angespannt, müde,
vielleicht hat er irgendetwas vor,
in seinem Gesicht erkenne ich den Wunsch, seinem Leben eine radikale Wendung zu geben.
Vermisst er etwas in seinem Leben?
Was vermisst er?
Kann er das
benennen,
was das ist,
und hat diese Zigarette, diese Musik, die er jetzt in diesem Moment hört, hat diese Stadt, in der er sich jetzt aufhält, irgendetwas mit dem Leben zu tun, das er sich in den nächsten Jahren für sich vorstellen könnte?
Träumt er von irgendeinem Leben, das –
ja was?
Was genau?
Was denkt er jetzt in diesem Augenblick?
Was fühlt er?

Wieso liegen Reiseführer unterschiedlicher südamerikanischer Länder immer noch eingeschweißt auf dem Tisch? Er hat gestern um 1 Uhr 23 einen Schlafsack gekauft. Für wen hat er den gekauft? FÜR SICH SELBST? Aber er lebt doch im HOTEL? Was hat er vor? Wieso löscht er jetzt alle Kontakte in seinem iPhone? Wieso zögert er immer wieder? Einige Nummern löscht er nicht. Welche Nummern sind das? Wieso schreibt er sich einige Nummern auf die letzte Seite der Hölderlin-Gesamtausgabe[1]? Wen ruft er nachts an, wenn er sich allein fühlt?

Hat er Freunde? Wie oft sieht er diese Freunde? Sind es gute Freunde? Stehen sie ihm nahe? Gibt es überhaupt jemanden in seinem Leben, der ihm nahe steht, der ihn liebt, ihn kennt, der da ist, wenn es ihm schlecht geht, wenn er ihn braucht. Kann er es für Außenstehende verständlich kommunizieren, wenn es ihm schlecht geht, wenn er etwas braucht? ODER VERSTEHT IHN EINFACH KEINER UND DESHALB KANN ER SICH NICHT VERSTÄNDLICH MACHEN? KANN ER SAGEN WAS ER DENKT FÜHLT BEGEHRT WAS IHM WICHTIG IST WORUNTER ER LEIDET WONACH ER SICH SEHNT?

Wer bist du?
Was WILLST du?

Irgendetwas WILL NICHT MEHR.

Irgendetwas IN ihm wird lauter und lauter. Eine Stimme die er JAHRELANG nicht hören konnte, weil DA IMMER SO VIEL LÄRM WAR HIER IN MIR.

So viele Ansagen gleichzeitig. ALLES WICHTIG ALLES IMMER DIE HÖCHSTE PRIORITÄT das schaffst du noch das schaffst du auch noch das auch noch das auch noch WEITER WEITER NICHT STEHENBLEIBEN BLOSS NICHT ZUR RUHE KOMMEN JETZT BLOSS NICHT ZUR RUHE KOMMEN JETZT wenn du einmal zur Ruhe kommst IST ALLES VORBEI DANN BRICHST DU ZUSAMMEN UND STEHST NIE WIEDER AUF das kannst du noch das kannst du auch noch das auch noch das auch noch IMMER DIESES GEFÜHL nie zu genügen den Anforderungen die an mich gestellt werden NIE GERECHT ZU WERDEN immer HINTER DEM ZURÜCKZUBLEIBEN WAS VON EINEM ERWARTET WIRD WIEDER NICHT GESCHAFFT WIEDER NICHT GESCHAFFT WEITER WEITER MORGEN BESSER MORGEN KLAPPTS WEITER NUR NICHT AUFGEBEN NUR NICHT STEHEN BLEIBEN WEITER WEITER DA IST IMMER NOCH MEHR IMMER NOCH MEHR MÖGLICH DA IST NOCH MEHR DRIN!

Wie bin ich in dieses Leben hineingeraten? Ist das MEIN Leben? Oder lebe ich das FÜR JEMAND ANDERES? BIN ICH JEMAND ANDERES? Jemand, den ich nicht kenne, dessen Leben ich jetzt lebe. Lebe ich ein Leben, das ich ÜBERHAUPT NICHT VERSTEHE, und sage ich hier unentwegt auswendig gelernte Sätze, folge ich hier unentwegt einem SKRIPT DAS JEMAND ANDERES IRGENDWANN EINMAL FÜR MICH ENTWORFEN HAT und WIESO SIND ALL DIESE SZENEN WEG DIE MIR SO VIEL FREUDE GEMACHT HABEN wo sind die hin warum wurden die rausgestrichen das sind doch DIE SZENEN FÜR DIE ICH DIESE ROLLE DAMALS ANGENOMMEN HABE, ODER?

Anmerkungen

1 Friedrich Hölderlin (1770 – 1843): deutscher Schriftsteller, der nach einer psychiatrischen Zwangsbehandlung die letzten beiden Jahrzehnte seines Lebens vereinsamt in einem Turmzimmer (Hölderlinturm in Tübingen) verbrachte

Hinweise

Falk Richter, geboren 1969, ist ein deutscher Regisseur, Autor und Übersetzer, der in Hamburg lebt.
Rechtschreibung und Typografie entsprechen der Textvorlage. Bei Zitaten in der Abiturklausur kann auf die durchgängige Großschreibung verzichtet werden.

M2 Faust. Der Tragödie erster Teil (1808) *Johann Wolfgang Goethe (1749 – 1832)*

NACHT

In einem hochgewölbten, engen gotischen Zimmer
Faust unruhig auf seinem Sessel am Pulte.

FAUST. Habe nun, ach! Philosophie,
Juristerei und Medizin,
Und leider auch Theologie
Durchaus studiert, mit heißem Bemühn.
Da steh' ich nun, ich armer Tor,
Und bin so klug als wie zuvor!
Heiße Magister, heiße Doktor gar,
Und ziehe schon an die zehen Jahr'
Herauf, herab und quer und krumm

Meine Schüler an der Nase herum –
Und sehe, daß wir nichts wissen können!
Das will mir schier das Herz verbrennen.
Zwar bin ich gescheiter als alle die Laffen,
Doktoren, Magister, Schreiber und Pfaffen;
Mich plagen keine Skrupel noch Zweifel,
Fürchte mich weder vor Hölle noch Teufel –
Dafür ist mir auch alle Freud' entrissen,
Bilde mir nicht ein, was Rechts zu wissen,
Bilde mir nicht ein, ich könnte was lehren,
Die Menschen zu bessern und zu bekehren.
Auch hab' ich weder Gut noch Geld,
Noch Ehr' und Herrlichkeit der Welt;
Es möchte kein Hund so länger leben!
Drum hab' ich mich der Magie ergeben,
Ob mir durch Geistes Kraft und Mund
Nicht manch Geheimnis würde kund;
Daß ich nicht mehr mit sauerm Schweiß
Zu sagen brauche, was ich nicht weiß;
Daß ich erkenne, was die Welt
Im Innersten zusammenhält,
Schau' alle Wirkenskraft und Samen,
Und tu' nicht mehr in Worten kramen.

O sähst du, voller Mondenschein,
Zum letztenmal auf meine Pein,
Den ich so manche Mitternacht
An diesem Pult herangewacht:
Dann über Büchern und Papier,

Trübsel'ger Freund, erschienst du mir!
Ach! könnt' ich doch auf Bergeshöhn
In deinem lieben Lichte gehn,
Um Bergeshöhle mit Geistern schweben,
Auf Wiesen in deinem Dämmer weben,
Von allem Wissensqualm entladen,
In deinem Tau gesund mich baden!

Weh! steck' ich in dem Kerker noch?
Verfluchtes dumpfes Mauerloch,
Wo selbst das liebe Himmelslicht[1]
Trüb durch gemalte Scheiben bricht!
Beschränkt von diesem Bücherhauf,
Den Würme[2] nagen, Staub bedeckt,
Den, bis ans hohe Gewölb' hinauf,
Ein angeraucht Papier umsteckt;
Mit Gläsern, Büchsen rings umstellt,
Mit Instrumenten vollgepfropft,
Urväter-Hausrat drein gestopft –
Das ist deine Welt! das heißt eine Welt!

Und fragst du noch, warum dein Herz
Sich bang in deinem Busen klemmt?
Warum ein unerklärter Schmerz
Dir alle Lebensregung hemmt?
Statt der lebendigen Natur,
Da Gott die Menschen schuf hinein,
Umgibt in Rauch und Moder nur
Dich Tiergeripp' und Totenbein[3].

Flieh! auf! hinaus ins weite Land!
[...]

Anmerkungen

1 Himmelslicht: Licht der Sonne
2 Würme: alte Mehrzahlbildung von Wurm
3 Totenbein: Totenknochen, ein Skelett

Hinweis

Die Rechtschreibung entspricht der Textvorlage.
Die folgende Lösung ist eine nicht amtliche Lösung.

Inhaltliche Teilleistungen

Beispiellösung: Teilaufgabe 1

Bei dem Dramenauszug „ZWEI UHR NACHTS“ von Falk Richter aus dem Jahr 2015 (Uraufführung) handelt es sich um den Eingangsmonolog des Protagonisten. Dieser sitzt – offenbar nachts – in einem Hotel und denkt darüber nach, ob er sein bisheriges anforderungsreiches und selbstentfremdetes Leben in dieser Form weiterführen möchte.

Der Monolog kann in drei Abschnitte eingeteilt werden. Diese unterscheiden sich sowohl inhaltlich als auch vor allem formal durch den Wechsel der Personalpronomen von „er“ (Z. 1 – 61 und 65 f.) über „du“ (Z. 62 f. und 71 – 80) zu „ich“ bzw. „mir/mich“ (Z. 68, 83, 95 – 110).

Im ersten Abschnitt wird über den Protagonisten, dessen Name nicht genannt wird, in der 3. Person Singular gesprochen. Ein Ich stellt zahlreiche Fragen, die alle unbeantwortet bleiben (vgl. Z. 1 – 11). Inhaltlich wird deutlich, dass der Mann seit drei Tagen nicht mehr über sein Mobiltelefon erreichbar ist, er seinen bisherigen Skype-Account am Tag zuvor geändert hat und sich in einem Hotelzimmer in einer Stadt befindet, in der er laut seiner Terminplanung nicht sein sollte. Äußere Eindrücke, etwa ob er „wein[e]“ (Z. 11) oder „angespannt, müde“ (Z. 12) wirke, und Vermutungen über seine Gedanken werden geäußert. Offenbar erkennt das Ich den Wunsch des Protagonisten, sein bisheriges Leben radikal zu verändern. So fragt er sich, was ihm in seinem bisherigen Leben fehle, wie sein zukünftiges Leben aussehen könne und was er fühle, wovon er träume (vgl. Z. 17 ff.).

Im Anschluss an die Beschreibung seiner Umgebung (er raucht und hört Musik, eingeschweißte Reiseführer liegen auf dem Tisch, vgl. Z. 22 f. und 33 ff.) und seiner Taten in der vergangenen Nacht (Kauf eines Schlafsacks, vgl. Z. 35 f.) sowie der im Augenblick (Umgang mit Telefonnummern, vgl. Z. 39 ff.) wird mit der Frage „Wen ruft er nachts an, wenn er sich allein fühlt?“ (Z. 45 f.) das Verhältnis zu seinen Freunden thematisiert. Das Nachdenken über die Kommunikation mit ihnen führt zu der Frage, ob er überhaupt verständlich kommunizieren bzw. sich verständlich machen könne.

Formal deutlich gemacht werden diese letzten Fragen durch die Typografie (durchgehende Großschreibung) und den Verzicht auf Kommata (vgl. Z. 58 ff.). Inhaltlich ergibt sich hier ein Übergang ins eigene Ich, der formal durch den Wechsel der Personalform zum „du“ (Z. 62 f.) angezeigt wird. Es klingt, als übernehme nun die innere Stimme die Regie. Sie setzt sich auseinander mit den eigenen unbefriedigten Bedürfnissen und den permanenten Anforderungen einer sich steigernden Leistungsanforderung. Deutlich wird, dass dem Ich über Jahre hinweg keine Ruhe zum Innehalten und Reflektieren gelassen wurde. Auch in diesem Teil, der ab Zeile 69 beginnt, wird wieder durch die Drucklegung, den Verzicht auf Satzzeichen sowie die Verwendung von parataktischen Konstruktionen die Not und das Leiden des Ich verdeutlicht.

Im folgenden dritten Abschnitt spricht der Protagonist von sich nun direkt in der 1. Person Singular, er stellt direkte Fragen an sich selbst, z. B. „Wie bin ich in dieses Leben hineingeraten? Ist das MEIN Leben?“ (Z. 95 f.). Er stellt sein bisheriges Leben infrage und erkennt, wie bereits in den vorherigen Abschnitten deutlich wurde, dass es nicht sein eigenes bzw. ein seinen Wünschen entsprechendes Leben ist, das er lebt, sondern ein fremdbestimmtes, einer

Rolle gehorchendes Leben. Auch hier wird wieder die psychische Situation des Getriebenseins durch die bereits genannten Formalia unterstrichen, die Sätze folgen assoziativ aufeinander und enden mit der Frage „ODER?“ (Z. 111).
Abschließend kann festgehalten werden, dass der Protagonist in diesem Eingangsmonolog sich selbst zunächst wie eine fremde Person beschreibt und befragt, wie einen „Mann ohne Erinnerung“ (vgl. Untertitel), der selbst nicht zu wissen scheint, warum er seit drei Tagen seinen normalen (Arbeits-)Alltag verändernde, unterbrechende Aktionen durchführt. Im weiteren Verlauf des Monologes wird er auf die – vermutlich verdrängte – innere Stimme seiner Gefühle, Wünsche, Träume und Sehnsüchte aufmerksam, benennt die Fremdbestimmung durch sein bisheriges forderndes Arbeitsleben und sucht mit der letzten Frage den offenbar verloren gegangenen Kontakt zu sich und seiner Umwelt.

Beispiellösung: Teilaufgabe 2

Beide Protagonisten reflektieren des Nachts ihr augenblickliches Leben und kommen zu der Erkenntnis, dass sie mit ihrer Lebensführung, besonders mit ihrem Arbeitsleben, unzufrieden sind. Beide hegen den Wunsch, ihr Leben ändern zu wollen. Während jedoch Faust, als Mensch auf der Schwelle zur Neuzeit, insbesondere seine eingeschränkten Erkenntnismöglichkeiten und sein ihm eigener, ungestillter Wissensdrang quälen, leidet der Protagonist in „ZWEI UHR NACHTS“ als Prototyp des 21. Jahrhunderts unter der erlebten Selbstentfremdung, die durch sein Arbeitsleben und hier durch ein permanentes Maximierungs- und Optimierungsstreben bedingt zu sein scheint. Im Unterschied zu Faust, der sich selbst antreibt, erscheint der Protagonist in Richters Drama eher als ein Getriebener, welcher der Dynamik seiner Existenz zu entkommen sucht.

Beide Figuren sind allein und denken mitten in der Nacht über ihr bisheriges Leben und eine mögliche, alternative Zukunft nach. Faust befindet sich dabei in seinem vertrauten Arbeitszimmer, Richters Protagonist hingegen in einem anonymen Hotelzimmer in einer fremden Stadt.
Faust reflektiert zunächst seine erfolgreiche Universitätskarriere, sieht sich hier aber als Gescheiterter an (‚Da steh’ ich nun, ich armer Tor, / Und bin so klug als wie zuvor“, V. 358 f.) und kommt darüber zu dem Schluss, dass ihn sein Erkenntnisdrang als Wissenschaftler in keiner Weise erfüllt hat. Da ihm die Fakultäten kein Wissen über die wahren Zusammenhänge der Existenz vermitteln konnten, wendet er sich, unzufrieden und unbefriedigt („möchte kein Hund so länger leben“, V. 376), der Magie zu, in der Hoffnung, hier zu erkennen, „was die Welt / Im Innersten zusammenhält“ (V. 382 f.). Hierfür zeigt er sich bereit, alle Grenzen zu überschreiten. Die Defizite seines Lebens hat er nicht nur verstandesmäßig erkannt, sondern er leidet auch emotional unter ihnen, mit seinem „Herz[en]“ (V. 365, 410). Die Lebensferne der Gelehrtenkultur (Bücher, Papiere, Instrumente für Experimente) vermittelt Faust das Gefühl des Gefangenseins: „Weh! steck’ ich in dem Kerker noch?“ (V. 398) Er verspürt Sehnsucht nach dem unmittelbaren Leben, der „lebendigen Natur“ (V. 414).
Der Protagonist in „ZWEI UHR NACHTS“ verfügt als Prototyp des Menschen der Jetztzeit über das typische Equipment: Smartphone, Skype-Account und Laptop mitsamt einer gut vernetzten medialen Ausstattung. Auf alle diese Errungenschaften verzichtet er aber nun

und beklagt sich über sein bisheriges Arbeitsleben, das nichts mehr mit seinen Gefühlen und Wünschen zu tun habe, der gesellschaftliche Status spielt für ihn keine Rolle. Vielmehr leidet der Mann unter dem permanenten Leistungs- und Termindruck, der Überforderung im beruflichen Alltag und der damit einhergehenden Ruhelosigkeit in seinem Leben. So kommt auch er zu dem Entschluss, sein Leben grundlegend zu ändern (vgl. Z. 64 f.).
Im Gegensatz zu Faust aber zeigt er sich alles andere als selbstbewusst, stolz und voller Tatendrang. Vielmehr scheint er getrieben, im Moment von seiner inneren Stimme, die ihn bedrängt, aber noch keine Lösung für ihn bereitstellt, er selbst wirkt dabei vielmehr „angespannt, müde“ (Z. 12) und muss sich erst einmal als „Mann ohne Erinnerung“ (vgl. Untertitel) durch Reden über sich in der 3. Person Singular an sein Inneres, seine Individualität, herantasten.
Während Faust aus eigenem Antrieb nach Höherem strebt, ein Ziel hat und seine Mitmenschen als ihm intellektuell unterlegen wahrnimmt (vgl. V. 366 f.), empfindet der Protagonist in Richters Text nur seine Unzufriedenheit, Isolation und Sprachlosigkeit, unter der er leidet. Die einzige Möglichkeit für den Protagonisten in „ZWEI UHR NACHTS“, seinem jetzigen Leben zu entkommen, wird durch die Reiseführer und den Schlafsack (vgl. Z. 33 ff.) angedeutet. Ob das Zeichen einer geplanten Flucht sein könnten, bleibt jedoch offen.

Eine Gegenüberstellung der beiden Monologe hinsichtlich der sprachlichen Gestaltung lässt zunächst erkennen, dass der Eingangsmonolog in „ZWEI UHR NACHTS“ in Prosa verfasst ist, der in „Faust“ in gebundener Sprache.
Während in „ZWEI UHR NACHTS“ unter anderem die typografische Gestaltung des Textes (vgl. Teilaufgabe 1) zur Verdeutlichung des Inhalts genutzt wird, verwendet der Monolog in gebundener Sprache das Metrum, um den Inhalt zu veranschaulichen: So spiegeln die unregelmäßigen Knittelverse am Anfang des Monologs Fausts (V. 354 – 357) Unzufriedenheit mit seinem Dasein wider. Wendet Faust sich der beruhigenden, entgrenzenden Natur zu, werden regelmäßige Jamben benutzt (z. B. V. 394 – 397). Zum anderen bedient sich der Monolog in gebundener Sprache der Endreime: So wird (nach den ersten vier Versen) durchgängig ein Paarreim benutzt, während der spätere Wechsel der verschiedenen Reimschemata (Paarreim, Kreuzreim, umarmender Reim) das Leiden an der Beschränkung betont, die Faust in seinem Arbeitszimmer empfindet.
Beiden Monologen gleich aber ist der bewusste Einsatz der Syntax: So äußert Faust zunächst seine Wut über sein Dasein in einer Reihung von elliptischen Ausrufesätzen (z. B. „Und sehe, daß wir nichts wissen können“, V. 364), sein Unbehagen über die Beschränkungen gegen Ende auch in Fragesätzen (z. B. „Warum ein unerklärter Schmerz / Dir alle Lebensregung hemmt?“, V. 412 f.) – ebenso wie der Protagonist in „ZWEI UHR NACHTS“ (z. B. „Oder lebe ich das FÜR JEMAND ANDERES? BIN ICH JEMAND ANDERES?“, Z. 96 ff.).
Gegen Ende des Monologs bringt Faust seine Verbitterung über seine begrenzte Welt auch durch eine Selbstansprache (Wechsel in die 2. Person Singular) zum Ausdruck („Das ist deine Welt“, V. 409), dies ist analog zum Selbstgespräch in Richters Drama. Fausts Monolog ist durch eine Fülle rhetorischer Mittel (z. B. Metaphern, Anaphern, Alliterationen, Tautologien) geprägt, die der eindringlichen Verstärkung des Ausgesagten dienen. Diese fehlen in Richters Text, der Monolog erscheint eher assoziativ-umgangssprachlich.

Teilaufgabe 3

(Da die Lösung zur Teilaufgabe 3 sehr individuell ausfallen wird, erhalten Sie im Folgenden statt einer Beispiellösung gezielte Hinweise für den von Ihnen zu erstellenden inneren Monolog.)

Hinweise zur Bewertung des inneren Monologs

Wesentlich für die Bewertung ist eine angemessene und originelle Umsetzung des gedanklichen Gehalts in eine eigene Formsprache, die Anklänge an die Sprache K.s aufweist (z. B. Verunsicherung des Individuums durch hypotaktischen Stil, metaphorische Ausdrücke), sowie eine reflektierte Begründung für Ihre Vorgehensweise und Ihre Gestaltung der relevanten Aspekte.

Hinweise zum Inhalt des inneren Monologs

Inhaltlich zu berücksichtigen ist indes im Besonderen der Zeitpunkt (nach der Szene im Dom, vor der Hinrichtung), an dem der innere Monolog einsetzt. Dabei sind z. B. Rückbezüge zur Türhüterparabel oder zum Beginn des Romans (bevorstehender Jahrestag) möglich, aber auch Vorausdeutungen sind denkbar.

Ob Josef K. schon von seiner drohenden Verhaftung am nächsten Abend weiß oder diese nur befürchtet, bleibt der individuellen Deutung überlassen. Seine durch die einjährige Dauer des Verfahrens erfolgte Anerkennung seines Prozesses und/oder seine fortschreitende Verunsicherung könnten deutlich werden, die Einbindung des inneren Monologs in den Handlungszusammenhang ist dagegen ein Muss.

Welche Aspekte dabei konkretisiert werden, z. B. seine Beziehungen zu Frauen bzw. sein Verhältnis zum Onkel, zum Advokaten Huld, zum Maler Titorelli oder K.s Entschluss, selbst eine Verteidigungsschrift zu verfassen sowie die Auswirkungen seines Prozesses auf sein Arbeitsleben, bleibt der Kreativität der individuellen Gestaltung überlassen. Auch Analogien zu den Eingangsmonologen bei Richter und Goethe sind denkbar.

Die abschließende Begründung zur Ausgestaltung des eigenen inneren Monologs sollte sowohl ausgewählte inhaltlich-thematische Aspekte als auch die sprachlich-formale Gestaltung umfassen und optimalerweise, wie in Teilaufgabe 2, beides aufeinander beziehen.

Original-Prüfungsaufgaben

Landesabitur 2017

Gott und Mensch

Grundkurs

Aufgabenarten: Textanalyse / Literarische Erörterung

Voraussetzungen gemäß Lehrplan und Erlass „Hinweise zur Vorbereitung auf die schriftlichen Abiturprüfungen im Landesabitur 2017“
Q2: Individuum und Gesellschaft (Psychische Grenzen)
Q3: Weltentwürfe (Aufbruch und Resignation)

Aufgabenstellung*

1. Interpretieren Sie das vorliegende Gedicht auch unter Berücksichtigung epochenspezifischer Merkmale. (Material 1; 35 BE)

2. Untersuchen Sie das Verhältnis des Menschen zu Gott im vorliegenden Textauszug aus Büchners „Lenz“ und vergleichen Sie es mit dem Verhältnis des Menschen zu Gott in Loerkes Gedicht. (Material 1 und 2; 35 BE)

3. Begründen Sie im Hinblick auf inhaltliche und sprachlich-formale Aspekte, inwiefern Büchner als Vorläufer des Expressionismus angesehen werden kann. (30 BE)

Materialgrundlage

- Oskar Loerke: Die Ebene. Aus: Ders., Sämtliche Gedichte. Band 1. Hrsg. von Uwe Pörksen und Wolfgang Menzel. Göttingen: Wallstein Verlag 2010, S. 174
- Georg Büchner: Lenz (Auszug). Aus: Ders., Werke und Briefe. Hrsg. von Karl Pörnbacher u. a., München: dtv Verlagsgesellschaft mbH & Co. KG 1990, 2. Auflage, S. 150 f.

Erlaubte Hilfsmittel

- ein Wörterbuch der deutschen Rechtschreibung
- eine Liste der fachspezifischen Operatoren

* Quelle: Hessisches Kultusministerium

M1 Die Ebene (1917) *Oskar Loerke (1884 – 1941)*

Text in alter Rechtschreibung

Ins Ungewisse bleicht das Himmelshaus,
Die Ebne klingt ins Ungeheure aus.
So spricht der Wind zu mir: „Sie haben
Den lieben Gott der Welt begraben,
Ein rotes Pferd fuhr ihn mit düsteren Schabracken[1]."
Nah liegen Hügel Sandes hingeduckt wie Weinende,
Ihr Sand ergraut, der Scheinende.
Nun stehe ich auf ihrem Nacken.
Wie ist die Ebene so groß,
Wie ist die Welt so heimatlos!

Anmerkung

1 Schabracke: Pferdedecke, Satteldecke

M2 Lenz (1839) *Georg Büchner (1813 – 1837)*

Text in alter Rechtschreibung

Unterdessen ging es fort mit seinen religiösen Quälereien. Je leerer, je kälter, je sterbender er sich innerlich fühlte, desto mehr drängte es in ihn, eine Gluth in sich zu wecken, es kamen ihm Erinnerungen an die Zeiten, wo Alles in ihm sich drängte, wo er unter all' seinen Empfindungen keuchte; und jetzt so todt. Er verzweifelte an sich selbst, dann warf er sich nieder, er rang die Hände, er rührte Alles in sich auf; aber todt! todt! Dann flehete er, Gott möge ein Zeichen an ihm thun, dann wühlte er in sich, fastete, lag träumend am Boden. Am dritten Hornung hörte er, ein Kind in Fouday sey gestorben, er faßte es auf, wie eine fixe Idee. Er zog sich in sein Zimmer und fastete einen Tag. Am vierten trat er plötzlich in's Zimmer zu Madame Oberlin, er hatte sich das Gesicht mit Asche beschmiert, und forderte einen alten Sack; sie erschrack, man gab ihm, was er verlangte. Er wickelte den Sack um sich, wie ein Büßender, und schlug den Weg nach Fouday ein. Die Leute im Thale waren ihn schon gewohnt; man erzählte sich allerlei Seltsames von ihm. Er kam in's Haus, wo das Kind lag. Die Leute gingen gleichgültig ihrem Geschäfte nach; man wies ihm eine Kammer, das Kind lag im Hemde auf Stroh, auf einem Holztisch. Lenz schauderte, wie er die kalten Glieder berührte und die halbgeöffneten gläsernen Augen sah. Das Kind kam ihm so verlassen vor, und er sich so allein und einsam; er warf sich über die Leiche nieder; der Tod erschreckte ihn, ein heftiger Schmerz faßte ihn an, diese Züge, dieses stille Gesicht sollte verwesen, er warf sich nieder, er betete mit allem Jammer der Verzweiflung, daß Gott ein Zeichen an ihm thue, und das Kind beleben möge, wie er schwach und unglücklich sey; dann sank er ganz in sich und wühlte all seinen Willen auf einen Punkt, so saß er lange starr. Dann erhob er sich und faßte die Hände des Kindes und sprach laut und fest: Stehe auf und wandle! Aber die Wände hallten ihm nüchtern den

Ton nach, daß es zu spotten schien, und die Leiche blieb kalt. Da stürzte er halb wahnsinnig nieder, dann jagte es ihn auf, hinaus in's Gebirg. Wolken zogen rasch über den Mond; bald Alles im Finstern, bald zeigten sie die nebelhaft verschwindende Landschaft im Mondschein. Er rannte auf und ab. In seiner Brust war ein Triumph-Gesang der Hölle. Der Wind klang wie ein Titanenlied, es war ihm, als könne er eine ungeheure Faust hinauf in den Himmel ballen und Gott herbei reißen und zwischen seinen Wolken schleifen; als könnte er die Welt mit den Zähnen zermalmen und sie dem Schöpfer in's Gesicht speien; er schwur, er lästerte. So kam er auf die Höhe des Gebirges, und das ungewisse Licht dehnte sich hinunter, wo die weißen Steinmassen, und der Himmel war ein dummes blaues Aug, und der Mond stand ganz lächerlich drin, einfältig. Lenz mußte laut lachen, und mit dem Lachen griff der Atheismus in ihn und faßte ihn ganz sicher und ruhig und fest. Er wußte nicht mehr, was ihn vorhin so bewegt hatte, es fror ihn, er dachte, er wolle jetzt zu Bette gehn, und er ging kalt und unerschütterlich durch das unheimliche Dunkel – es war ihm Alles leer und hohl, er mußte laufen und ging zu Bette.

Am folgenden Tag befiel ihn ein großes Grauen vor seinem gestrigen Zustande, er stand nun am Abgrund, wo eine wahnsinnige Lust ihn trieb, immer wieder hineinzuschauen, und sich diese Qual zu wiederholen. Dann steigerte sich seine Angst, die Sünde und der heilige Geist stand vor ihm.

Hinweis

Die folgende Lösung ist eine nicht amtliche Lösung.

Inhaltliche Teilleistungen

Beispiellösung: Teilaufgabe 1

In Oskar Loerkes Gedicht „Die Ebene“ von 1917 spricht das lyrische Ich über den Tod Gottes und die damit verbundene Verlorenheit des Menschen. Dabei wird die für den Expressionismus charakteristische Verunsicherung und Sinnkrise des Menschen thematisiert.

Zum Inhalt des Gedichts „Die Ebene“

In der Sprechsituation befindet sich das lyrische Ich unter freiem Himmel auf einer Anhöhe und schaut über die Ebene, die dem Gedicht auch den Titel gibt. Der personifizierte Wind spricht in direkter Rede zum lyrischen Ich: Gott wurde begraben, und zwar von einem kollektiven „Sie“, das allgemein auf die Menschheit oder Gesellschaft bezogen werden kann.
Der Tod Gottes wird als albtraumartige Vision von seiner bereits vollzogenen Beerdigung vermittelt. Ein Pferd mit ungewöhnlicher roter Fellfarbe (vgl. V. 5) und „düsteren Schabracken“ (ebd.) zog dabei den Leichenwagen.

Zur Interpretation des Gedichts „Die Ebene“

Der Blick des lyrischen Ichs erfasst zunächst das „Himmelshaus“ (V. 1), das nicht in strahlendem Blau erscheint, sondern vielmehr als blass und farblos beschrieben wird, wenn es

„[i]ns Ungewisse bleicht“ (V. 1) und damit einen konturlosen Eindruck hinterlässt ohne Anhaltspunkte für eine Orientierung. Diese Haltlosigkeit suggerierende Leere setzt sich fort, wenn der Blick in die weite Ebene geht, die „ins Ungeheure aus[klingt]“ (V. 2). Die Weite wird als monströs-überwältigend und dadurch nicht fassbar erlebt. Himmel und Erde scheinen sich ins Nichts zu verlieren. Doch die Ebene ist nicht nur durch die endlose Weite charakterisiert. Durch den Hinweis auf „ergraut[e]“ (V. 7) Sandhügel entstehen Assoziationen an eine öde Wüstenlandschaft, die ebenso farb- und trostlos ist wie der Himmel. Das Ich fühlt sich und „die Welt“ dabei als „heimatlos“ (beide: V. 10), als ausdrücklich auf sich selbst zurückgeworfen. Die bestehende Ungewissheit durch das bleichende Himmelshaus und die ungeheuerliche desorientierende Leere der Ebene deuten darauf hin. In den Versen 3–5 wird der zentrale Grund für die Verlorenheit des lyrischen Ichs konkret benannt: Gott ist tot. Angesichts dessen kann es sich nicht länger in traditionellen Werten oder in einem Glauben wiederfinden, die ihm Halt oder Heimat bieten würden.
Inmitten der fahlen Grautöne bildet das rote Fell des Pferdes (vgl. V. 5), das den Leichenwagen Gottes zog, den einzigen Farbpunkt. Allerdings drängen sich angesichts der bedrückenden Gesamtsituation bei der kräftigen Farbe Rot keine fröhlichen Bilder von Liebe und Lebendigkeit auf, sondern es entstehen eher Assoziationen von Blut, Flammen und damit das unheilvolle Bild einer vom Teufel geschickten Ausgeburt der Hölle.

Das Gedicht zeigt einen klaren Aufbau aus einer Strophe mit zehn Versen, die durch den Endreim verbunden sind. Der Mittelteil (V. 5–8) wird durch einen umarmenden Reim zusammengehalten. Gegenläufig zu der Tendenz der Expressionisten zur Auflösung der Form ist in diesem Gedicht Loerkes die Form sehr streng eingehalten. Das Metrum ist weitgehend jambisch, in zwei aufeinanderfolgenden Versen jeweils mit derselben Anzahl an Hebungen, wobei die Anzahl der Hebungen im Gesamtgedicht von drei bis sechs variiert. Einzige Ausnahme bildet Vers 6 („Nah liegen“), da hier die erste Silbe betont werden muss. Dieser Wechsel im Metrum deutet zugleich auf eine inhaltliche Wendung hin.
Die Natur (der Wind, die Sandhügel) wird konsequent vermenschlicht. Das lyrische Ich steht auf Hügeln aus Sand, die „hingeduckt wie Weinende“ (V. 6) liegen. Der Sand der Hügel „ergraut“ (V. 7), was an einen Alterungsprozess denken lässt. In Vers 8 („Nun stehe ich auf ihrem Nacken“) wird die Personifikation fortgeführt: Da die Hügel in Vers 6 bereits mit Weinenden gleichgesetzt wurden, steht das lyrische Ich nun auch auf dem Nacken dieser Trauernden, die sich hingeduckt haben, um den Tod Gottes zu beweinen. Die Natur erscheint dabei nicht als feindlich, aber angesichts ihrer Leere und Weite („Wie ist die Ebene so groß“, V. 9) lässt sie den Menschen klein und verloren wirken. Die Natur gerät zur Projektionsfläche innerer Ängste.
Die letzten beiden Verse verweisen mit ihrem auffälligen Parallelismus („Wie ist die Ebene so groß, / Wie ist die Welt so heimatlos!“) auf den Orientierungsverlust und die Verlorenheit des Menschen. Ohne Heimat und umgeben von einer leeren Ödnis fehlt dem Menschen jeder identitätsstiftende Bezugspunkt. Nicht einmal der Tod bietet Erlösung bzw. die Möglichkeit des Heimgangs zum Gottvater, denn mit seinem Tod ist auch das Himmelshaus verlassen. Die Position des lyrischen Ichs auf einer Anhöhe verortet es gewissermaßen auf halber Höhe zwischen Himmel und Erde, zwischen Jenseits und Diesseits, zwischen Leben und Tod: in einer Art Vorhölle.

Beispiellösung: Teilaufgabe 2

Zum Mensch-Gott-Verhältnis im Textauszug aus Büchners „Lenz"

Der Erzähler spricht gleich eingangs von Lenz' „religiösen Quälereien" (Z. 1 f.), eine Verfassung, die von überschäumenden, wechselvollen Emotionen gekennzeichnet ist: Es drängt in ihm (vgl. Z. 4) „und jetzt so todt" (Z. 8), „[e]r verzweifelte an sich selbst, dann warf er sich nieder, er rang die Hände, er rührte Alles in sich auf; aber todt! todt!" (Z. 8 ff.). Er fleht zu Gott, wühlt in sich, fastet (vgl. Z. 13). Lenz ist voller Verzweiflung über die empfundene innere Erstarrung und setzt alles daran, sie zu überwinden, „eine Gluth in sich zu wecken" (Z. 4 f.), den Glauben zu erzwingen. Dies wird mit der Episode in Fouday erkennbar. Dabei sieht er Gott wie einen (menschlichen) Partner, der sich mit einem Zeichen offenbaren möge, indem er an dem toten Kind ein Wunder vollbringt und es zum Leben erweckt (vgl. Z. 47 f.). Lenz wird die menschliche Vergänglichkeit bewusst, die er mit einer durch Gottes Hilfe herbeigeführten Wiederauferstehung überwinden möchte. Als diese Hoffnung enttäuscht wird, verzweifelt er und wendet sich gegen Gott, fast wirkt es, als führte Lenz Krieg gegen ihn. Er flüchtet ins Gebirge (vgl. Z. 53 f.) und gewaltvolle Bilder überschlagen sich: In Lenz klingt ein „Triumph-Gesang der Hölle" (Z. 58), der Wind ertönt als „Titatenlied" (Z. 59), „es war ihm, als könne er eine ungeheure Faust hinauf in den Himmel ballen und Gott herbei reißen und zwischen seinen Wolken schleifen" (Z. 59 ff.), Lenz zermalmt, speit, flucht, lästert (vgl. Z. 64 ff.). Seine Auseinandersetzung mit Gott gleicht einem Weltuntergang.
Der Ausbruch auf dem Berg führt zu einer inneren Destabilisierung: „das ungewisse Licht dehnte sich hinunter" (Z. 67 f.), der Himmel erscheint als „dummes blaues Aug" (Z. 69), der Mond wirkt lächerlich (vgl. Z. 70). Der damit verbundene Verlust von Sinn von Gottes Schöpfung führt zu dem nach und nach stärker sich zeigenden Wahnsinn: „Lenz mußte laut lachen, und mit dem Lachen griff der Atheismus in ihn" (Z. 71 ff.). Am nächsten Tag erinnert er sich mit „große[m] Grauen" (Z. 81 f.) an das Vergangene. Sein religiöser Glaube ist gestört, aber nach wie vor vorhanden.

Zum Vergleich der Mensch-Gott-Verhältnisse in beiden Texten

Sowohl Lenz als auch Loerkes lyrisches Ich befinden sich in einem Bereich zwischen Himmel und Erde: Lenz im Gebirge, das lyrische Ich auf einer Anhöhe bzw. einem Hügel. Das lyrische Ich bei Loerke scheint sich in einem Zustand der Erstarrung in einer nahezu statischen Umwelt zu befinden. Es wird beherrscht von einem Gefühl von Ungewissheit und Verlorenheit. Das Ringen um religiöse Empfindungen wird im Loerke-Gedicht nicht mehr deutlich, da Gott bereits tot ist und von den Menschen zu Grabe getragen wurde. Es gibt keinen Halt mehr, sodass der Verlust der religiösen Sinnstiftung das Gefühl von Verlorenheit und Heimatlosigkeit verstärkt. Während Loerkes lyrisches Ich den Tod Gottes und die dadurch entstandene Leere als etwas von außen Kommendes erfährt, fühlt Lenz die Leere als kaltes, totes Vakuum in seinem Innern. Doch für Lenz ist Gott nicht tot, er kann ihn nur nicht in sich spüren. Lenz ringt mit aller Macht um den Kontakt mit Gott, die Auseinandersetzung mit ihm ist noch nicht abgeschlossen. Entsprechend wechselt Lenz auch die Ebenen: Zunächst ist er im Tal, dann flüchtet er ins Gebirge, zum Schluss steigt er wieder herab. Lenz durchlebt eine Entwicklung, die einerseits von starken religiösen Empfindungen geprägt ist und andererseits vom immer wiederkehrenden Zweifel daran.

Beispiellösung: Teilaufgabe 3

(Hinweis: Je nach unterrichtlicher Vorbereitung können bei der Begründung unterschiedliche Schwerpunkte im inhaltlichen oder sprachlich-formalen Bereich gesetzt werden. Einige der folgenden Aspekte zeigen inhaltliche und sprachlich-formale Ähnlichkeiten zwischen Büchners Realismus und dem Expressionismus auf.)

Zu Büchners Realismus im Allgemeinen

Büchners Realismus wurzelt in seiner Reflexion über gesellschaftliche Missstände. Er wendet sich einfachen Menschen zu, empfindet Empathie für gesellschaftliche Randexistenzen, die bei ihm zu literarischen Figuren werden. Das Kranke und Abstoßende wird Gegenstand der Darstellung, Sinnverlust und Relativierung traditioneller Werte sind schon literarische Themen. Das Kunstgespräch in „Lenz" und die hier sowie in den Briefen dargestellte realistische Programmatik weisen Büchner ebenfalls als Vorläufer des Expressionismus bzw. der Moderne aus. Büchner verweigert eine idealisierende Darstellung der Wirklichkeit und propagiert die lebendige Darstellung ohne Rücksicht auf Schönheit oder Hässlichkeit.

Büchner als Vorläufer des Expressionismus

Büchner verwendet ausdrucksstarke Bilder. Vor allem die Farbmetaphorik und die Metaphorik im Bildfeld hell/dunkel wirken in ihrer Gestaltung modern. Die intensiven Schilderungen der psychischen Zustände des Protagonisten in „Lenz" haben expressionistische Züge, beispielsweise in Zeile 51 ff.: „Da stürzte er halb wahnsinnig nieder, dann jagte es ihn auf, hinaus in's Gebirg" und in Zeile 59 ff.: „es war ihm, als könne er eine ungeheure Faust hinauf in den Himmel ballen und Gott herbei reißen und zwischen seinen Wolken schleifen; als könnte er die Welt mit den Zähnen zermalmen und sie dem Schöpfer in's Gesicht speien".
Der vorwiegend parataktische Stil gibt Lenz' Sinneseindrücke und Gedanken bruchstückhaft wieder und kann als Vorläufer des expressionistischen Reihungsstils angesehen werden, z. B. in Zeile 8 ff.: „Er verzweifelte an sich selbst, dann warf er sich nieder, er rang die Hände, er rührte Alles in sich auf; aber todt! todt!"
Viele Textstellen wirken absurd wie der (hier nicht abgedruckte) erste Satz der Erzählung: „Müdigkeit verspürte er keine, nur war es ihm manchmal unangenehm, daß er nicht auf dem Kopf gehen konnte." Die Natur wird zudem, wie so oft im expressionistischen Gedichten, stark verfremdet: „[U]nd der Himmel war ein dummes blaues Aug, und der Mond stand ganz lächerlich drin, einfältig" (Z. 68 ff.). Damit werden die ebenfalls für den Expressionismus charakteristischen Themen „Selbstentfremdung" und „Ich-Verlust" schon angedeutet, die sich z. B. an der folgenden Textstelle weiter manifestieren: „Lenz mußte laut lachen, und mit dem Lachen griff der Atheismus in ihn und faßte ihn ganz sicher und ruhig und fest. Er wußte nicht mehr, was ihn vorhin so bewegt hatte [...]" (Z. 71 ff.).
Unter anderem mit diesen Zeilen erreicht Büchner den Effekt, der auch den Expressionisten wichtig war: Nur eine Kunst, die die Aufmerksamkeit auf sich ziehen kann, ist eine notwendige Kunst. Zudem soll Literatur nicht nur Zufluchtsort sein, sie kann nicht nur das Schöne gestalten. Sie hat auch die Aufgabe, die unschönen, schrecklichen Seiten zeigen, die Widersprüche in der Welt selbst und vor allem die Ambivalenzen der Realität.

Original-Prüfungsaufgaben

Landesabitur 2017

Die Natur als Spiegel von Empfindungen

Leistungskurs

Aufgabenarten: Interpretation / Erörterung literarischer Texte

Voraussetzungen gemäß Lehrplan und Erlass „Hinweise zur Vorbereitung auf die schriftlichen Abiturprüfungen im Landesabitur 2017“
Q1: Das Individuum im Spannungsfeld zwischen Ideal und Wirklichkeit
Q3: Weltentwürfe

Aufgabenstellung*

1. Interpretieren Sie das Gedicht „Notturno“ von Max Herrmann-Neiße. (Material 1; 40 BE)

2. Vergleichen Sie Max Herrmann-Neißes Gedicht „Notturno“ mit Joseph von Eichendorffs Gedicht „Erwartung“ (Material 2) im Hinblick auf die inhaltliche und sprachlich-formale Gestaltung des Liebesmotivs. Berücksichtigen Sie bei der Bearbeitung den literaturgeschichtlichen Kontext. (35 BE)

3. Diskutieren Sie unter Berücksichtigung Ihrer Ausführungen zu den Aufgaben 1 und 2 sowie Ihrer Leseerfahrung, inwiefern Lyrik ein geeignetes Medium ist, menschliche Empfindungen zum Ausdruck zu bringen. (25 BE)

Materialgrundlage

- Max Herrmann-Neiße: Notturno. Aus: Ders., Im Stern des Schmerzes. Gedichte 1, Frankfurt a. M.: Zweitausendeins 1986, S. 311
- Joseph von Eichendorff: Erwartung. Aus: Ders., Sämtliche Werke. Hrsg. von Harry Fröhlich und Ursula Regener. Historisch-kritische Ausgabe. Band I/I: Gedichte. Stuttgart/Berlin/Köln: Wilhelm Kohlhammer 1993, S. 240 f.

Erlaubte Hilfsmittel

- ein Wörterbuch der deutschen Rechtschreibung
- eine Liste der fachspezifischen Operatoren

* Quelle: Hessisches Kultusministerium

M1 Notturno[1] (1914) *Max Herrmann-Neiße (1886 – 1941)*

Text in alter Rechtschreibung

Wind würgt den Wald. Wie totgeschlagen liegt
ein dunkler Teich. Ins Sterngeflacker fliegt
aus Abendrot der irre Mond. Gewölk schlägt schwer
wie nasse Segel auf das Wipfel-Meer.

.. Und zwischen mich und Dich ist Finsternis
und Feld und Giebel und Gebirg gestellt,
und Sehnsucht blutet so wie Natternbiß,
und wie in Feuersbrunst ist alles Land von unsrer Liebesnot weit überhellt.

Traum trägt mich hoch, daß meine Hände wie zwei Hunde
verbissen sind an Dir. Flammen flackern von Mund zu Munde.
Wind würgt den Wald. Sterne verströmen ihr Blut.
Mond fließt in Mond. Giebel, Gebirg vergeht. Gott ist mir gut.

Anmerkung

1 Notturno: ital. „Nachtstück“, auch „Nocturne“ (frz.): stimmungsvolles, schwermütiges Musikstück

M2 Erwartung (1826) *Joseph von Eichendorff (1788 – 1857)*

Text in alter Rechtschreibung

O schöne bunte Vögel
Wie singt ihr gar so hell!
O Wolken, luft'ge Segel,
Wohin so schnell, so schnell?

Ihr alle, ach, gemeinsam
Fliegt zu der Liebsten hin,
Sagt Ihr, wie ich hier einsam
Und voller Sorgen bin.

Im Walde steh' und laur' ich,
Verhallt ist jeder Laut,
Die Wipfel nur weh'n schaurig,
O komm, du süße Braut!

Schon sinkt die dunkelfeuchte
Nacht rings auf Wald und Feld,
Des Mondes hohe Leuchte
Tritt in die stille Welt.

Wie schauert nun im Grunde
Der tiefsten Seele mich!
Wie öde ist die Runde
Und einsam ohne Dich!

Was rauscht? – Sie naht von ferne! –
Nun, Wald, rausch' von den Höh'n,
Nun laß Mond, Nacht und Sterne
Nur auf- und untergehn!

Hinweis

Die Rechtschreibung entspricht der Textvorlage.
Die folgende Lösung ist eine nicht amtliche Lösung.

Inhaltliche Teilleistungen

Beispiellösung: Teilaufgabe 1

Interpretation des Gedichts „Notturno"

In dem Liebes(verlust)gedicht „Notturno" von Max Herrmann-Neiße aus dem Jahr 1914 thematisiert der lyrische Sprecher in einer direkten Ich-Du-Redesituation seinen an der Natur gespiegelten Liebes- und Trennungsschmerz. Dieser gipfelt am Ende des Gedichtes in einer Traumvision.
Die Natur dient dem lyrischen Subjekt als Entsprechungssymbol seiner Seele, beide sind einander anverwandt. Durch die Gleichzeitigkeit von destruktiven und konstruktiven Anteilen wird eine Gegensätzlichkeit erzeugt, die der menschlichen Seele Trost verspricht und sie danach vom Individuellen hin zum allgemeinen, übersinnlich Gültigen erhebt, was eine unerwartete Wendung darstellt: Wird damit der Leser zum Mitschaffen eingeladen? Ist es also ein Diskurs? Oder wird eine Tatsache behauptet oder eine Projektion erzeugt? Typisch expressionistisch sind neben formalen Aspekten (etwa Verzicht auf ein durchgängiges Metrum, Reimschema oder auf einheitliche Verslängen zugunsten assoziativer und rasch wechselnder, hochemotionaler Stimmungsbilder) vor allem die Darstellung menschlich-seelischer Imaginationen in der Naturwahrnehmung sowie die Dynamik der verwendeten Chiffren.
Das lyrische Ich erlebt eine aus dem Gleichgewicht geratene nächtliche Natur als subjektiv bedrohlich (vgl. Strophe 1), assoziiert damit sein Trennungserleben von einer geliebten Person als den Tod bringend: „Finsternis" (V. 5), „Feuersbrunst" (V. 8) und „Liebesnot" (ebd.) vermögen die Sehnsucht nicht zu charakterisieren, die wie ein Schlangengift wirkt (vgl. Strophe 2). Allein in der Vision eines Traumes findet das lyrische Subjekt Erfüllung: Hier verwandelt sich das Sehnen in Leidenschaft, körperliche Vereinigung („Flammen flackern von Mund zu Munde", V. 10) und religiöse Überhöhung. Das alles wird durch Naturbilder symbolisiert („Wind würgt den Wald", V. 11) und dem Du gegenüber kommuniziert (vgl. Strophe 3).

Analysiert man das Gedicht hinsichtlich seiner Machart, fällt zunächst ein Kontrast zwischen der formalen Gestaltung und der inhaltlichen Aussage auf. Drei Strophen mit jeweils vier Versen, die fast durchgängig dem Jambus verpflichtet sind, sich formal nur in der Anzahl der Hebungen unterscheiden (meist fünf, zweimal sechs, einmal zehn) und allesamt klingende Kadenzen aufweisen, kontrastieren mit der aggressiv anmutenden Charakterisierung einer unberechenbaren, tödlichen Sehnsucht, der sich das lyrische Ich ausgeliefert sieht und die einer gewalt(tät)igen, unbeherrschbaren Naturkatastrophe vergleichbar ist. Analog zu dieser Bedrohlichkeit wechselt der Rhythmus in Vers 11 vom Jambus in den Daktylus, im Vers 10 gehorcht er keinem Metrum mehr und die Kadenzen werden stumpf.
Erzeugt wird dieser Kontrast ferner durch metaphorische und syntaktische Verklammerungen: „Wind würgt den Wald" (V. 1 und 11), die zugleich als Alliteration formuliert sind und sich so als besonders eindringlich erweisen und zudem durch die Personifikation „würgt" die tödlich bedrohliche Stimmung erzeugen. Überhaupt ist die Leidenschaft, in der das lyrische Subjekt gefangen scheint, von großer Dynamik gekennzeichnet, was formal durch Enjambements in den Strophen 1 und 2 und das Vorhandensein von jeweils nur zwei Sätzen geleistet wird sowie durch die durchweg als destruktiv zu charakterisierende Lexik („totgeschlagen", V. 1, „irre", V. 3, „Finsternis", V. 5, „blutet", V. 7, „Natternbiß", V. 7, „Feuersbrunst", V. 8, „Lie-

besnot", V. 8, „verbissen", V. 10, „Flammen flackern", V. 10 und „Blut", V. 11) seine inhaltliche Entsprechung erhält. Wiederum kontrastiv dazu wird eine eher konstruktive Lexik im Kontext der Sehnsucht verwendet. So bereiten typisch romantische Motive, wie etwa „Abendrot", „Mond" (beide: V. 3), „Wipfel-Meer" (V. 4), „Feld" und „Gebirg" (beide: V. 6) sowie „Sterne" (V. 11), den tröstenden Charakter des Traums, der letztlich das gequälte lyrische Subjekt in eine metaphysische Welt überführt und es auch zu beruhigen scheint: „Traum trägt mich hoch" (Z. 9), „Mond fließt in Mond" (Z. 12) und „Gott ist mir gut" (ebd.) sind die hierfür charakteristischer Chiffren, die, als Ellipsen konstruiert, auch klanglich sehr eingängig sind.

Beispiellösung: Teilaufgabe 2

Vergleich der beiden Gedichte

Eichendorff gilt als typischer Vertreter der (Spät-)Romantik, auch wenn sein Gedicht „Erwartung" aus dem Jahr 1826 stammt. Es gehört zu den Liedern in seiner Novelle „Aus dem Leben eines Taugenichts", ist also Teil eines epischen Werkes und erfüllt hier eine spezifische Funktion im Erzählen. In der für die Romantik typischen Volksliedstrophe (vierhebige Jamben, Kreuzreim und regelmäßig wechselnde Kadenzen) schildert der lyrische Sprecher direkt sein Liebeserleben: Er leidet unter der Trennung von einer geliebten Person und sehnt sich nach der Wiedervereinigung mit ihr. Hierfür betrachtet er die Natur, den Lauf des Tages und spricht gegenüber einer als belebt empfundenen Natur („Vögel", V. 1, „Wolken", V. 3, „Wald[...]", V. 9, „Nacht", V. 14, „Mond[...]", V. 15, und „Sterne", V. 23) von seinen Empfindungen und Wünschen. Das vordergründig harmonisierende Natur- und Stimmungsbild, das die Sehnsucht nach der Vereinigung mit der geliebten Person in der Naturidylle spiegelt und mit der Erwartung dieser spielt, ist auf den zweiten Blick ebenfalls von Transzendenz und dem Erleben der eigenen Beschränkung gekennzeichnet.
„Notturno" sehr ähnlich werden in „Erwartung" innerste seelische Motive durch Naturmetaphern ausgedrückt und es entsteht eine Einheit von Natur und menschlicher Seele. Während das lyrische Subjekt in Eichendorffs Gedicht zunächst Liebesglück und Wiedersehenshoffnung mit den Bildern der positiv konnotierten Natur versinnbildlicht und seine Hoffnungen durch das bewusste Erleben des Tages, der singenden Vögel, Wolken und des Windes in einer direkten Redesituation ausdrückt, wechselt auch hier die Stimmung binnen sieben Versen: Der lyrische Sprecher spricht nun von seiner Einsamkeit, seinen Sorgen (vgl. V. 7 f.) und im Folgenden dient auch ihm die Natur als Spiegel für seine Todessehnsucht, die seinem Sehnen nach Liebe unmittelbar folgt (vgl. V. 12), lexikalisch unterstützt durch die „dunkelfeuchte Nacht" (V. 13 f.) in der „stille[n] Welt" (V. 16). So sehr sich beide Texte in ihren Motiven Liebessehnsucht und Trennungserleben ähnlich sind, so arbeiten sie doch mit unterschiedlichen Bildern. Während jedoch in „Notturno" das lyrische Subjekt aus seiner depressiven Stimmung durch einen Traum in eine transzendente Welt flieht und hier Erlösung zu finden scheint, erlebt das lyrische Subjekt bei „Erwartung" zunächst den typisch romantischen Schauer: „Wie schauert nun im Grunde // Der tiefsten Seele mich!" (V. 17 f.). Eichendorffs lyrisches Subjekt bekundet seine Hoffnung auf ein Wiedersehen mit der Geliebten, zumindest wird das Herannahen der geliebten Person in Aussicht gestellt: „Was rauscht? – S i e naht von ferne!" (V. 21) Jedoch verharrt der lyrische Sprecher als Mensch weiter im ewigen Lauf der natürlichen Welt, er ist hierauf beschränkt: „Nun laß Mond, Nacht und Sterne // Nur auf- und untergehn!" (V. 23 f.).

Das lyrische Subjekt erlebt die Diskrepanz zwischen dem eigenen Anspruch, dem individuellen Sehnen und den realen Möglichkeiten. Damit offenbart sich jegliche Erhebung über die menschlichen Beschränkungen mittels Imagination als Selbsttäuschung. Das ist ein für die Romantik typisches Erleben, eine typische Erkenntnis (romantische Ironie), die sich eben gravierend vom expressionistischen Denken unterscheidet, in denen die Imagination wieder möglich zu werden bzw. möglich zu denken scheint, besonders angesichts der historischen Umstände (Erster Weltkrieg) und auch der philosophischen Erklärungen (z. B. Friedrich Nietzsche).

Beiden Gedichten gemeinsam ist in jedem Falle die Grundthematik Trennungsschmerz und die Dynamik in der Darstellung, die bei Eichendorffs Gedicht – trotz traditioneller Syntax – vor allem durch die gehäuften und recht kurzen Ausrufesätze generiert wird.

Beispiellösung: Teilaufgabe 3

(Hinweis: Die Aufgabenstellung erfordert ein abwägendes Vorgehen und die selbstständige Entwicklung einer eigenen Einschätzung mit konkreten Bezügen, z. B. zu den erarbeiteten Ergebnissen, und unter Berücksichtigung der eigenen Leseerfahrungen sowie der angeeigneten Fachkenntnisse. Im Folgenden werden daher nur exemplarisch Aspekte angegeben, die zu einer solchen individuellen Beurteilung führen können.)

- Lyrisches Sprechen verdichtet Erlebtes und Empfundenes und verfügt formal sowie sprachlich über vielfältige Ausdrucksmöglichkeiten, beispielweise durch Metrum und Rhythmus. Aber auch sprachliche Chiffren und Bilder sowie die musikalisch-klangliche Ausarbeitung eines Gedichts tragen zu dieser Vielfalt und damit zur sprachlichen Verdichtung innerhalb der Lyrik bei.
- Hieraus ergibt sich ein bewusst gestaltbarer Bezug zwischen Form und Inhalt, der individuelles Erleben (Gefühle, Haltungen, Einstellungen und die Sicht auf typische menschliche Themen) künstlerisch ästhetisch zu gestalten vermag, und zwar so, dass vielfältige Sinnesebenen (Synästhesie) angesprochen werden.
- Besonders für die Lyrik ergibt sich damit die Möglichkeit des Experimentierens, was die Expressionisten ebenso genutzt haben wie spätere Generationen (z. B. Dadaismus, konkrete Poesie) und was zugleich ein politisches Statement ermöglicht (vgl. dazu beispielsweise das „Parthenon der Bücher“ von Marta Minujín auf der documenta 14 in Kassel).
- Zugleich bediente ein solcher künstlerischer Anspruch auch die Forderung der Romantik nach Universalpoesie (wie z. B. bei Eichendorff).
- Lyrik diente der Unterhaltung und Bildung vielfältiger Leserkreise durch starke Bildhaftigkeit, Musikalität, Experimentelles und eine große Deutungsvielfalt, sodass individuelle Kontextuierungen ermöglicht werden und sich sogar die Freiheit ergibt, Sprachlosigkeit angesichts ungeheuerlicher politisch-historischer Vorfälle und Geschehnisse zu überwinden (etwa durch Chiffren, Neologismen, Leerstellen), um zurück zur Sprache zu finden.
- Die Lyrik bietet aber auch umgekehrt die Möglichkeit, absichtlich Überforderungen und Irritationen für die sogenannte breite Leserschaft zu erzeugen und damit zu provozieren.

Basiswissen

Grundlegende Arbeitstechniken

Arbeitsschritte zur Lösung von Abituraufgaben

Arbeitsschritte	Handlungen
Zeit einteilen und effektiv nutzen	– Auswahlzeit nutzen – Zeit einteilen für • die Texterschließung und • Bearbeitung der Aufgaben, • das Schreiben und • das Überarbeiten
Aufgaben lesen, verstehen und den Operatoren zuordnen	– die Aufgabenvorschläge gründlich lesen – den inhaltlichen und methodischen Schwerpunkt klären – das eigene (fachliche) Vorwissen vergegenwärtigen – die in der Aufgabe geforderten Operatoren und das damit einhergehende Vorgehen klären – sich für einen Vorschlag entscheiden, die anderen abgeben
Text(e) mit Blick auf die Aufgabenstellung lesen, verstehen und analysieren	– Textsorte klären (Handelt es sich um einen literarischen oder einen Sachtext?) – den Text vollständig lesen (Worum geht es?) – die entsprechenden Lese- und Verstehensstrategien anwenden (→ S. 89 ff.) – das erzählte/dargestellte/erlebte Geschehen (literar. Text) bzw. das Ausgesagte (Sachtext) für sich klären und mit eigenen Worten formulieren / eine eigene Meinung dazu bilden – Text analysieren und interpretieren
Klausur schreiben	– einen Schreibplan aufstellen, der die wesentlichen Aspekte enthält (Gliederung/Struktur) – Abarbeitung des Schreibplans (→ Texte schreiben, S. 96 ff.) – dabei Textbelege verwenden (→ Mit Zitaten und Textbelegen arbeiten, S. 105 f.)
Klausur überarbeiten	– Text überarbeiten in Hinsicht auf • die inhaltlichen Vorgaben der Aufgabenstellung • die Logik der Gedankenführung sowie die innere Logik des Formulierten (innere und äußere Gliederung) • die Beachtung der vorgegebenen Textsorte bzw. des Textmusters sowie die thematische Entfaltung • die formale Richtigkeit von Sprache (Orthografie, Zeichensetzung, Syntax), die Treffsicherheit der Formulierungen sowie die sprachliche Angemessenheit • das Schreibziel und den Adressatenbezug (Mit welchem Ziel schreibe ich für wen?), die Leserführung

Aufgabenstellungen lesen, verstehen und auswählen

Bei der schriftlichen Abiturprüfung im Fach Deutsch muss von drei verschiedenen Aufgabenvorschlägen einer ausgewählt werden. Die Aufgabenvorschläge entsprechen den Aufgabenarten (→ S. 6), die insbesondere in den Klausuren der letzten beiden Jahrgangsstufen und in entsprechenden schriftlichen Übungen eingeübt worden sind. Schwerpunkte bilden dabei die Analyse von literarischen und von Sachtexten (z. B. Rezension, Kritik, Rede, Brief).
Bei der Auswahl der Aufgabe in der dafür vorgesehenen Auswahlzeit können Sie sich an folgenden Fragen orientieren:
- Verstehe ich den Text bei einem ersten überfliegenden Lesen?
- Bezieht sich der Text auf ein Thema, das ich gut vorbereitet habe?
- Verstehe ich die Aufgabenstellung? Weiß ich, was die Operatoren, die in den Aufgabenstellungen erwähnt sind, für Handlungsanweisungen geben?

Sie wählen am besten den Vorschlag aus,
- dessen Textvorlage Sie insgesamt problemlos verstehen bzw. zu dem Sie schnell einen Zugang finden,
- zu dessen Thema Sie genügend Fachkenntnisse haben und das Sie in einen größeren Zusammenhang einordnen können und
- dessen Aufgabenstellung für Sie klar verständlich ist, sodass Sie sie bewältigen können.

Vorwissen aktivieren, Vorarbeiten durchführen

Trotz der Besonderheiten der jeweiligen Gattung ist das systematische Herangehen an einen Dramenauszug oder an zwei zu vergleichende Gedichte in den Arbeitsschritten anderen Analyseaufgaben vergleichbar. Der Verstehensvorgang erfordert dabei einen besonders intensiven Blick auf unterschiedliche Deutungsmöglichkeiten.
Im Rahmen der Vorüberlegungen empfiehlt es sich, das bereits Bekannte wachzurufen, denn die Aktivierung von Vorwissen hilft, sich in das Thema einzudenken und einen ersten Zugang zu finden: Was weiß ich bereits über das in dem Text angesprochene Thema? Sie sollten daher u. a. stichwortartig
- Ihre Leseerwartung,
- Ihre ersten Leseeindrücke und Titelassoziationen,
- Ihre Beobachtungen zur (gattungspezifischen) Gestaltung,
- Ihr Sachwissen über die Gattung, den Autor, die jeweiligen historischen und gesellschaftlichen Hintergründe sowie
- eventuelle Unklarheiten und weitere Fragen an den Text notieren.

Texte erschließen

Lese- und Verstehensstrategien

Zunächst ist zu klären, ob es sich bei der Klausur um einen literarischen oder einen Sachtext handelt, der zu verarbeiten ist. In beiden Fällen sollten Sie den Text zunächst einmal vollständig lesen, um sich eine Orientierung über Inhalt und Struktur zu verschaffen: Worum geht es? bzw. Was wird erzählt (→ Epik, S. 152 ff.), dargestellt (→ Drama, S. 161 ff.) oder erlebt (→ Lyrik, S. 140 ff.)? Wie ist der Text aufgebaut (welches Textmuster)? Welcher Gattung gehört er an? Die ersten Leseeindrücke zu Inhalt, Verständnis und Machart und Ihrer Meinung bzw. Ihrem Vorwissen sollten Sie sich notieren.

In einem nächsten Arbeitsschritt wird der Text erarbeitend gelesen, das bedeutet eine mehrmalige Lektüre im Ganzen sowie eine gezielte Lektüre einzelner Textstellen. Hierzu gehört jetzt auch die Arbeit am Text mit Unterstreichungen und Anmerkungen am Rand.

Handelt es sich um einen **Sachtext**, ist folgendes Vorgehen sinnvoll:

Art des Lesens	Handlungen und Arbeitsschritte
antizipierendes Lesen	– Welche ersten Informationen haben Sie durch Titel, Untertitel/ Zwischenüberschrift, Layout und die Erstlektüre erhalten? (Bestimmung des Themas) – Über welches Vorwissen verfügen Sie hinsichtlich des Themas? (dazu ggf. Stichworte notieren) ZIEL: Anforderungen und Erwartungen für sich klären
überfliegendes Lesen	– Welche Informationen geben die äußeren Textmerkmale in Hinblick auf Thema, Autor, Titel, Textsorte (Rezension, Kritik, Kommentar, Essay, Rede), Quelle und die Intention? – Handelt es sich um einen informierenden oder um einen persuasiven Text? (Wo ist er für wen mit welcher Absicht veröffentlicht?) – Gibt es Hervorhebungen, Illustrationen ...? ZIEL: Funktion/Intention des Textes klären
klärendes Lesen	– Welche Begriffe bzw. welche Textpassagen müssen geklärt werden? Was habe ich verstanden, was (noch) nicht? – Was steht in den einzelnen Abschnitten, wie stehen sie zueinander? Wie ist die Argumentation? Hier geht es darum, Zentrales zu markieren und den Text, seiner Argumentation folgend, in eigenen Worten zusammenzufassen, zunächst in Stichsätzen oder -worten am Rand. Hilfreiche Strategien sind, Fragen an den Text zu stellen und vorherzusagen, was im nächsten Abschnitt folgen könnte.

klärendes Lesen	Auch das Um- und Ausformulieren (= Erweitern) von Sätzen hilft dem eigenen Verstehen. – Was ist (sind) die zentrale(n) Aussage(n) und wo steht (stehen) sie? – Wie ist der Text gedanklich aufgebaut? Wie ist seine Argumentationsstruktur? Gibt es Textsignale dafür? ZIEL: Klärung von Inhalt und Argumentationsstruktur
vertieftes, konzentriertes Lesen	– Welche sprachlichen Mittel verwendet der Autor, um seine Argumentation zu verdeutlichen und seine Aussageabsicht zu verwirklichen? ZIEL: Verknüpfung von Inhalt, Struktur und Machart (sprachlicher und formaler Textgestaltung)
reflektierendes, beurteilendes Lesen	– Inbezugsetzung des Texts zum eigenen Vorwissen, der eigenen Meinung, den eigenen Bildern oder Ansichten: Was wusste ich vorher, was hat der Text mir vermittelt bzw. wovon will er mich überzeugen? Persönliche Assoziationen werden so bewusst gemacht und ermöglichen eine Beurteilung der zentralen Textaussage(n). Manchmal hilft es, den Text dafür zu visualisieren (z. B. als Mindmap) und mit eigenen Worten zu reformulieren. – Abschluss: erneute und letzte Textlektüre, um zu prüfen, ob man alles richtig verstanden hat ZIEL: das eigene Verstehen prüfen, mit der eigenen Meinung vergleichen und beurteilen

Das Verstehen von literarischen Texten ist ebenfalls mit einer Problemlösung gleichzusetzen und erfordert damit Wissen, Haltungen und Können.

Was müssen Leser wissen?
- Literarische Texte sind grundsätzlich polyvalent (mehrdeutig) angelegt.
- Sie sind ästhetische Konstruktionen, die zunächst für sich stehen und damit außerhalb der eigenen Lebenswirklichkeit der Lesenden zu sehen sind.
- Sie lösen sehr häufig beim Lesen Irritationen aus, die es auszuhalten (vielleicht auch zu genießen?) gilt, was sowohl inhaltlich bedingt ist als auch durch die poetische Sprache erzeugt wird.
- Das Lesen und Verstehen der literarischen Texte ermöglicht Ihnen auf der Grundlage eigener (moralischer) Urteilsfähigkeit eine Selbstreflexion.
- Schließlich erfordert das Verstehen von literarischen Texten von Ihnen eine ganze Reihe von Kenntnissen über den Umgang mit Texten (etwa Textsorten- und Genrewissen, Wissen über die Sprache und ihre Gestaltung, möglicherweise über den Autor und seine Zeit), also ein Sachwissen über gesellschaftliche und zeitgeschichtliche Zusammenhänge seiner Entstehung (= Kontexte), und schließlich häufig die Kenntnis anderer Texte, auf die im Text in irgendeiner Weise Bezug genommen wird (= Intertextualität).

Welche Haltungen müssen Leser haben?
- Sie müssen sich zunächst auf die Fiktion überhaupt einlassen (wollen), das gilt auch für die historische oder kulturelle Distanz.
- Sie müssen bereit sein, sich auf fremde Perspektiven (etwa die der Figuren) einzulassen, sich in sie hineinzuversetzen.
- Sie müssen sich auf typische kulturelle Gefühlsmuster einlassen und diese erforschen wollen (z. B.: Was ist Liebe, Freundschaft, Naturerfahrung hier im Text und wie wird sie verarbeitet?)

Was müssen Sie können im Umgang mit literarischen Texten?
- Zunächst werden dem Text seine Informationen entnommen: Was wird erzählt, dargestellt oder erlebt?
- Um den Handlungsverlauf bestimmen zu können, müssen Sie
  - die Figuren des Textes identifizieren (Was sind die Hauptfiguren, was Nebenfiguren, wo steht der Erzähler, das lyrische Ich?) und
  - Zeit und Ort, Konflikte (und möglicherweise ihre Vorgeschichte) sowie Lösungen erkennen.
- Sie müssen Mittel der sprachlichen Darstellung identifizieren, benennen und hinsichtlich ihrer Wirkung – auch im Vergleich zu anderen Texten – beschreiben können.
- Dafür dient die Identifizierung von Stoffen, Motiven und Handlungsmustern als Grundlage, die Sie für die Interpretation nutzen können.

Handelt es sich um einen **literarischen Text**, ist folgendes Vorgehen sinnvoll:

Art des Lesens	**Handlungen und Arbeitsschritte**
antizipierendes, erstes Lesen	– Welche ersten Informationen haben Sie durch die Erstlektüre erhalten? – Handelt es sich um einen epischen, lyrischen oder dramatischen Text? Ist es ein Auszug aus einem längeren Text (Erzählung/Roman, Drama) oder ist der Text eigenständig (abgeschlossen)? (erste Eindrücke zum Verstehen notieren; erste Bestimmung des Themas) – Über welches Vorwissen verfügen Sie hinsichtlich des Themas, Textes, Autors, der Entstehungszeit usw.? (dazu ggf. Stichworte notieren) ZIEL: Sie müssen die Anforderungen und Erwartungen der Aufgabenstellung für sich klären.
klärendes Lesen, um dem Text die Informationen zu entnehmen	Lesen Sie den Text zunächst im Ganzen, danach fokussiert für ausgewählte Textstellen und schließlich noch einmal fokussiert auf solche Textstellen, die beim ersten Lesen nicht (so genau) verstanden wurden oder bei denen Sie Leerstellen ausgemacht haben.

<table>
<tr>
<td>klärendes Lesen, um dem Text die Informationen zu entnehmen</td>
<td>Zunächst ist das Was zu klären:
Epik
– Wer sind die Aktanten (Haupt- und Nebenfiguren)?
– An welchem Ort / welchen Orten und zu welcher Zeit / welchen Zeiten findet das Erzählte statt?
– Was wird erzählt? Was geschieht nacheinander? Wer macht was mit wem, mit welcher Folge und wann? Was ergibt sich daraus für wen, wie endet es?
– Was sind die wesentlichen Textstellen?

Lyrik
– Gedicht lesen (leise, im Sinne des rezitierenden Lesens)
– Wer spricht im Gedicht und wie charakterisiert sich das lyrische Ich durch das Sprechen? Ist es weiblich oder männlich?
– Spricht das lyrische Ich emotional beteiligt, engagiert-appellativ oder eher distanziert / sachlich-reflektierend?
– Wovon spricht das lyrische Ich? Hier kann es hilfreich sein, die stark verdichtete Sprache zu erweitern, also den verwendeten Worten Wortfelder und eigene Assoziationen hinzuzuschreiben (textnahes Lesen).
– Wechselt das lyrische Ich innerhalb der Strophen das Thema? Wie beziehen sich die Themen aufeinander?
– Um welches Thema / welche Themen geht es vorwiegend (Natur, Großstadt, Liebe, Tod, ein gegenwärtiges Erleben, eine Geschichte [typisch für Balladen], Gedanken, philosophische Betrachtungen usw.)?
– Wie steht das lyrische Ich zum Thema? Welche Stimmung (Freude, Traurigkeit, Interesse/Anteilnahme, politisch-gesellschaftliches Engagement usw.) vermittelt es?
– Wen spricht das lyrische Ich an? Gibt es einen (direkten) Adressaten?

Dramatik
– Gibt es Regieanweisungen, die über Ort, Zeit usw. informieren?
– Wer sind die beteiligten (Haupt- und Neben-)Figuren?
– In welcher Beziehung stehen die Figuren zueinander?
– Was weiß der Lesende über die Ereignisse und Ergebnisse der Vorgeschichte? Mit welchen Voraussetzungen (Intentionen, Haltungen) gehen die Figuren mit wem in die Gespräche?
– Welches Geschehen wird dargestellt?
– Was sind die Ergebnisse und Ereignisse des Dialogs/Monologs?
– Werden Probleme (für wen in welcher Weise) aufgeworfen oder gelöst?</td>
</tr>
</table>

	– Kommt es zu einem Wendepunkt oder zu Lösungen? Werden Konflikte offenbar? Trägt die Szene am Ende zu einer Konfliktlösung bei oder endet sie offen? – Was sind die wesentlichen Redebeiträge? (Textstellen markieren)
vertieftes, konzentriertes Lesen	Hier geht es um die Anwendung des Wissens über die Textsorten und deren Gestaltungsmöglichkeiten – um das Aktivieren des Vorwissens also. Es ist das Wie zu klären, das immer mit dem Inhalt in Beziehung steht (diesen betont, verstärkt, unterstützt usw.). Epik: Wie ist der Text gemacht? (→ Epische Texte, S. 152 ff.) – Wird chronologisch (vorausdeutend) oder anachron (rückwendend) erzählt? – Wird analytisch (Ereignis folgt auf Ereignis) oder synthetisch (aus dem Moment heraus) erzählt? – Wie ist die Dauer des Erzählten? Zeitdeckend, gedehnt, gerafft, mit Zeitsprüngen, mit Pausen? – Werden sich wiederholende Ereignisse einmal oder mehrfach erzählt? – Wie mittelbar ist das Erzählte? Wird die gesprochene Rede direkt als wörtliche Rede / innerer Monolog / Bewusstseinsstrom oder vermittelt, also indirekt, präsentiert? – Wer erzählt aus welcher Sicht? Gibt es einen Erzähler, der mehr weiß/sagt als irgendeine Figur weiß/sagt und selbst am Geschehen gar nicht beteiligt ist? Kommentiert er vielleicht beim Erzählen („auktorial") oder ist er als Figur Teil des erzählten Geschehens und erlebt (in der 3. Person „personal", in der 1. Person „Ich-Erzähler") oder erzählt der Erzähler neutral, als ob er protokolliert, was er gerade wahrnimmt? – Welche Distanz hat der Erzähler zum Erzählten? Ist es eine deutliche räumliche und/oder zeitliche Distanz oder wird gleichzeitig erlebt und erzählt? – Welche Haltung hat der Erzähler zum Erzählten? Ist er unbeteiligt (distanziert, urteilend, überlegen) oder beteiligt (mitleidig, kritisch, ironisch)? – Gibt es einen (deutlichen) Adressaten, dem erzählt wird? – Mit welchen sprachlichen Mitteln arbeitet der Erzähler? Gibt es Modus- oder Tempuswechsel (und wo)? Welche Symbole, sprachlichen Bilder (Metaphern usw.) werden verwendet und was hat ihre Verwendung mit dem Inhalt zu tun? – Wie und wodurch werden die Figuren konzipiert (direkt, indirekt, durch Redeformen usw.), wie ihre Beziehungen gestaltet?

vertieftes, konzentriertes Lesen	Lyrik – Wie ist das Gedicht gemacht, was fällt formalsprachlich auf? (→ Lyrische Texte, S. 140 ff.) – Wie ist die Gedichtform, wie die Gliederung der Strophen? (→ Die wichtigsten Fachbegriffe zur Lyrik, S. 148 ff.) – Wie sind Betonung/Metrum/Versfüße und Zeilensprünge gesetzt? – Wie werden Kadenzen und ggf. Reimform behandelt? – Welche sprachlichen Bilder (Metapher, Vergleich, Allegorie, Metonymie) werden verwendet, woher stammen sie? – Welche Sinne werden besonders angesprochen? (Wortfelduntersuchung zum Hören, Sehen, Schmecken bzw. Riechen, Fühlen) – Aus welchen Wortfeldern stammen die verwendeten Wörter? Tragen sie im Text Bedeutungen in sich oder über die eigentliche Bedeutung hinaus? Gibt es Neologismen? – Wie ist der Satzbau? Gibt es Ellipsen? – Welche (Interpunktions-)Zeichen werden verwendet? – Wie wird die Stimmung durch Verwendung von Lauten unterstützt (hell/dunkel/gleich klingende Laute)? Dramatik – Wie wird das Geschehen dem Zuschauer vermittelt? (→ Dramatische Texte, S. 161 ff.) – Regieanweisungen: Wie groß ist der Anteil an außersprachlicher Handlung (z. B. Gestik und Mimik der Figuren)? – Dialogverlauf: Wie groß sind die Redeanteile der Figuren? Dominiert eine Figur? Welche Figur ergreift die Initiative? Welche beendet das Gespräch? Kann man Gesprächsphasen unterscheiden? Welche Konflikte prägen das Gespräch (siehe oben) und wie wird das sprachlich deutlich? Gibt es einen Wendepunkt, der sprachlich zu markieren ist? – Welche Sprechakte bestimmen/dominieren den Dialogverlauf? Welche Absichten verfolgen diese? Lassen sich argumentative Strategien erkennen? Welchem Gesprächstyp könnte man die Szene zuordnen? – Welche sprachlich-stilistischen Mittel werden (von welcher Figur) verwendet? Auf welchem Sprachniveau entwickelt sich das Gespräch? Welche Wörter werden wiederholt, welche ausgelassen? Welche Bilder werden verwendet? Wird mit sprachlichen Mitteln des Kontrastes bzw. der Steigerung gearbeitet? Wie sind die Sätze in den Reden der Figuren gebaut?

reflektierendes, beurteilendes Lesen	Hier geht es darum, das Analysierte mit den ersten Eindrücken abzugleichen, sich darüber ein Verstehensmodell zu vergegenwärtigen und dies mit weiterem Wissen zu kontextuieren (Autor, Zeit, Intertextualität), um schließlich zu einem eigenen Verstehenskonzept zu kommen (= Interpretation) und dies ggf. (bei entsprechender Aufgabenstellung) vergleichend mit anderen Texten zu werten. – Welche Informationen, die nicht direkt genannt werden, aber indirekt deutlich werden (immanent sind), kann man zur Interpretation nutzen? – Welche Stoffe, Motive, bekannten/tradierten Handlungsmuster werden wie verwendet und/oder verändert verwendet? – Welche Kenntnisse aus dem eigenen Vorwissen (Weltwissen und Wissen um andere Texte) kann man nutzen, um die Interpretation zu stützen? Wichtig: Sie müssen sich in die Figuren und in deren erzählte, vermittelte, dargestellte Handlungs- und Denkweisen hineinversetzen und vermeiden, Ihre eigene Sicht über den Text zu legen, sog. „Hineininterpretieren“. Zudem müssen Ihre Aussagen am Text belegbar sein. – Beim Interpretieren müssen sie damit rechnen, dass der Text Sie mit ungewohnten Denk- und Verhaltensweisen konfrontiert (Alteritätserfahrung). Versuchen Sie, nicht sofort ins Urteilen zu kommen, sondern lassen Sie sich auf das Fremde ein, versetzen Sie sich in die Fiktion und lassen Sie dem Erleben des Neuen und vielleicht Ungewohnten Raum (z. B. bei fantastischer Literatur, Kafka, modernen Texten usw.). – Analysieren Sie, ob und inwiefern das Wie dem Was dienlich ist. – Interpretation von Textauszügen bei Kenntnis des gesamten Dramas (gilt auch für Erzähltexte): • Wie beeinflusst die Szene den weiteren Handlungsverlauf des Stückes, z. B. welche dramaturgische Relevanz hat sie? • Welche Funktion hat die Szene im Gesamtgefüge des Stückes?

Texte schreiben

Schreibstrategien verwenden

Das Verfassen der schriftlichen Abiturarbeit setzt Folgendes voraus:
- Sie müssen die Anforderungen der Aufgabenstellungen verstanden haben. Dazu sollten Sie die in den Aufgaben verwendeten (und im Raum ausliegenden) Operatoren (→ S. 8 ff.) überprüfen und mit Ihren Vorbereitungen (Hinweise zu Lese- und Verstehensstrategien, → S. 89 ff.) vergleichen: Entsprechen Ihre Vorbereitungen tatsächlich dem, was von Ihnen verlangt wird? Welche Textmuster sind zu verwenden?
- Sie müssen die vorbereitenden Schritte zum Lesen und Verstehen, also dem Erschließen von Texten, abgearbeitet haben.

Bei fast allen Textmustern, die von Ihnen erwartet werden, ist das Produkt ein Fachtext, der Sachverhalte darstellt und erläutert, also nüchtern gehalten ist. Er ist grundsätzlich im Präsens zu verfassen (bei Textwiedergaben muss man bei Vorzeitigkeit auf das Perfekt ausweichen).
Die Verwendung des Konjunktiv I (ggf. II) kennzeichnet Textinhalte und Textstellen, die von fremden Autoren übernommen wurden. Alternativ kann man auch den Indikativ verwenden, muss aber deutlich kennzeichnen (etwa im Einleitungssatz), wer der Urheber der anschließenden Aussagen ist. Alle Textmuster sind in Einleitung, Hauptteil und Schluss zu gliedern.

Das Niederschreiben der Klausur kann durch die Berücksichtigung folgender Vorgehensweise organisiert werden:

<table>
<tr>
<td>1. Schritt</td>
<td>Den Schreibprozess organisieren
Bevor Sie mit dem Schreiben beginnen, sollten Sie überlegen:
– Wie viel Arbeitszeit steht mir (noch) zur Verfügung und wie verteile ich diese auf die Aufgaben?
• Hierzu liefert die angegebene Bewertung (Punktzahl) der Aufgaben Hinweise zu den Schwerpunkten.
– Wie viel Zeit benötige ich für ein abschließendes Korrekturlesen?
• Diese Zeit sollte nicht zu knapp bemessen sein (vgl. Schritt 5). Das Zählen der geschriebenen Wörter fällt nicht in die Arbeitszeit.
ZIEL: Die genaue Zeitplanung vor dem Schreiben ermöglicht während des Formulierens ein konzentriertes Arbeiten – entsprechend der Schwerpunktsetzung – für alle Aufgaben sowie am Ende für das abschließende Korrekturlesen.
Hinweis: Vermeiden Sie es, sich an einleitenden Teilen und dem Anforderungsbereich I zu lange aufzuhalten und die letzten Aufgaben, in denen es um die Anforderungsbereiche II und III geht (→ S. 7), nur „noch schnell hinzuschreiben“.</td>
</tr>
</table>

2. Schritt	**Den Schreibprozess vorbereiten** – Überprüfen von Aufgabenstellung und Operatoren – Erschließen der zu bearbeitenden Texte über das Lesen und Verstehen unter Berücksichtigung des Was und Wie sowie ggf. eines abschließenden mentalen Modells (bei literar. Texten → Interpretation, S. 91 ff.) bzw. eines eigenen Urteils – eigene Ideen zu Kontexten notieren – Vergegenwärtigen (evtl. auch Formulieren) der zentralen Arbeitshypothesen zu den Aufgaben und den Themen, z. B. *In dem Text geht es um … / Der Text handelt von … / Der Autor vertritt die Position …* (bei Sachtexten) ZIEL: Die intensive und konzentrierte Vorarbeit für das Verfassen der Klausur bildet die Basis für deren inhaltlichen Gehalt und logischen Aufbau. Diese Vorarbeit ist zeitintensiv, weil Sie hier Probleme lösen.
3. Schritt	**Arbeitsergebnisse in eine Struktur bringen (= Gliederung)** Je nach Schreibaufgabe ist diese Struktur unterschiedlich. Allgemein aber gilt, dass auf jeden Fall eine plausible gedankliche Reihenfolge angelegt werden muss. Zu klärende Vorüberlegungen dazu sind: – Was ist für mich wichtig? Was will ich mitteilen? – Welche Textsorte muss ich verwenden? (→ Operatoren, S. 8 ff.) – Wer sind die Adressaten und was will ich bei Ihnen erreichen? (vgl. dazu auch die in den Aufgaben enthaltenen Schreibanlässe) – Wie baue ich meinen Text auf, damit eine Logik / ein roter Faden erkennbar ist? Dazu ist Folgendes nötig: • Zuordnung der Ergebnisse aus der Arbeit an den Texten und Aufgaben zu Oberthemen • Oberthemen weiter untergliedern, d. h. Inhalte/Thesen/Argumente in eine logische Abfolge (als lineare Gliederung oder Mindmap/Cluster) zu Unterthemen ordnen, dabei auch die eigenen Ideen zum Text einbringen und mögliche Abschlüsse (Fazit jeder Aufgabe) festhalten – Was steht am Anfang und wie endet mein Text? ZIEL: Durch eine solche Gliederung bleibt beim Schreiben der Kopf frei für Punkte, die Ihnen im eigentlichen Schreibprozess noch einfallen, da sie jederzeit (in der Gliederung oder später im Fließtext) ergänzt werden können. So vermeiden Sie es, sich später darüber zu ärgern, dass Sie *die Hälfte vergessen haben / noch so viel hätten schreiben können …*
4. Schritt	Die Klausur formulieren/schreiben – Die Klausur wird nun aufgabenweise auf Basis der Planung ausformuliert (= geschrieben). Jeder Gliederungspunkt bestimmt einen Abschnitt und sollte nach Möglichkeit ohne Unterbrechung niedergeschrieben werden.

– Beim Schreiben liegt die Aufmerksamkeit zwar immer auf dem Inhalt. Denken Sie dennoch beim Formulieren daran:
  - Wofür / Für wen schreibe ich und was will ich meinem Adressaten vermitteln? Wie mache ich meine Ergebnisse deutlich?
  - Welche Sprache / sprachlichen Mittel verwende ich dazu? Wie stelle ich die Verknüpfungen her?

– Um die gedanklichen Zusammenhänge und Verknüpfungen im Text für die Lesenden zu verdeutlichen, bedarf es der gezielten Verwendung von sprachlichen Konnektoren:
  - Aussagen, Thesen und Argumente werden aneinandergereiht durch: *zunächst, darüber hinaus, ergänzend, ferner …*
  - Die logische Verknüpfung erfolgt durch: *weil, obwohl, da, indem, dementsprechend, hier, dabei, in diesem Zusammenhang …*
  - Verweise auf Einschränkungen, Gegenargumente kennzeichnet man z. B. durch: *andererseits, demgegenüber ist zu erkennen/bedenken, zwar … aber, im Gegensatz dazu steht …*
  - Schlussfolgerungen und Ergebnisse werden deutlich durch Signalformulierungen wie *zusammenfassend ist zu sagen, festzustellen, hervorzuheben …, man kann daran / aus alledem erkennen/ersehen, dass …, man kann also festhalten, dass …*

ZIEL: Ihre bisherige Textarbeit soll sich nun in Ihrem geschriebenen Text wiederfinden und dem/den Adressaten beweisen, wie genau und mit welchem Ergebnis Sie gearbeitet haben und über welche Schreibkompetenz (Darstellungsleistung) Sie verfügen.
Die Kriterien der Bewertung sollten Sie für Ihr Schreiben nutzen, sie beziehen sich auf Sprachangemessenheit, Aufbau und Prozess:

Wortwahl Ist die Wortwahl präzise und angemessen?
Werden Füllwörter, Floskeln und Umgangssprache/Jugendsprache vermieden?
Werden Fachtermini sachlich richtig bzw. treffend verwendet?

Satzbau Ist der gewählte Satzbau der Aufgabe und dem Leser angemessen?
Sowohl Bandwurmsätze als auch einfache, kurze Aussagesätze sind zu vermeiden. Die Satzteile müssen zusammenpassen und bei eingeschobenen Ergänzungen ist auf die grammatisch korrekte Weiterführung oder Beendigung des Satzes zu achten.

Textmuster Wird ein der Aufgabe angemessenes Textmuster verwendet?

Textaufbau Ist der Text sinnvoll aufgebaut? Ist eine innere/äußere Gliederung erkennbar?

Thematische Entfaltung Geschieht die thematische Entfaltung in einer der Fragestellung angemessenen Art? Werden Belege verwendet?

	Leserführung Gibt es genügend textstrukturierende Mittel (als aktive Leserführung)? **Planen/Überarbeiten** Lässt der Text Planungs- und Überarbeitungsspuren erkennen? **Wagnis** Lässt der Text ein besonderes sprachliches Wagnis erkennen, ist er kreativ? (das gilt besonders für das gestaltende Interpretieren und für Kommentare in Essayform)
5. Schritt	**Die Klausur überarbeiten** – Die Klausur wird gelesen und dabei überarbeitet im Hinblick auf • das verwendete Textmuster und dessen Merkmale, • den sachlogischen Aufbau (äußere und innere Gliederung), • die thematische Entfaltung und das Belegen (Zitate), • die schlüssige Verknüpfung der einzelnen Teile (Konnektoren) • und die Treffsicherheit und Angemessenheit in Wortwahl und Satzbau. – In einem zweiten Schritt folgt die Untersuchung hinsichtlich formalsprachlicher Richtigkeit auf • Rechtschreibung (inkl. Trennung), Zeichensetzung, Grammatik sowie • korrekte Zitation. Hinweis: Auf diesen letzten Teil können Sie sich bereits in der Vorbereitung auf das Abitur einstellen. Schauen Sie sich Ihre alten Klausuren an und analysieren Sie typische Fehler: Welche Worte schreibe ich falsch, an welchen Stellen setze ich falsche oder gar keine Kommas? Welche Formulierungen, Ausdrücke und falschen Worte habe ich verwendet und wie könnte ich (im Nachhinein) besser, treffender, genauer oder weniger redundant formulieren ...?

Das Zählen aller von Ihnen geschriebenen Wörter gehört nicht mehr zu der eigentlichen Bearbeitungszeit. Achtung: Sie dürfen beim Zählen keine weiteren Korrekturen mehr vornehmen!

Typische Schwierigkeiten beim Schreiben

Schwierigkeit	Tipps
Ich weiß häufig nicht, wie ich anfangen soll.	– Schreiben Sie zunächst das auf, worin Sie sich sicher sind. – Vergegenwärtigen Sie sich bereits in der Vorbereitung Einleitungssätze mit Blick auf die bekannten Textmuster. – Schreiben Sie erst, wenn Sie die Textgrundlagen bearbeitet (und verstanden) haben. – Skizzieren Sie den Aufbau der Arbeit in einer Gliederung, Mindmap, einem Schaubild oder Diagramm.

Ich erzähle nur den Text nach, analysiere ihn nicht; oft verbinde ich einfach nur Zitate miteinander.	– Schreiben Sie erst, wenn Sie zuvor die Arbeitsschritte zum Texterschließen (→ S. 89 ff.) und zur Vorbereitung auf das Schreiben vollzogen haben. – Versuchen Sie, Zitate so knapp wie möglich zu halten und in Ihre eigenen Formulierungen einzubinden. – Finden Sie eigene Formulierungen, d. h., reformulieren Sie nicht den Text, sondern lösen Sie sich von dem Wortlaut der Textvorlage. Häufig sind eigene Formulierungen ausführlicher als die des Primärtextes. – Vergegenwärtigen Sie sich, inwiefern Sie über das im Primärtext Erzählte/Erlebte/Dargestellte oder Ausgesagte/Behauptete hinausgehen (eigene Beobachtungen).
Meine Klausuren werden häufig zu lang, ich werde kaum mit der Aufgabe fertig.	– Schreiben Sie erst, wenn Ihre Gliederung steht. Arbeiten Sie zunächst mit Stichwörtern. – Entwerfen Sie das Konzept in wenigen Sätzen, die den Grundgedanken der Klausur (bzw. Aufgabe) skelettartig verdeutlichen. Dazu kann es auch hilfreich sein, diese Grundgedanken als Überschriften zu formulieren. – Vermeiden Sie Redundanzen, indem Sie – ausgehend von den Überschriften bzw. dem skelettartigen ersten Entwurf – möglichst gezielt Ihre Beobachtungen und Gedanken formulieren und ggf. belegen.
Ich weiß manchmal gar nicht, was ich zu einem Gliederungspunkt schreiben soll. Häufig fällt mir nur ein Satz ein.	– Überarbeiten Sie Ihre Arbeit am Text (Textverstehen) und an der Gliederung. – Vergegenwärtigen Sie sich, dass das, was Sie im Kopf haben, so formuliert werden muss, dass ein Außenstehender Ihre Gedanken verstehen kann (Adressatenbezug!): Für wen schreibe ich in welcher Weise und was will ich dem Lesenden vermitteln? – Unterstützen Sie Ihre Thesen/Beobachtungen/Aussagen mit Argumenten, Beispielen und Belegen.
Mir fällt es schwer, meine Gedanken zu einem logischen Aufbau zu verbinden.	– Überdenken Sie Ihre Gliederung: Was gehört zusammen und an welche Stelle? – Vergegenwärtigen Sie sich selbst die Logik der Zusammenhänge und verwenden Sie passende Konnektoren, z. B. *im Hinblick auf, im Gegensatz zu, anders als …*
Ich weiß nicht, wie ich den Inhalt knapp zusammenfassen soll.	– Überprüfen Sie noch einmal Ihre Vorarbeit zum Texterschließen. – Zentrale Fragen: Worum geht es? Was wird erzählt, dargestellt, erlebt oder (für Sachtexte) erklärt? Was geschieht wo und wann nacheinander? Was ergibt sich daraus für wen, wie endet es? – Analysieren und interpretieren Sie an dieser Stelle nicht, hier geht es nur um das Was!

Rhetorische Mittel einsetzen

Folgende rhetorische Figuren und Fachbegriffe können Ihnen als Hilfsmittel für die Textanalyse sehr von Nutzen sein:

Fachbegriff/ rhetorische Figur	Erklärung	Beispiel
Allegorie	Sinnbild für einen abstrakten Begriff	*Justitia* als Frau mit verbundenen Augen; Waage und Schwert als Sinnbild für *Gerechtigkeit*
Alliteration	Wiederkehr desselben Anlauts bei mehreren aufeinanderfolgenden Wörtern	Milch macht müde Männer munter.
Anakoluth	grammatisch fehlerhafte Satzkonstruktion, Satzbruch	Es ist zwar teurer und es ist klein.
Anapher	Wiederholung mindestens eines Wortes am Vers- oder Satzanfang	Es zu kämmen gegen den Strich / Es zu paaren widernatürlich / Es nackt zu scheren (M. L. Kaschnitz, „Ein Gedicht“)
Antithese	Gegenüberstellung gegensätzlicher Aussagen	Tages Arbeit; abends Gäste; / Saure Wochen, frohe Feste! (J. W. Goethe, „Der Schatzgräber“)
Aposiopese	bewusster Abbruch eines Satzes vor der entscheidenden Aussage	Mit diesen kleinen Händen hätt ich ihn –? (H. v. Kleist, „Penthesilea“)
Apostrophe	Form der Anrede: Abwendung vom Publikum, Hinwendung zu anderen Ansprechpartnern	Ihr Götter, steht mir bei!
Assonanz	Reim nur der Vokale, nicht der ganzen Silbe	Romanzen vom Rosenkranz (C. Brentano)
Asyndeton / asyndetische Reihung	Aneinanderreihung ohne beiordnende Konjunktion (Gegenteil → Polysyndeton)	Falschgeldprägen, Lichtausknipsen, Zähneputzen, Totschießen. (G. Grass, „Die Blechtrommel“)
Chiasmus	kreuzweise bzw. spiegelbildartige Stellung von Satzgliedern	Die Kunst ist lang! / Und kurz ist unser Leben. (J. W. Goethe, „Faust I“)

Chiffre	sprachliches Bild/Symbol, dessen Bedeutung nur aus dem Textzusammenhang hervorgeht, diesen aber erst verständlich macht/bestimmt	schwarze Milch der Frühe (P. Celan, „Todesfuge“)
Ellipse	unvollständiger Satz, Auslassungssatz	Wohin gehst du? *Nach Hause.* *Ende gut, alles gut.*
Enjambement (Zeilensprung)	Der Satz- und Sinnzusammenhang reicht über das Vers- oder Strophenende hinaus. Das Enjambement hebt vor allem Begriffe am Versende hervor.	Über allen Gipfeln / Ist Ruh ... (J. W. Goethe, „Ein gleiches / Wandrers Nachtlied“)
Enumeratio	Aufzählung	Alles rennt, rettet, flüchtet. (F. Schiller, „Die Glocke“)
Epipher	Wiederholung desselben Worts / derselben Wörter am Schluss parallel gesetzter Wortgruppen oder Sätze	Doch alle Lust will *Ewigkeit, /* will tiefe, tiefe *Ewigkeit!* (Friedrich Nietzsche, „Also sprach Zarathustra“)
Euphemismus	Untertreibung, mildernder oder beschönigender Ausdruck	*ein kleines Problem* (statt: *eine schwierige Situation*)
Hyperbel	Übertreibung	blitzschnell; himmelhoch; Schneckentempo
Inversion	Umstellung von Wörtern im Gegensatz zur üblichen Syntax	Einen Krimi lese ich gern.
Ironie	es wird das Gegenteil von dem gesagt, was gemeint ist	Ich freue mich sehr darüber, dass du heute wieder zu spät kommst.
Klimax	Höhepunkt, steigernde Reihung	Heute back' ich, morgen brau' ich, übermorgen hol' ich der Königin ihr Kind. (Rumpelstilzchen)
Litotes	stärkere Hervorhebung durch Verneinung oder Abschwächung des Gegenteils	*nicht hässlich* (statt: *schön*); *nicht übel* (statt: *gut*)
Metapher	Bedeutungsübertragung in der Beziehung der Ähnlichkeit, sprachliches Bild	Mauer des Schweigens; Licht der Wahrheit; *Durchbohrt* hat mich der Läst'rung *giftiger* Speer. (F. Schiller)

Metonymie	Ersetzung eines Wortes durch ein anderes, das mit ihm in logischer Verbindung steht	*Das Weiße Haus meldet …* (statt: *Der amerikanische Präsident …*)
Neologismus	Wortneuschöpfung	Berufsjugendlicher; Komasaufen
Onomatopoesie	Lautmalerei	grrrrmpft!; knistern und knastern
Oxymoron	Verbindung zweier sich widersprechender Begriffe	bittersüß; Hassliebe; stummer Schrei; beredtes Schweigen
Paradoxon	(scheinbarer) Widerspruch	Die Tragödie des Alters ist nicht alt zu sein, sondern jung. (O. Wilde)
Parallelismus	Wiederholung derselben Wortstellung bei nebeneinandergereihten Satzgliedern oder Sätzen	Heiß ist die Liebe, kalt ist der Schnee. Wie ist das Wetter, wie ist die See?
Parenthese	Einschub, Schaltsatz	Ich möchte dir – ich fasse mich kurz – von den Ereignissen erzählen.
Personifikation	Vermenschlichung von Tieren, Gegenständen oder abstrakten Begriffen	Väterchen Frost; die Sonne lacht
Pleonasmus	überflüssige Verbindung von Wörtern mit gleicher Bedeutung zur Verstärkung	schwarzer Rappe; weißer Schimmel
Polysyndeton	Reihung von beiordnenden Konjunktionen (Gegenteil → Asyndeton)	*Und* es wallet *und* siedet *und* brauset *und* zischt. (F. Schiller, „Der Taucher")
Prämisse	Grundannahme, auf der weitere Überlegungen aufbauen	Ich glaube an den Menschen und das heißt, ich glaube an seine Vernunft! (B. Brecht, „Leben des Galilei")
Refutatio	Vorwegnahme eines möglichen Einwands, der sogleich widerlegt wird	Sie werden sagen, dass …, aber …
rhetorische Frage	Frage, auf die keine Antwort erwartet wird oder deren Antwort bereits feststeht	Möchten Sie gerne Ferien?
Suggestivfrage	Frage, die eine bestimmte Auslegung durch den Zuhörer nahelegt	Könnte es vielleicht sein, dass Ihnen Hausarbeiten lästig sind?

Syllogismus	logische Denkfigur, bei der aus zwei Prämissen ein Schluss gezogen wird	Stimmbänder sind notwendig, um sprechen zu können. Fische haben keine Stimmbänder. Also können Fische nicht sprechen.
Symbol	ein konkretes Zeichen für ein bestimmtes Handeln oder einen bestimmten Gegenstand	*Kreuz* als Symbol des christlichen Glaubens; *Taube* als Symbol für Frieden
Synästhesie	Vermischung verschiedener Sinneseindrücke	heiße Musik; schreiende Farben
Synekdoche	Bezeichnung, die einen Teil für das Ganze setzt (Pars pro Toto) oder das Ganze durch einen Teil wiedergibt (Totum pro Parte)	Wir flehen um ein *wirtlich Dach* (für: *gastfreundliches Haus*) (F. Schiller)
Tautologie	Doppelaussage, oft synonym zu → Pleonasmus gebraucht	nackt und bloß; heiter und froh; einzig und allein; alter Greis
Trikolon	dreigliedriger Ausdruck	Und wiegen und tanzen singen dich ein. (J. W. Goethe, „Erlkönig“)
Vergleich	bildhafter Hinweis auf einen anderen Bereich	Er ist schlau wie ein Fuchs.
Wortspiel	geistreich-witzige Verwendung von Wörtern	Entrüstet Euch! (Wahlspruch der Friedensbewegung)

Mit Zitaten und Textbelegen arbeiten

Zitate und Textbelege haben die Funktion, die eigenen Aussagen durch Verweise auf den Ausgangstext abzusichern und nachvollziehbar zu machen.

Regeln für die Arbeit mit wörtlichen Zitaten

- Eine Textstelle, d. h. eine Formulierung, ein Satz oder auch mehrere Sätze, wird wortwörtlich aus einer Vorlage übernommen (zusammen mit etwaigen Besonderheiten der Rechtschreibung und Zeichensetzung, z. B. bei Textvorlagen in alter Rechtschreibung).
- Zitate werden durch Anführungszeichen deutlich gemacht.
- Auslassungen in einem Zitat – unabhängig davon, ob es sich um ein einzelnes Wort, eine Formulierung oder mehrere Sätze handelt – werden durch eckige Klammern mit drei Punkten gekennzeichnet: [...]. Ein Zitat darf nie derart gekürzt werden, dass die Aussage verfälscht wird.
- Zitate, die man in den eigenen Text einpasst, müssen in einigen Fällen inhaltlich (z. B. durch ein erklärendes Wort) oder grammatisch (z. B. durch eine Veränderung des Kasus) dem eigenen Satzbau angepasst werden. Die Eingriffe kennzeichnet man durch die Verwendung eckiger Klammern, z. B. *„Er wirft ihm [Danton] vor, dass [...].“*

- Zitate in Zitaten kennzeichnet man mit einfachen Anführungszeichen, z. B. *„wenn Törless die besondere Wirklichkeit immer wieder mit dem Wort ‚es‘ zu fassen sucht.“*
- Zitate werden mit einem Hinweis auf den Fundort beendet. Dies geschieht in Form von Seiten-, Zeilen- oder Versangaben, z. B. *„Er [Törless] hatte jetzt einen ganz neuen Respekt vor der Mathematik“* (S. 75, Z. 3).

Regeln für die Arbeit mit sinngemäßen Zitaten

Gibt man die Gedanken eines anderen wieder, verwendet man
- eine einleitende Formulierung, z. B. *Nach Meinung von ...*, bzw. einen entsprechenden Einleitungssatz, z. B. *Der Autor hebt hervor, dass ...* Durch die einleitende Formulierung wird auch das eigene Textverständnis deutlich.
- indirekte Rede (Konjunktiv I), z. B. *Der Gebrauch von Anglizismen habe in Frankreich nicht in gleichem Ausmaß zugenommen.*

Sinngemäße Zitate werden wie wörtliche Zitate mit einem Verweis auf die Textstelle in Form von Seiten-, Zeilen- oder Versangaben beendet.

TIPP

- Zitate sollten sparsam verwendet werden.
- Jedes Zitat muss ausgewertet werden, d. h. die eigenen Aussagen absichern.

Zitieren und Angeben von Textstellen

Ein offizielles Bewertungskriterium für die Beurteilung der Darstellungsleistung lautet: „Der Prüfling belegt Aussagen durch angemessenes und korrektes Zitieren.“ „Angemessenes Zitieren“ bedeutet, dass nicht zu viel, aber auch nicht zu wenig zitiert wird und die ausgewählten Zitate funktional sind, also die eigenen Aussagen belegen. Demgegenüber meint „korrektes Zitieren“, dass allgemeingültige Regeln bei der formalen Gestaltung der Zitate beachtet werden.

Tipps zum angemessenen Zitieren

- Zitate sollten nicht verwendet werden, nur um überhaupt etwas zu zitieren, sondern sie müssen einen deutlichen Bezug zum eigenen Text haben. Vor allem erklärende, deutende bzw. beurteilende und bewertende Aussagen in den Anforderungsbereichen II und III (→ S. 7) erfordern eine gründliche Textarbeit.
- Zitate sollten nicht zu lang sein, sondern auf die wirklich notwendigen Textpassagen konzentriert werden. Das Abschreiben von längeren Textstellen stellt keine eigene Leistung dar und ist meistens funktionslos.
- Zitate sollten nicht wiederholen, was bereits mit eigenen Worten gesagt wurde. Also nicht: *Innerlich sehr erregt ruft Karl Moor, dass er der Hauptmann der Räuberbande sein will: „So wahr meine Seele lebt, ich bin euer Hauptmann!“*

Texte überarbeiten

Klausurtexte überarbeiten

Klausurtexte sollten im Hinblick auf inhaltliche und formale Anforderungen überarbeitet werden. Die Überarbeitung sollte in zwei Schritten erfolgen:

CHECKLISTE zur inhaltlichen Überarbeitung

✓ Habe ich die Vorgaben der Aufgabenstellung entsprechend berücksichtigt?
- inhaltliche Vorgaben: Texte, Thema, weiterführende Schreibaufgabe
- methodische Anweisungen: Operatoren (→ S. 8 ff.)

✓ Hat meine Arbeit einen roten Faden?
- klare Gliederung, präzise Zuordnung der Ergebnisse zur Gliederung
- keine Ausführungen, die nicht zum Thema gehören

✓ Ist meine Arbeit widerspruchsfrei?
- sachliche Richtigkeit
- schlüssige Argumentation

✓ Habe ich mein fachliches Vorwissen eingebracht und logisch mit den neu gewonnenen Untersuchungsergebnissen verknüpft?
- allgemeine Kenntnisse zum Thema
- (literarische) Fachkenntnisse zu Thema, Entstehungszeit, Vergleichstexte (ggf. Epoche, Autor)

CHECKLISTE zur formalen Überarbeitung

✓ Entspricht meine Arbeit der vorgegebenen Textsorte (Textanalyse, Textvergleich, Texterörterung, Stellungnahme usw.)?
- Einleitung, Hauptteil, Schluss
- Einteilung in Abschnitte, die aufeinander Bezug nehmen
- logische Verknüpfungen zwischen den einzelnen Abschnitten durch verbindende Wörter oder Formulierungen

✓ Entspricht meine Arbeit den sprachlichen und formalen Erwartungen meiner Adressaten, für die ich schreibe?
- präzise Wortwahl
- Verwendung von Fachvokabular, Vermeidung von Umgangssprache
- verständlicher, abwechslungsreicher Satzbau
- korrektes Arbeiten mit Zitaten und Textbelegen
- sprachliche Korrektheit (Grammatik, Rechtschreibung, Zeichensetzung)

Die Ausarbeitung einer persönlichen Checkliste zur Textüberarbeitung hilft Ihnen, den Blick gezielt auf Ihre individuellen Problemfelder zu lenken.

Fehlerquellen ausschalten

Der Darstellungsleistung kommt in der schriftlichen Abiturprüfung eine wichtige Bedeutung zu. Auf dieser Seite finden Sie deshalb Tipps und Hinweise, wie häufige Fehlerquellen ausgeschaltet werden können, um Abstriche bei der Bewertung zu vermeiden. Erfahrungsgemäß treten Fehler vor allem in diesen Bereichen auf: Schreibweise von *das* und *dass*, Zeichensetzung, indirekte Rede, Zitieren und Angeben von Textstellen.

Schreibweise von *das* und *dass*

Bei *das* handelt es sich entweder um

a) den bestimmten Artikel *das: das Haus, das Auto, das Erfolgsrezept* oder

b) das Relativpronomen *das*, welches Nebensätze einleitet: *Das Buch, das ich lese, ist spannend.* Es kann zur Probe durch *welcher, welche, welches* ersetzt werden.

Man schreibt *dass*, wenn es sich um eine Konjunktion handelt, die Teilsätze miteinander verbindet. Das ist sehr häufig nach Verben des Sagens, Meinens, Glaubens und Denkens der Fall: *Am Ende glaubt die Hauptfigur, dass sie richtig gehandelt hat.*
Ich denke, dass (Konjunktion) das (Artikel) Buch, das (Relativpronomen) auf dem Tisch liegt, spannend ist.

Zeichensetzung

Infinitivgruppen

In den folgenden drei Fällen müssen bei Infinitivgruppen Kommas gesetzt werden:

- Die Infinitivgruppe wird mit um, ohne, anstatt oder als eingeleitet: *Der Erzähler schildert die Ereignisse, ohne sie zu kommentieren.*
- Die Infinitivgruppe hängt von einem Substantiv ab: *Karl Moor gibt den Befehl, endlich aufzubrechen.*
- Die Infinitivgruppe wird durch ein hinweisendes Wort angekündigt: *Karl Moor denkt daran, seine Geliebte noch einmal zu treffen.*

Satzreihen und Satzgefüge

- Bei *Satzreihen*, die aus zwei oder mehreren Hauptsätzen bestehen und durch Konjunktionen wie *und, oder, beziehungsweise/bzw., entweder – oder, nicht – noch* oder durch *weder – noch* verbunden sind, *kann* man ein Komma setzen. Bei längeren Sätzen sollten der besseren Lesbarkeit wegen Kommas gesetzt werden.
- *Satzgefüge*, die mindestens aus einem Hauptsatz und mindestens einem Nebensatz bestehen, werden durch Kommas abgetrennt. Die meisten Fehler werden gemacht, wenn ein Nebensatz in einen Hauptsatz eingeschoben ist, da dieser dann durch zwei Kommas abgetrennt werden muss: *Der Leser, der unmittelbar ins Geschehen einbezogen wird, kann die Gefühle gut nachvollziehen.*

Indirekte Fragesätze

Häufig wird das Komma vor indirekten Fragesätzen vergessen.
Alle Anwesenden fragten sich, warum es zu dem Konflikt kommen musste.
Sie wussten nicht, wie diese Auseinandersetzung zu vermeiden war.

Aufgabenarten im Landesabitur

Die Aufgabenstellungen im Landesabitur orientieren sich an den Aufgabenarten, die in den allgemeinen Standards der Kultusministerkonferenz aufgeführt sind.

Aufgabenarten für Leistungs- und Grundkurse

1) Textbezogenes Schreiben:
   - die Interpretation literarischer Texte
   - die Analyse pragmatischer Texte
   - die Erörterung literarischer Texte
   - die Erörterung pragmatischer Texte
   - die Kombinationen der genannten Aufgabenarten

2) Materialgestütztes Schreiben:
   - das Verfassen argumentierender Texte (verbindlich für 2019)
   - das Verfassen informierender Texte

1) Textbezogenes Schreiben

Beim textbezogenen Schreiben geht es darum, für Leser nachvollziehbar Struktur und Bedeutung von literarischen und pragmatischen (Sach-)Texten zu beschreiben, zu erläutern und zu erörtern. Interpretation literarischer Texte, Analyse pragmatischer Texte, Erörterung literarischer Texte und Erörterung pragmatischer Texte können in einer Aufgabenstellung auch kombiniert werden (etwa ausgehend von Analyse und Erörterung eines Sachtextes einen oder mehrere literarische Texte interpretieren).

Beispiel für eine Aufgabenstellung (siehe S. 50):

Aufgabenstellung

1. Geben Sie die zentralen Aussagen des Textes von Benjamin Lee Whorf wieder und erläutern Sie Whorfs Argumentation.

2. Analysieren Sie das Gedicht „Wünschelrute“ von Joseph von Eichendorff und zeigen Sie, welche Bedeutung der Sprache hier zugeschrieben wird.

3. Diskutieren Sie, welche Auffassung von Sprache und ihrer Funktion für das Erkennen von Wirklichkeit der Ich-Erzähler in dem Text „Ein Brief“ von Hugo von Hofmannsthal vertritt und inwiefern diese Auffassung der von Whorf bzw. der Eichendorffs entspricht.

Materialgrundlage

- Benjamin Lee Whorf: Die Grammatik formt den Gedanken. Aus: Ders., Sprache – Denken – Wirklichkeit: Beiträge zur Metalinguistik und Sprachphilosophie [1956]. Hrsg. und übers. von Peter Krausser. Reinbek: Rowohlt Taschenbuchverlag 1963, S. 11–12
- Joseph von Eichendorff: Wünschelrute. Aus: Ders., Gedichte. Frankfurt a. M.: Fischer Taschenbuch Verlag 2010, S. 108
- Hugo von Hofmannsthal: Gesammelte Werke in Einzelausgaben. Prosa II. Hrsg. von Herbert Steiner. Frankfurt a. M.: S. Fischer 1976. S. 7–20

Hier sind in der Regel drei Ebenen des Textbezuges durch die Aufgabenstellungen mit ihren spezifischen Operatoren benannt: die selbstständige Wiedergabe von (erzähltem bzw. dargestelltem) Geschehen bzw. von Aussagen zu Sachverhalten und Themen, die sachliche und objektivierende Beschreibung von Textstrukturen (Aufbau, Art und Weise des Sprachgebrauchs, Bedeutungsbildung) bzw. die begründete Zuweisung von Deutungen sowie die Diskussion von Für und Wider von Aussagen und Argumentationen.

2) Materialgestütztes Schreiben

Beim materialgestützten Schreiben geht es darum, zu einer bestimmten Frage- bzw. Themenstellung auf der Grundlage verschiedener Materialien (Sachtexte, Bilder, Grafiken usw.) einen eigenständigen Text zu verfassen. Je nach Aufgabe kann es sich dabei um einen informierenden oder argumentierenden Text handeln. Dazu sind aus den vorgelegten, unbekannten Materialien die wichtigen Informationen zu entnehmen, die für das jeweilige Schreibziel bedeutsam und notwendig sind. In jedem Fall verfassen Sie einen eigenen pragmatischen (Sach-)Text, der sich an eine bestimmte Adressatengruppe wendet (beispielweise Mitschüler, Lehrkräfte, Eltern oder auch eine größere Öffentlichkeit) und dabei die Anforderungen einer bestimmten Textsorte erfüllen soll (Leserbrief, Vorwort für einen Sammelband zu einem bestimmten Thema, Einführung in eine Podiumsdiskussion usw.).
Die Aufgabenstellung gibt dementsprechend ein konkretes Problem bzw. Thema vor sowie die Funktion, die der zu verfassende Text in der Kommunikationssituation für die Adressaten haben soll, nämlich entweder über einen komplexen Sachverhalt zu informieren oder von einer Argumentation zu einem Thema überzeugt zu werden. Dazu wird eine passende Kommunikationssituation sowie das Schreibziel beschrieben und erläutert. Materialien wie kontinuierliche Sachtexte in Form von Nachrichten, Kommentaren, Interviews usw. sowie diskontinuierliche Texte in Form von Bildern, Karikaturen, Diagrammen liegen bei und sind beim Verfassen des Textes zu berücksichtigen.
Die Aufgabenstellung besteht also in der Regel aus der sogenannten Ausgangssituation, dem eigentlichen Arbeitsauftrag sowie der Materialgrundlage. Die Ausgangssituation entspricht einer besonderen Kommunikationssituation mit Lesern, an die der Text gerichtet ist. Ebenso wird damit die Funktion sowie die Textsorte des zu schreibenden Textes festgelegt.

Beispiel für eine Aufgabenstellung

Aufgabenstellung

1. Angesichts der öffentlichen Diskussion um diskriminierende Wörter in einigen Werken der Kinder- und Jugendliteratur wird überlegt, diese Bücher in Ihrer Schulbibliothek durch überarbeitete Exemplare auszutauschen. In der Bibliothek soll ein Informationsblatt (Doppelseite) ausgelegt werden, das Schülerinnen und Schüler, Eltern und Lehrkräfte auf den nötigen Kenntnisstand bringt und mittels einer Umfrage die Nutzer der Bibliothek um Ihre Meinung bittet.

Kommunikationssituation ist die Diskussion, ob Kinder- und Jugendbücher, die diskriminierende Wörter erhalten, in der eigenen Schulbibliothek durch überarbeitete Ausgaben ausgetauscht werden sollen. Adressaten sind Schülerinnen und Schüler, Eltern und Lehrkräfte und die Textsorte ist ein Informationsblatt, das als Grundlage für die folgende Befragung dienen soll.

Beispiel für eine Aufgabenstellung

Aufgabenstellung

1. Verfassen Sie auf der Grundlage der Materialien M1 bis M5 einen informativen Textbeitrag für das Informationsblatt, indem Sie Anlass und Hintergrund der medialen Diskussion darstellen, die entscheidenden Argumente und Standpunkte in dieser Kontroverse erläutern und den Nutzern der Bibliothek eine Begründung für die Umfrage darlegen.

Beispiel für eine Aufgabenstellung (Materialgestütztes Verfassen eines argumentierenden Textes; siehe S. 55)

Aufgabenstellung

1. **Ausgangssituation**
„Du" wird längst nicht mehr nur in der Familie oder unter Freunden gesagt – auch in Deutschland. So wurde in manchen öffentlichen Einrichtungen schon ein „Duz-Schalter: Hier werden Sie geduzt" eingerichtet. Stirbt das Siezen in der deutschen Sprache aus? Ist es zeitgemäß, daran festzuhalten, oder sollten wir, wie schon in vielen anderen Bereichen, auf das „Sie" verzichten? Die Schulzeitung an Ihrer Schule bittet Lehrerinnen und Lehrer, Schülerinnen und Schüler sowie Eltern um Beiträge und Stellungnahmen zu dieser Diskussion.

   Arbeitsauftrag
Verfassen Sie auf der Grundlage der Materialien M1 bis M4 sowie Ihres eigenen fachlichen Wissens einen argumentierenden Textbeitrag für die Schulzeitung, in dem Sie Ihre eigene Position zum Thema begründen. Umreißen Sie dafür das zentrale Problem,

beschreiben Sie kurz die historische Entwicklung der Anredeformen in der deutschen Sprache und stellen Sie zentrale Standpunkte und Argumente in der aktuellen Diskussion dar.

Auch hier sind die Materialien entsprechend der Themenstellung auszuwerten und für den geforderten Text, hier ein Leserbrief, zu nutzen. Darüber hinaus wird die Auseinandersetzung mit verschiedenen Positionen zur Fragestellung sowie die Darstellung und Begründung einer eigenen Position gefordert.
Die Materialgrundlage führt die Materialien auf, aus denen die Informationen und Positionen zum Thema entnommen werden sollen. Die bibliografischen Angaben geben Auskunft über die Herkunft und damit eventuell über die Vertrauenswürdigkeit der Materialien sowie über ihre Aktualität. Es handelt sich bei den Materialien um Informationsquellen.
Anders als bei der Analyse eines Sachtextes geht es nicht darum, die einzelnen Materialien im Hinblick auf ihre inhaltlichen Aussagen, ihren Aufbau, ihre Argumentation sowie ihre sprachlich formale Gestaltung detailliert zu untersuchen. Vielmehr müssen zielbezogen Informationen entnommen und für den eigenen Text verarbeitet und genutzt werden.

Literarische Texte in Prüfungsaufgaben

Lyrische, epische und dramatische Texte in Prüfungsaufgaben

Die Analyse eines Gedichts, eines Romanauszugs oder einer Dramenszene kann prinzipiell in drei unterschiedlichen Aufgabenformen vorkommen:
- Textinterpretation als untersuchendes Erschließen literarischer Texte
- literarische Erörterung als erörterndes Erschließen literarischer Texte
- gestaltende Interpretation als gestaltendes Erschließen literarischer Texte

Diese Aufgabenarten können auch kombiniert werden.

Aufgrund der Vergleichbarkeit der Prüfungsleistung ist es eher unwahrscheinlich, dass eine Aufgabe gestellt wird, in der eine Szene oder ein Textauszug aus einem der Texte entnommen wird, die obligatorisch im Unterricht behandelt werden mussten. Wahrscheinlicher ist, dass ein anderer literarischer Text ausgewählt wird und im weiterführenden Schreibauftrag dazu aufgefordert wird, Bezüge zu einem der im Unterricht behandelten Texte herzustellen. Im Zusammenhang mit der Aufgabenform „Vergleichende Analyse“ ist es auch möglich, dass ein unbekanntes Gedicht, ein Auszug aus einem unbekannten Roman oder eine Szene aus einem unbekannten Drama analysiert und dabei mit einem bekannten Gedicht, mit dem Anfang oder mit einem Textauszug eines bekannten Romans oder mit einer Szene aus einem der bekannten Dramen verglichen werden soll. Denkbar ist auch, dass ein Sachtext (Rezension zu einem literarischen Text bzw. einer Inszenierung, ein programmatischer oder theoretischer Text) zu analysieren ist und im weiterführenden Schreibauftrag Bezüge zu den bekannten Werken hergestellt werden müssen.

Kompetenzen

Der Prüfling muss bei der Bearbeitung zeigen, dass er
- lyrische, epische und dramatische Texte anhand unterschiedlicher Präsentations- und Darstellungsformen unterscheiden und zentrale Merkmale der jeweiligen Gattung bestimmen kann,
- ein Inventar an Begriffen und Methoden zur Untersuchung von literarischen Texten kennt und anwenden kann,
- Elemente und Strukturen als Möglichkeiten der Handlungsführung erarbeiten, Raum-Zeit-Verhältnisse analysieren kann,
- Motive und Absichten, Haltungen und Verhaltensweisen, Entwicklungen und Diktion von Figuren erschließen kann (bei Lyrik nur bei Figurengedichten),
- unterschiedliche Redeformen (Dialog, Monolog, Chorlied im Drama, Erzählerbericht, Beschreibung, Reflexion, lyrischer Sprecher) unter Berücksichtigung kommunikativer und sprachlicher Aspekte untersuchen kann,
- szenische Verfahren der Interpretation anwenden kann und
- verschiedene Typen des Gedichts, des epischen Textes sowie des Dramas bestimmen und unterscheiden kann.

Prüfungsaufgabe: Analyse eines literarischen Textes mit anschließender Erörterung

Die Aufgabe besteht aus zwei Teilen:

1. Im ersten Teil wird eine vollständige Analyse eines gegebenen literarischen Textes erwartet. Der Auftrag kann entweder „Analysieren Sie das Gedicht von XY" lauten oder (mit einem besonderen Akzent versehen) „Analysieren Sie den Romananfang / den Romanauszug / die Dramenszene von XY unter der Berücksichtigung von XYZ (die biografischen Daten des Autors / die Personenkonstellation / die Schauplatzgestaltung / die Gesprächspositionen usw.)".
2. Der weiterführende Schreibauftrag kann dazu auffordern, einen zentralen Aspekt (z. B. die Einstellung oder das Verhalten einer Figur, das dramatische Konzept, bestimmte Leitmotive und deren Entwicklung usw.) des zu analysierenden Textes in Bezug zu einem der bekannten Texte zu setzen. Auch eine Auseinandersetzung mit einer Epoche oder einem Epochenumbruch, in der bzw. in dem das Thema oder das Motiv und dessen Darstellung prägenden Charakter und eine andersartige Verarbeitung gefunden haben, ist hier möglich. Als Auftrag wäre z. B. denkbar: „Erörtern Sie, inwieweit das im Gedichttitel angesprochene Thema in der Romantik vergleichbare Verarbeitungen gefunden hat." / „Erörtern Sie, inwieweit die Ich-Findung des Protagonisten in der Literatur der Gegenwart vergleichbare Verarbeitungen gefunden hat".

Beispiel- und Originalaufgaben in *Finale*:
→ S. 20 ff., S. 76 ff., S. 82 ff.

Prüfungsaufgabe: Analyse eines literarischen Textes mit anschließender gestaltender Interpretation

Diese Aufgabenform setzt voraus, dass eine Szene bzw. ein Textauszug aus einem der obligatorisch zu lesenden Texte für die Analyse ausgewählt wird, an die sich dann im zweiten Teil der Arbeit eine produktionsorientierte Bearbeitung anschließt. Aus den oben bereits genannten Gründen ist es unwahrscheinlich, dass diese Aufgabenform in der Prüfung gewählt wird, da nicht sichergestellt werden kann, dass der ausgewählte Textauszug oder das ausgewählte Gedicht in allen Kursen gleichermaßen intensiv im Unterricht bearbeitet worden ist. Zudem lassen sich für kreative Aufgabenstellungen nur schwer verbindliche Erwartungshaltungen formulieren, die zum Ansatz einer landesweit gültigen, standardisierten Korrektur und Benotung im Landesabitur aber erforderlich sind. Dennoch soll hier kurz angedeutet werden, wie eine solche Aufgabe zu bearbeiten wäre.

Auch diese Aufgabe besteht aus zwei Teilen:

1. Vergleiche vorherige Aufgabe (Analyse eines literarischen Textes mit anschließender Erörterung)
2. Im unmittelbaren Anschluss an die Analyse soll ein eigener Text entwickelt werden, der an die inhaltlichen und formalen Aspekte des Ausgangstextes anknüpft.

Zu Teilaufgabe 1:
Vergleiche die vorherige Aufgabe (Analyse eines literarischen Textes mit anschließender Erörterung)

Zu Teilaufgabe 2:
Die Aufgabenstellung hier könnte lauten:
„Analysieren Sie die Szene aus dem Drama XY und entwickeln Sie anschließend ein aus der Analyse zu begründendes Bühnenbild für die Inszenierung der Szene."
Oder: „Verfassen Sie einen inneren Monolog / einen Tagebuchauszug, der das Geschehen aus einer zeitlichen Distanz reflektiert."
Oder: „Schreiben Sie aus der Perspektive einer anderen Figur einen Brief an den Protagonisten, in dem Sie zu dessen Verhalten Stellung nehmen."

Beispiel- und Originalaufgaben in *Finale*:
→ S. 20 ff., S. 61 ff., S. 68 ff.

Prüfungsaufgabe: Vergleichende Analyse von literarischen Texten

Zwei literarische Texte sind miteinander zu vergleichen, wobei einer der Textauszüge aus einem bekannten und der andere aus einem fremden Text stammt bzw. einer der Texte ein bekanntes Gedicht, der andere ein unbekanntes Gedicht ist. Die Aufgabe kann aus einem einzigen Auftrag („Analysieren Sie vergleichend ...") bestehen, wenn zwei Texte/Textauszüge zusammengestellt sind, die auf Übereinstimmungen und Unterschiede hin zu untersuchen sind. Es ist aber auch möglich, dass ein Text/Textauszug aus einer im Unterricht mit Dramen-, Epik- oder Lyrik-Schwerpunkt behandelten Epoche in der ersten Teilaufgabe, wie auf Seite 113 oben angegeben, zu analysieren ist. Dann enthält die zweite Teilaufgabe den Auftrag zum Vergleich mit einem Text/Textauszug aus einer anderen Epoche.

Methodisch sind zwei Wege denkbar:
(1) Jeder Text wird gesondert analysiert und im Anschluss daran erfolgt ein Vergleich.
(2) Die Arbeit konzentriert sich von vornherein auf den Vergleich und integriert dabei die detaillierte Analyse der einzelnen Texte.

Der Vergleich der beiden Texte sollte folgende übergreifende Aspekte berücksichtigen und dabei Gemeinsamkeiten und Unterschiede herausstellen und begründen:
- begründete Einordnung in die literarischen Epochen, zu denen die Texte gehören bzw. gehören könnten
- die Form der Gattung, denen die Texte zuzuordnen sind
- funktionale sowie inhaltliche Einbettung der Textauszüge in den Kontext des gesamten Werks (soweit das möglich ist)
- Herausarbeitung des thematischen Schwerpunktes und gegliederte Inhaltswiedergabe des Textes/Textauszugs

- Textbeschreibung (formal-sprachliche Auffälligkeiten und Besonderheiten; Erzählsituation usw.)
- Darstellung des Themas/Motivs und dessen jeweilige Entwicklung im Gedicht
- Darstellung der Raum- und Zeitgestaltung sowie der Handlungsführung im dramatischen bzw. im epischen Text
- Charakterisierung der Figuren, deren Sprache und Milieuzugehörigkeit sowie der Figurenkonstellation
- Analyse der Dialoge unter sprachlichen und kommunikativen Schwerpunkten

Beispielaufgabe in *Finale*:
→ S. 29 ff.

Analyse und Interpretation literarischer Texte

Ihre Vorüberlegungen bzw. Vorarbeiten (→ S. 88) münden in eine schriftliche Ausarbeitung. Dabei kommt es einerseits darauf an, inhaltliche Aspekte, die sich je nach Textsorte unterscheiden können, zu beachten und andererseits sich generelle Strategien für das Verfassen der schriftlichen Abiturarbeit zu vergegenwärtigen.
Im Kapitel „Schreibstrategien verwenden“ (→ S. 96 ff.) finden Sie zuerst, in fünf Schritte unterteilt, eine empfohlene Vorgehensweise, um das Niederschreiben Ihrer Klausur zu organisieren. Im Anschluss daran (→ S. 99 f.) erhalten Sie zusätzliche Hilfen bei der Bewältigung typischer Schwierigkeiten, die beim Verfassen der Klausur auftreten können.

Sachtexte in Prüfungsaufgaben

In den Prüfungsaufgaben für das Abitur im Fach Deutsch finden Sie Sachtexte, die eine informierende, argumentative oder appellative Funktion als Schwerpunkt haben.

- Bei hauptsächlich *informierenden Sachtexten* handelt es sich in der Regel um literaturtheoretische oder literaturhistorische Analysen bzw. um wissenschaftliche oder auch populärwissenschaftliche Darstellungen zu kulturellen, gesellschaftlichen oder philosophischen Themen, die in der Qualifikationsphase angesprochen worden sind.
- *Argumentative Sachtexte* sind häufig Rezensionen oder Kritiken, die auf im Unterricht behandelte fiktionale Texte Bezug nehmen, oder Kommentare, die Position zu einem im Unterricht behandelten Thema beziehen.
- *Appellative Texte* sind häufig Auszüge aus Reden, deren historisch-gesellschaftlicher oder kultureller Kontext aus dem Unterricht bekannt ist.

Inhaltliches Vorwissen zu einem bestimmten Themenbereich erleichtert außerordentlich die Auseinandersetzung mit dazugehörigen Sachtexten.

Grundsätzlich unterscheidet man folgende Aufgabenarten:

- Textanalyse als untersuchendes Erschließen pragmatischer Texte
- Texterörterung: erörterndes Erschließen pragmatischer Texte
- adressatenbezogenes Schreiben zur gestaltenden Erschließung pragmatischer Texte (Sachtexte)
- adressatenbezogenes Schreiben auf der Basis untersuchenden Erschließens pragmatischer Texte

Kompetenzen

Der Prüfling muss bei der Bearbeitung der Prüfungsaufgaben zeigen, dass er

- Sachtexte sowohl mithilfe von Texterschließungsstrategien selbstständig erschließen als auch Sachtexte mithilfe von Schreibstrategien eigenständig verfassen kann,
- verschiedene prüfungsrelevante Textsorten erkennen und anhand ihrer textsortenspezifischen Merkmale unterscheiden kann,
- Informationen aus Sachtexten bezogen auf eine bestimmte Aufgabenstellung entnehmen, ordnen, vergleichen, prüfen, beurteilen und durch eigene Kenntnisse ergänzen kann,
- Text- und Argumentationsstrukturen erkennen und verbalisieren kann,
- Zusammenhänge zwischen der Intention des jeweiligen Autors, der Textsorte und der sprachlichen Gestaltung des Textes und der möglichen Wirkung auf den Leser aufzeigen kann und
- zu einem aufgezeigten Sachverhalt und dessen Darstellung sachlich fundiert und argumentativ schlüssig Stellung nehmen kann.

Prüfungsaufgabe: Analyse eines Sachtextes mit anschließender Erörterung

Die Aufgabe besteht aus zwei Teilaufgaben. In Teilaufgabe 1 wird ein informierender, argumentierender oder appellierender Sachtext im Hinblick auf seine zentralen Aussagen, seine Argumentationsstruktur und seine Machart analysiert.
In dem weiterführenden Schreibauftrag der Teilaufgabe 2 erfolgt eine Stellungnahme zu der Position des Autors. Diese kann auch mit einem produktionsorientierten Auftrag verbunden sein (z. B. einen Vortrag verfassen, einen Leserbrief schreiben).

Zu Teilaufgabe 1:
Es ist sehr hilfreich, die Ergebnisse der den Leseprozess begleitenden Textanalyse (→ S. 176 f.) in Form eines Rasters festzuhalten.

Zeilenzähler	Makrostruktur: Gliederung des Textes in Sinnabschnitte und Angabe ihrer Funktion	Mikrostruktur: Detailaussagen der Sinnabschnitte und ihre Funktion	Sprachliche Gestaltung und ihre jeweilige Funktion
Welche Zeilen umfasst jeweils ein Abschnitt?	In welche Sinnabschnitte ist der Text unterteilt? Welche Funktion haben die Sinnabschnitte? (Textaufhänger, These, Argumente, Beispiele ...)	Welche detaillierten inhaltlichen Aussagen enthalten die einzelnen Sinnabschnitte?	Mit welchen formalen und sprachlichen Mitteln wird der Argumentationsgang unterstützt?
	Welche Wirkung soll damit beim Adressaten erzeugt werden?		

Zu Teilaufgabe 2 bzw. 3:
In der zweiten Teilaufgabe wird zumeist eine Stellungnahme zu den Äußerungen des Autors bzw. eine Beurteilung seiner Position gefordert. Die Aufgaben lauten dementsprechend: *Nehmen Sie Stellung zu ..., Erörtern Sie ..., Beurteilen Sie ..., Setzen Sie sich in Form eines Leserbriefs kritisch mit der Position des Autors auseinander* usw.

Für die Bearbeitung der Aufgabe empfiehlt sich folgendes Vorgehen:
- präzise Formulierung des Sachverhalts / der Position, der/die beurteilt werden soll
- Darstellung der Kriterien, anhand derer beurteilt werden soll
- Überprüfung ausgewählter Aspekte des Sachtextes im Hinblick auf die Beurteilungskriterien:
  - Widerlegung bzw. Infragestellung ausgewählter Argumente des Autors
  - Ergänzung eigener zusätzlicher Argumente
- Gesamtbeurteilung: Zusammenfassung der Ergebnisse unter Abwägung des Argumentationsgangs
- gegebenenfalls ein Ausblick in Form von Schlussfolgerungen oder Formulierung offener Fragen

Beispielaufgabe in *Finale*: → S. 36 ff.

Prüfungsaufgabe: Vergleichende Analyse von Sachtexten

Zwei Sachtexte, deren fachlicher Hintergrund aus dem Unterricht bekannt ist, werden analysiert und im Hinblick auf ausgewählte Vergleichsaspekte miteinander verglichen. Dabei handelt sich zumeist um Sachtexte, die zu einem bestimmten Sachverhalt eine unterschiedliche Position einnehmen, z. B. zwei Rezensionen bewerten einen literarischen Text unterschiedlich.

Das folgende Raster ist bei der vergleichenden Analyse von Sachtexten hilfreich. In der dazugehörigen Aufgabe werden zwei Rezensionen, die bei der Besprechung eines literarischen Textes unterschiedliche Schwerpunkte setzen, miteinander verglichen.

Bezugspunkt: literarischer Text		
Text 1: Rezension A	**Vergleichspunkte** (übergeordnete Kategorien, die sich auf beide Texte anwenden lassen)	**Text 2: Rezension B**
	allgemeine Wertung	
	Figurendarstellung	
	Handlungsverlauf	
	zentrale Textstellen	
	Raumdarstellung	
	ästhetische Gestaltung	
Formulierung einer eigenen Position: – Wo liegen die Stärken bzw. die Schwachstellen beider Positionen? – Welche Position vertrete ich? – Wie kann ich meine Position begründen?		

Beispielaufgabe in *Finale*:
→ S. 50 ff.

Prüfungsaufgabe: Argumentative Entfaltung eines fachspezifischen Sachverhalts bzw. Problems oder eines Problems, dessen fachlicher Hintergrund aus dem Unterricht bekannt ist, im Anschluss an eine Textvorlage

Ein oder zwei Sachtexte werden im Hinblick auf ihre inhaltlichen Aussagen und ihre Argumentationsstruktur analysiert, bevor, ausgehend von diesen Positionen, eine eigenständige Problemerörterung erfolgt.

Im Unterschied zur Analyse eines Sachtextes mit weiterführendem Schreibauftrag wird hier erwartet, dass sich der Prüfling in *einem zusammenhängenden argumentativen Text* mit dem dargestellten Sachverhalt und dem Argumentationsgang auseinandersetzt und dabei vorhandenes Wissen unter einer neuen Fragestellung bearbeitet. Das heißt, die Textanalyse steht nicht im Mittelpunkt, sondern dient als Vorarbeit für einen erörternden Text.

Folgender Arbeitsplan kann hilfreich sein:

1. Arbeitsschritt Vorwissen aktivieren	– Was weiß ich zu dem vorgegebenen Thema? – Welche anderen Positionen zu diesem Thema sind mir bekannt?
2. Arbeitsschritt Analyse des vorgegebenen Sachtextes	– Mit welchem Thema beschäftigt sich der Autor genau? – Welche Position zu diesem Thema vertritt er? – Welche Argumentationsstruktur wählt er, um seinen Gedankengang zu verdeutlichen? – Welche anderen bekannten Positionen zu diesem Thema greift er auf?
3. Arbeitsschritt kritische Auseinandersetzung mit der in dem Sachtext vertretenen Position	– In welchen gedanklichen Zusammenhang (z. B. Forschungsansätze) lassen sich die Aussagen einordnen? – Wie können einzelne Aussagen konkretisiert werden (z. B. Anführung weiterer Fallbeispiele)? – Wie steht der Autor zu anderen gedanklichen Ansätzen zu diesem Thema, welche erwähnt er, welche nicht? – Welchen Stellenwert hat der vorliegende Denkansatz in der aktuellen Diskussion des Themas? – Welche Beiträge leisten andere bekannte Denkansätze zu diesem Thema? – Welche Einstellung/Position vertrete ich zu diesem Thema?
4. Arbeitsschritt Ausformulierung der Arbeitsergebnisse in einem zusammenhängenden argumentativen Text	

<u>Beispielaufgabe</u>
Geben Sie den Argumentationsgang des Textes xy wieder, erläutern Sie die einzelnen Aussagen durch Beispiele und nehmen Sie kritisch Stellung. Beziehen Sie sich bei Ihrer Stellungnahme auf andere Ihnen bekannte Positionen zu diesem Thema.

Literaturgeschichte im Überblick

Was ist Literaturgeschichte?

Angesichts der Vielfalt literarisch-historischer Erscheinungen – angefangen von Daten zur Geschichte bis hin zu philosophischen Strömungen und Einflüssen oder bedeutenden Autorinnen und Autoren – kann hier nur jeweils eine Übersicht dargeboten werden. Wiederholungs- oder Nacharbeitsbedarf besteht dann, wenn Begriffe nicht inhaltlich gefüllt werden können, Fakten unbekannt erscheinen oder Zusammenhänge zwischen Elementen der Übersichten nicht hergestellt werden können.

Literarische Werke, ihre gegenseitigen Einflüsse und Vernetzungen, sind in ihrer Gesamtheit unüberschaubar. Um dieser Unübersichtlichkeit zu begegnen, wird mithilfe der Epochenbegriffe versucht, literarische Werke, aus der jeweiligen Gegenwart begriffen, ein- und zuzuordnen. Mit dieser zeitlichen Unterteilung verbunden ist ein Verstehen in historischen sowie geistesgeschichtlichen Zusammenhängen; ein Verständnis, das den jeweiligen Text in seinen Kontext einbettet, soll dadurch erleichtert werden. Das Verfahren der Epochengliederung hat sich als das wirkungsmächtigste Konzept erwiesen, die Literatur chronologisch zu ordnen, ihre Geschichte bis in die Gegenwart hinein als überschaubar zu erfassen.
Der Epochenbegriff bezeichnet den Raum zwischen zwei Einschnitten, die häufig an historischen Daten orientiert gewählt sind. So wird die Literatur von 1830–1848 „Vormärz" genannt – mit der Julirevolution in Frankreich 1830 als einer Art Startschuss, mit der Märzrevolution 1848 in Deutschland als Abschluss.
Solche Epochenbegriffe können zwar der realen Fülle und Vielschichtigkeit der Literatur im entsprechenden Zeitraum nicht gerecht werden, sind aber als Beschreibungen üblich und in gewisser Weise notwendig. Über den Charakter als Konstruktion, also über die Notwendigkeit, Epochenbegriffe auf ihr Herkommen, ihren Gebrauch und ihre Leistung bzw. ihre Grenzen zu befragen, sollte sich der Nutzer dieser Begriffe klar sein. Auch die mit jedem Epochenbegriff verbundene Schwierigkeit einer Zuordnung, ohne dass das literarische Werk „in eine Schublade" gerät, muss sich derjenige, der einen Epochenbegriff benutzt, bewusst machen.
In der Literaturwissenschaft ist in den beiden letzten Jahrzehnten von Epochenumbrüchen die Rede. Mit dem Begriff *Epochenumbruch* ist der literarische Wandel stärker im Blick, auch das Gleichzeitige unterschiedlicher Bewegungen und Strömungen – man spricht auch von der „Gleichzeitigkeit des Ungleichzeitigen", besonders auffällig um 1900 – mit dem Akzent auf den daraus resultierenden bzw. darin ablesbaren kulturellen Veränderungen. Als Epochenumbrüche werden in der deutschen Literaturgeschichte vor allem die Zeit um 1800 und die Zeit um 1900 gesehen.
Grenzziehungen und Benennungen sind zwar durchaus unterschiedlich, gelegentlich kontrovers. Aber aus den üblichen Einteilungen lässt sich die folgende Epochenübersicht entnehmen:

Epochenübersicht

Zeit	Epoche	Ergänzende kultur- geschichtliche Begriffe
	Literatur vor 1700	
um 750–1600	Alt-, Mittel-, Frühneuhoch- deutsche Literatur	Renaissance, Humanismus
um 1600–1720	Barock	
	Epochenumbruch 18./19. Jahrhundert	
um 1720–1800	Aufklärung	
um 1740–ca. 1785	Sturm und Drang / Empfindsamkeit	
um 1786–1805	Klassik	Weimarer Klassik
um 1795–1840	Romantik	
um 1830–1848	Vormärz / Junges Deutschland	Biedermeier
	Epochenumbruch 19./20. Jahrhundert	
um 1850–1890	Realismus	
um 1880–1900	Naturalismus	
um 1905–1925	Expressionismus	Symbolismus, Impressionismus, Décadence-Literatur, Jugend- stil, Fin-de-Siècle-Literatur
um 1920–1933	Literatur der Weimarer Republik – Neue Sachlichkeit	
1933–1945	Exilliteratur	
	Literatur nach 1945	
1945–1960	Literatur der Nachkriegszeit (bis ca. 1960)	Kahlschlagliteratur, Literatur der Stunde null, Trümmerliteratur
ab 1960	Gegenwartsliteratur	

Literatur vor 1700

Alt-, Mittel- und Frühneuhochdeutsche Literatur

Epochenbegriff
Die drei ältesten Epochen deutschsprachiger Literatur sind an Einteilungen aus der Geschichte angelehnt und beschreiben zudem Entwicklungsschritte zum heutigen Deutsch: Von *althochdeutscher* Literatur ist – wie vom frühen Mittelalter – von 750 n. Chr. bis Mitte / Ende des 11. Jahrhunderts die Rede; *mittelhochdeutsche* Literatur reicht bis zum Ausgang des 15. Jahrhunderts, *frühneuhochdeutsch* bis 1600, verbunden mit *Humanismus* und *Reformation*.

Geschichte und Gesellschaft
um 700 Beginn der Ausbreitung des Christentums
768 – 814 Karl der Große (800: Kaiserkrönung)
1096 Erster Kreuzzug
1152 – 1190 Kaiser Friedrich I. Barbarossa (Stauferzeit)
um 1350 Pest in Europa
1356 Goldene Bulle
1452 Bibeldruck Gutenbergs
1492 Ch. Kolumbus in Amerika
1514 N. Kopernikus („Erde dreht sich um die Sonne“)
1517 Martin Luthers 95 Thesen
1524/25 Bauernaufstände

Literarisches Leben – Themen und Motive der Literatur
- Christianisierung einhergehend mit ausstrahlender Kultur der Klöster als Zentren von Bildung; dominant lateinische Zeugnisse
- Haupthelden und Handlungsträger in der hochmittelalterlichen Dichtung sind Vertreter der feudalen Führungsschicht (Helden- und Artusepik); Verarbeitung z. B. des Untergangs des Burgundenreichs im *Nibelungenlied*
- Weg zur deutschen Einheitssprache Kennzeichen des Frühneuhochdeutschen

Welt- und Menschenbild
- vor allem in mittel-/frühneuhochdeutscher Zeit Erfahrung der Spannung zwischen Gott und der Welt; Hinwendung zum Jenseits
- in der höfischen Kultur des Hochmittelalters stärkerer Bezug zum Diesseits, aber weiter mit der Aufgabe, Gott und den Menschen zu gefallen
- Wende zur Neuzeit mit zahlreichen Entdeckungen, vor allem der Veränderung zum heliozentrischen Weltbild (Kopernikus, Galilei)
- *Renaissance* als von Italien ausgehende allgemeine kulturelle Blüte; Rückgriff auf literarisches und philosophisches Erbe der Antike

Gattungen, Autor(inn)en, Werke
Hildebrandslied (um 810 niedergeschrieben), Heldenlied / Stabreimdichtung
Nibelungenlied (um 1200)
Hartmann von Aue (1168 – 1220) *Der arme Heinrich*
Wolfram von Eschenbach (um 1170 – 1220) *Parzival*
Walther von der Vogelweide (um 1170 – 1228) Minnelyrik, politische Lyrik
prägend: höfische Dichtung, höfischer Roman, Minnesang, Tagelied

Barock (um 1600 – 1720)

Epochenbegriff

Vom portugiesischen „barucco“ (schiefrunde Perle) abgeleitet, ist Barock zunächst als Stilbegriff für bildende Kunst und Musik benutzt und dann auf Literatur übertragen worden. Zunächst wurde Barock im Sinne von „Schwulst“ auch abwertend verwendet; erst im 19. Jahrhundert entwickelte sich eine positive Begriffsbedeutung. Im 20. Jahrhundert wurde Barock zum Epochenbegriff.

Geschichte und Gesellschaft

1517 Luthers Thesenanschlag: beginnender Gegensatz zwischen katholischen und protestantischen Staaten in Deutschland seit der Reformation

1618 – 1648 Verwüstung weiter Teile Deutschlands im Dreißigjährigen Krieg

1643 – 1715 Ludwig XIV.: frz. Absolutismus

1701 Brandenburg-Preußen Königreich

- Flickenteppich deutscher Fürstentümer und Kleinstaaten; Residenzstädte als Zentren der Künste
- Herausbilden des monarchischen Absolutismus nach frz. Vorbild; Bürger und Bauern dritter Stand nach Adel/Geistlichkeit
- Fortdauer der mittelalterlichen geburtsständischen Ordnung; noch keine allgemeine Bildung breiter Bevölkerungsschichten
- Chancen im neuen Wirtschaftssystem des Merkantilismus für das Gewerbe und Handel treibende Bürgertum
- Auslandsstudium von Männern aus Adel und gehobenem Bürgertum als Zeichen privilegierter Bildung
- katholischer Jesuitenorden einflussreich (Gegenreformation)

Welt- und Menschenbild

- irdische Ordnung weiterhin als Spiegel der göttlichen Heilsordnung (Einheit von Gott und Welt)
- scharfe Kontraste/Zweipoligkeit: Leben und Tod, Zeit und Ewigkeit, Diesseitsfreude und Jenseitssehnsucht
- *Rationalismus* und *Empirismus* versus Hang zur mystischen Innerlichkeit

Gattungen, Autor(inn)en, Werke

prägend: Sonett und Ode in der Lyrik; Petrarkismus, Regelpoetik von Martin Opitz (1597 – 1639)
Geistliches und weltliches Sonett:
Simon Dach (1605 – 1659),
Paul Fleming (1609 – 1640),
Andreas Gryphius (1616 – 1664),
Catharina Regina von Greiffenberg (1633 – 1694),
Christian Hofmann von Hofmannswaldau (1617 – 1697),
Paul Gerhardt (1607 – 1676)
Epigramm: Friedrich von Logau (1604 – 1655)
Schelmenroman: Hans Jakob Christoffel von Grimmelshausen (1621/22 – 1676) *Der abenteuerliche Simplicissimus Deutsch*

Literarisches Leben – Themen und Motive der Literatur

- weiter Dominanz des Lateinischen
- Alamode: Nachahmung frz. Kleidungsart und Lebensweise
- Sprachgesellschaften
- Vanitas – Memento mori / carpe diem als Lyrikmotive
- beliebte Zusammensetzung aus Bild und Text, als *Emblem* eigene Kunstform

Epochenumbruch 18./19. Jahrhundert

Von der Aufklärung bis zum Scheitern der bürgerlichen Revolution in Deutschland (um 1720–1848)

Um 1800 wird das literarische Selbstverständnis von Stilrichtungen, mentalen Konzepten und philosophischen Neuausrichtungen wie Aufklärung, Sturm und Drang, Empfindsamkeit, Klassik und Romantik geprägt, die sich als Reflexe auf eine Welt im beschleunigten Wandel und Umbruch deuten lassen. Zentrales Ereignis mit weitreichenden Wirkungen war die Französische Revolution 1789 mit ihrer Leitidee der Befreiung, der Emanzipation der Bürger.
Das gedankliche Rüstzeug für diese Bewegung ist in den Ideen der *Aufklärung* seit 1720 zu finden, angelegt bereits im wissenschaftlichen, philosophischen und technischen Erneuerungsschub um 1500, dem Herausbilden von Erkenntnissen jenseits des religiösen Anspruchs auf Allumfassendheit. Dass der absolutistische Staat des 16. und 17. Jahrhunderts vom ökonomisch und zunehmend auch politisch aufstrebenden Bürgertum nicht mehr als (alleiniges) Leitbild und damit der Adel nicht mehr (ausschließlich) als Schicht mit der Definitionsmacht für das dominante gesellschaftliche Ideal akzeptiert wurde, veränderte das literarische Leben zusehends.
Der Lebensentwurf und die Weltsicht des Bürgertums setzte sich in Mitteleuropa, auch in Deutschland, zunehmend durch: Der Standesdünkel des Adels mit den durch die Herkunft ererbten Privilegien war dem Verständnis vom Bürger mit Blick auf Entfaltung der Persönlichkeit, auf Vorrang der eigenen Leistung und Tugend allein schon in moralischer Hinsicht nicht gewachsen. Ob im streng rationalen Denken der *Aufklärung* oder im Geniekult des *Sturm und Drang*, ob in der allseitig gebildeten Persönlichkeit der *Klassik* oder im übersteigerten Ich der *Romantik* – in allen literarischen Strömungen sind der Einzelne und sein Wert, sein Engagement und letztlich seine Autonomie bedeutsamer als alle gesellschaftlichen Schranken.
Damit gehen gänzlich unterschiedliche politische Entwicklungen einher: Ist in Frankreich gleich dreimal (1789, 1830 und 1848) eine revolutionäre Bewegung von Erfolg – im Sinne veränderter Machtkonstellationen bzw. sozialer Träger – gekrönt, bleiben in Deutschland demokratische, auch nationale Hoffnungen nach den Befreiungskriegen 1813–1815 und im gesamten Zeitraum bis zur bürgerlichen Revolution 1848/49 und danach unerfüllt. Die Revolution in Deutschland fand allenfalls auf dem Papier (von Schriftstellern) statt. Die Autoren des *Vormärz* waren Opfer der restaurativ-autoritären Strukturen im von Österreich-Ungarn und Preußen geprägten Deutschland.
Das Überlappen der Epochen, die Gleichzeitigkeit stark divergierender Phänomene, ist ein Kennzeichen des Umbruchs um 1800. Lassen sich *Aufklärung* einerseits und *Sturm und Drang* bzw. *Empfindsamkeit* andererseits noch als Gegensätze und Ergänzung verstehen, sind *Klassik* und *Romantik* sowie *Romantik* und *Vormärz* kaum mehr in eine solche Beschreibung zu integrieren. Zuordnungen – etwa die Heinrich von Kleists zu *Klassik* oder *Romantik* – sind in unterschiedlicher Weise möglich; ein Autor wie Heinrich Heine zwischen *Romantik* und *Jungem Deutschland* verkörpert in seiner Person und seinem breiten literarischen Profil die Tendenzen seiner Zeit gleich mehrfach.

Aufklärung (um 1720–1800)

Epochenbegriff

Als besonderer Einschnitt wird aus Sicht von Zeitgenossen wie im Rückblick die Epoche der *Aufklärung* angesehen. Der Begriff – im Englischen und Französischen noch deutlicher als „age of enlightenment" bzw. „siècle de lumière" bezeichnet – steht für das Bild vom Licht, das der Gebrauch der Vernunft in die Menschheit bringe. Bei Immanuel Kant ist vom „Ausgang [des Menschen] aus seiner selbst verschuldeten Unmündigkeit" die Rede. Bürgerlich-philosophisches Aufbegehren gegen die Autorität von Adel und Kirche, Kritik am absoluten Wahrheitsanspruch der Religion und an der absoluten Monarchie spiegelten sich in der Literatur in neuen Genres wie dem bürgerlichen Trauerspiel wider.

Geschichte und Gesellschaft

1740 – 1786 Friedrich der Große
1755 Erdbeben von Lissabon
1756 – 1763 Siebenjähriger Krieg
1768 Erfindung der Dampfmaschine
1775 letzter Hexenprozess in Deutschland
1776 USA: Unabhängigkeitserklärung
1789 Französische Revolution

- Bürgertum als ökonomisch bedeutendste Schicht (Manufakturwesen)
- Aufgeklärter Absolutismus (Fürst als erster Diener des Staates)

Literarisches Leben – Themen und Motive der Literatur

- Universallexika, z. B. *Enzyklopädie* von Diderot und d'Alembert mit 35 Bänden als Darstellung des Wissens einer Zeit
- deutlich erweitertes Lesepublikum; erheblich größerer Markt für Zeitschriften und andere Publikationen
- Aufgabe von Dichtung ist „prodesse et delectare" (nützen und erfreuen) im Gegensatz zu höfischer Dekoration
- bürgerliches Trauerspiel in Abgrenzung von der Ständeklausel des Barock; Akzent als Familiendrama; Mitleiden des Zuschauers als Ziel

Welt- und Menschenbild

- Siegeszug der Naturwissenschaften und des naturwissenschaftlich geprägten Denkens
- Begründung der neuzeitlichen Philosophie durch R. Descartes (1596 –1650): „Ich denke, also bin ich." (Rationalismus)
- Wegbereiter der Aufklärung vor allem I. Newton, F. Bacon, B. Spinoza, J. Locke (Empirismus), in Deutschland G. W. Leibniz
- Immanuel Kant (1724 –1804) *Beantwortung der Frage: Was ist Aufklärung?*
- Fortschrittsglaube, Weisheit und Tugend als Kernbegriffe
- Menschenbild einer angeborenen Humanität, Toleranzgedanke

Gattungen, Autor(inn)en, Werke

J. Ch. Gottsched (1700 – 1766) *Versuch einer Critischen Dichtkunst vor die Deutschen*
G. E. Lessing (1729 – 1781) *Minna von Barnhelm, Emilia Galotti, Nathan der Weise, Hamburgische Dramaturgie, Fabeln*
Ch. M. Wieland (1733 – 1813) *Die Abderiten*
G. Ch. Lichtenberg (1742 – 1799) *Aphorismen*
Ch. F. D. Schubart (1739 – 1791) *Deutsche Chronik*
M. Claudius (1740–1815) Gedichte, Kurzprosa

Sturm und Drang / Empfindsamkeit (um 1740 – ca. 1785)

Epochenbegriff

Als eine europäische Gegenbewegung zur von der *Aufklärung* betonten Rationalität bildete sich die *Empfindsamkeit* heraus, die „Herz“ und „empfindsam“ zu Modewörtern werden ließ und Seele wie Sensibilität in den Mittelpunkt rückte. Eng damit verknüpft entwickelt sich – benannt nach dem Titel eines Dramas von Friedrich Maximilian Klinger (1752 – 1831) – die literarisch-revolutionäre Bewegung des *Sturm und Drang*. Junge Literaten feiern dabei den natürlichen, unverbildeten Menschen in seiner Individualität. Besonders hervorgehoben wird das Gefühlvolle und Schöpferische, zugespitzt im Begriff des „Genies“. Freiheit von Bevormundung und unbegründeter Autorität knüpfen an Gedankengut der Aufklärung an.

Geschichte und Gesellschaft

→ Aufklärung

1774 Erscheinen des *Werther* von J. W. Goethe

Literarisches Leben – Themen und Motive der Literatur

- Gefühlsintensität mit metaphorischen Wendungen wie „Meer der Empfindungen“, „Sturm der Begeisterung“ oder „Mutter Natur“
- Suche nach der natürlichen Form der Sprache, dem spontan Gesprochenen (z. B. Ausrufe, unvollständige Sätze im Drama)
- Vorstellung vom dichterischen Genie als Orientierung an der Bibel, Homer oder Shakespeare als idealisierte Beispiele für Weltliteratur
- „Wertherfieber“: Goethes Briefroman als Schlüsseltext der Epoche mit großer gesellschaftlicher Wirkung
- Genres wie *Tagebuch*, *Autobiografie* und *Briefroman* als Träger der Gefühlskultur
- Freiheitsdrang und Aufbegehren gegen Willkür ohne direkte politische Richtung in den Dramen von Schiller und Goethe
- Abkehr von Begrenzungen und formalen Regeln

Welt- und Menschenbild

- Einfluss des *Pietismus* (lat. *pietas* Frömmigkeit); Bewegung einer Erneuerung des Protestantismus, die dem Dogmatismus einer erstarrten Kirche entgegengesetzt auf eine alternative Frömmigkeit setzte
- Kultur der Affekte, Suche nach einer volksnahen, sinnenkräftigen und bildreichen Sprache
- Dichter als Schöpfer in Anlehnung an J. J. Rousseaus Aufforderung „Zurück zur Natur“
- Dichter des *Sturm und Drang* stark geprägt vom Pantheismus, der Vorstellung eines Weltganzen, in dem Mensch, Natur und All verbunden sind

Gattungen, Autor(inn)en, Werke

F. G. Klopstock (1724 – 1803) *Der Messias*

J. G. Herder (1744 – 1803) *Stimmen der Völker in Liedern*

J. M. R. Lenz (1751 – 1792) *Der Hofmeister, Die Soldaten*

J. W. Goethe (1749 – 1832) *Götz von Berlichingen, Die Leiden des jungen Werthers*, Gedichte (u. a. *Prometheus, Willkommen und Abschied, Mailied*)

F. Schiller (1759 – 1805) *Die Räuber, Kabale und Liebe*

Klassik (um 1786–1805)

Epochenbegriff

Ein „classicus“ (ein Bevorzugter) war bei den Römern ein Bürger erster Klasse. Davon abgeleitet meint *Klassik* einerseits die Blütezeit in der Dichtung oder in den Künsten allgemein eines Volkes oder einer Nation, anderseits bei der *deutschen Klassik* eine Orientierung am Vorbild der Antike, für die Klassiker der Inbegriff der Vollkommenheit. Während als *englische Klassik* die Zeit Shakespeares gilt, ist *Klassik in der deutschen Literatur* mit Goethe und Schiller verbunden, vor allem mit ihrem gemeinsamen Wirken in Weimar. Nach dieser Einteilung ist Schillers Todesjahr 1805 als Ende der Epoche gesetzt, in anderen Versionen Goethes Todesjahr 1832. Auch Hölderlin, Kleist und Jean Paul werden in einigen Darstellungen zu den Autoren der Klassik gezählt.

Geschichte und Gesellschaft

1793 Französische Revolutionstruppen im Rheinland, Gründung deutscher Jakobinerklubs

1799 Staatsstreich Napoleon Bonapartes

1803 Reichsdeputationshauptschluss; Neuordnung in Deutschland unter französischem Einfluss

1804 Code civil; Schaffen modernen Rechts durch Napoleon Bonaparte

Literarisches Leben – Themen und Motive der Literatur

- Freundschaft von Goethe und Schiller (1794–1805): *Xenien*
- Weimar als kulturelles Zentrum mit europäischer Ausstrahlung: *Weimarer Klassik*
- Ausgleich und Harmonie in der künstlerischen Gestaltung nach antikem Vorbild
- leitende Vorstellung eines organischen Wachstums, das dichterisch zu gestalten sei, verknüpft mit Vernunft, Selbstzucht und sittlicher Läuterung
- Konzept der ästhetischen Erziehung zur Veredelung des individuellen Charakters
- Monatsschrift *Die Horen*, herausgegeben von Schiller, als Programmschrift der deutschen Klassik

Welt- und Menschenbild

- Antikeverklärung als „edle Einfalt und stille Größe“ (Kunsthistoriker J. J. Winckelmann)
- Streben nach Vorbildhaftem, Normsetzendem, überzeitlich Gültigem; Empfänglichkeit für „alles Gute, Schöne, Große, Wahre“ (Goethes *Maximen und Reflexionen*)
- Ideal der Humanität in Anlehnung an Leitgedanken der Aufklärung, reflektiert durch Erfahrung mit der Französischen Revolution und der Schreckensherrschaft 1792–1794
- Abkehr vom Subjektivismus des *Sturm und Drang*

Gattungen, Autor(inn)en, Werke

J. W. Goethe (1749–1832) *Egmont, Iphigenie auf Tauris, Hermann und Dorothea, Faust I und II; Wilhelm Meisters Lehrjahre, Dichtung und Wahrheit;* Gedichte

F. Schiller (1759–1805) *Don Carlos, Maria Stuart, Wallenstein-Trilogie, Die Jungfrau von Orleans;* Gedichte/Balladen: *Die Bürgschaft, Der Ring des Polykrates*

J. Paul (1763–1825) *Titan, Flegeljahre*

F. Hölderlin (1770–1843) *Hyperion*

H. v. Kleist (1777–1811) *Michael Kohlhaas, Prinz Friedrich von Homburg, Der zerbrochene Krug*

Romantik (um 1795 – 1840)

Epochenbegriff

Die Epochenbezeichnung *Romantik* lässt zwar Bezüge zum heutigen Verständnis des Begriffs erkennen, darf aber nicht mit dem Klischee von Romantik – etwa aus der Werbung – verwechselt werden. Eine Betonung des Gefühls ist durchaus Kennzeichen der *Romantik*, dabei geht es den Romantikern um Intensivierung des Lebens, um das Wunderbare und Geheimnisvolle – bis hin zum Dunklen, Geheimnisvollen und Abseitigen. Es besteht eine Sehnsucht nach Entgrenzung und unerreichbarer Ferne, auch eine Idealisierung von Vergangenem, z. B. des Mittelalters. Dabei wird die angestrebte Intensivierung durch ein Poetisieren der Welt erreicht. Statt Auseinandersetzung mit der Wirklichkeit, z. B. der beginnenden Industrialisierung, ist eine Verklärung von Natur zur Idylle kennzeichnend.

Geschichte und Gesellschaft

→ Klassik

1804 – 1814 Napoleon I.

1806 Ende des Hl. Römischen Reiches deutscher Nation

1806 Schlacht von Jena und Auerstedt: vernichtende Niederlage Preußens

1807 – 1814 Preußische Reformen

1813 „Völkerschlacht" bei Leipzig

1813 – 1815 Befreiungskriege

→ Vormärz / Junges Deutschland

Literarisches Leben – Themen und Motive der Literatur

- Interesse an Geschichte, Sprache, Poesie und Mythologie des deutschen Volkes (Mittelalter, *Nibelungenlied*)
- Lebens- und literarische Haltung mit Konzentration auf das Private (Lebensglück in der Familie) und Hang zum Resignativen
- drei Zentren: Frühromantiker um die Gebrüder Schlegel (romantische Ironie); Heidelberger Romantik um A. v. Arnim und C. Brentano; schwäbische Romantiker: G. Schwab, W. Hauff, L. Uhland
- Lyriker der Befreiungskriege, u. a. Th. Körner und E. M. Arndt, mit nationalistischen Tönen
- Vorliebe für Volkslieder (Sammlung *Des Knaben Wunderhorn* von C. Brentano und A. v. Arnim), Märchen (J. und W. Grimm) und fantastische Erzählungen

Welt- und Menschenbild

- Philosophie des deutschen Idealismus, vor allem geprägt von J. G. Fichte (1762 – 1814)
- intensiv gelebtes Christentum bei einigen Romantikern, auch Einbeziehen der Schriften von F. Schleiermacher (1768 – 1834) *Über die Religion, Reden an die Gebildeten unter ihren Verächtern*

Gattungen, Autor(inn)en, Werke

A. W. Schlegel (1767 – 1845) *Vorlesungen*

Rahel Varnhagen van Ense (1771 – 1833) Briefe, Tagebücher

Novalis (1772 – 1801) *Heinrich von Ofterdingen*

F. Schlegel (1772 – 1829) *Lucinde*

L. Tieck (1773 – 1853) *Der blonde Eckbert*

E. T. A. Hoffmann (1776 – 1822) *Lebensansichten des Katers Murr*

C. Brentano (1778 – 1842) Gedichte u. a. *Der Spinnerin Nachtlied*

J. v. Eichendorff (1788 – 1857) *Aus dem Leben eines Taugenichts*

H. Heine (1797 – 1856) *Das Buch der Lieder*

W. Hauff (1802 – 1827) Märchen; *Das kalte Herz*

Vormärz / Junges Deutschland (um 1830 – 1848)

Epochenbegriff

Als *Vormärz* wird die Zeit nach der Julirevolution in Frankreich 1830 bis zur Märzrevolution in Deutschland 1848 bezeichnet. Gemeint sind Autorinnen und Autoren, die im Gegensatz zu den Romantikern – aber durchaus auch in Überschneidungen – in ihren Werken politisch Position bezogen und damit häufig das Risiko von Verhaftung oder Exil in Kauf nahmen. Einige Schriftsteller bildeten als das *Junge Deutschland* eine Oppositionsgruppe, darunter Ludwig Börne und Heinrich Heine. *Biedermeier* meint hingegen die zeitgleich zu beobachtende literarische Strömung eines Rückzugs, einer Akzeptanz des Bestehenden in der Nachfolge der *Romantik*.

Geschichte und Gesellschaft

1814/15 Wiener Kongress, politische Restauration mit Gründung des Deutschen Bundes und der „Heiligen Allianz“
1817 Wartburgfest
1819 Karlsbader Beschlüsse, Verfolgung sog. Demagogen
1830 Julirevolution in Frankreich und revolutionäre Bewegungen in Europa
1832 Hambacher Fest
1835 Erste Eisenbahn in Deutschland
1837 Professorenprotest der „Göttinger Sieben“
1844 Schlesischer Weberaufstand
1848 „Märzrevolution“ in Berlin und Wien; erste deutsche Nationalversammlung in der Frankfurter Paulskirche
1849 Ablehnung der Verfassung durch den preußischen König; Scheitern der demokratischen Bewegung

Literarisches Leben – Themen und Motive der Literatur

- satirische Feuilletons, Flugschriften und Kampflieder von literarischem Rang; Ironie als Waffe gegen Zensur
- erste sozialkritische Dramen mit naturalistischen Zügen (G. Büchner *Woyzeck*)

Welt- und Menschenbild

- Parteinahme für demokratische, soziale Bewegungen und für die nationale Einheit Deutschlands
- Selbstverständnis als Vorreiter gesellschaftlicher Emanzipation
- Abgrenzung von Weimarer Klassik und Romantik (H. Heine: „Ende der Kunstperiode“)
- Aufwertung journalistischer Formen und journalistischer Tätigkeit von Schriftstellern

Gattungen, Autor(inn)en, Werke

H. Heine (1797 – 1856) journalistische Texte, Reisebilder, Gedichte, Verserzählung: *Deutschland. Ein Wintermärchen*
G. Herwegh (1817 – 1875) Gedichte
F. Freiligrath (1810 – 1876) Gedichte
L. Börne (1786 – 1837) Politische Schriften
G. Weerth (1822 – 1856) Gedichte
G. Büchner (1813 – 1837) *Dantons Tod*, *Woyzeck*; *Leonce und Lena*; *Lenz*; *Der Hessische Landbote*

Biedermeier

A. v. Droste-Hülshoff (1797 – 1848) *Die Judenbuche*
E. Mörike (1804 – 1875) Gedichte
A. Stifter (1805 – 1868) *Der Nachsommer*

Epochenumbruch 19./20. Jahrhundert

Literarische Moderne (um 1880 – 1925)

Das Nebeneinander bzw. die Gleichzeitigkeit unterschiedlichster, z. T. widersprüchlichster literarischer Strömungen, Stile (Stilpluralismus), Tendenzen, Entwürfe, Programme (Polarität), basierend auf der Orientierungslosigkeit in einer durch gesellschaftliche, ideologische, normative und ästhetische Brüche gekennzeichneten Welt prägt die Zeit um 1900. Laut Thomas Mann weist dies auf den „Willensausdruck dieser sehr reich bewegten Zeit, in der viele Strömungen [...] sich überkreuzten und ineinander übergingen" hin. Man spricht auch von der „Gleichzeitigkeit des Ungleichzeitigen": Der Widerspruch, z. B. zwischen dem sich als autonom verstehenden Individualkunstwerk und der entstehenden Massenkultur (Trivialliteratur), gilt als Grundmuster der „Literarischen Moderne". Die propagierte „Modernität" ist das gemeinsame Bindeglied dieser heterogenen und disparaten Richtungen und Stile, weshalb die Zeit vor dem Ersten Weltkrieg heute nicht als das Ende des 19. Jahrhunderts, sondern als der Beginn des 20. Jahrhunderts gesehen wird.
Den anerkannten literarischen Strömungen des Naturalismus, Impressionismus und Expressionismus werden andere Stilrichtungen, die aus der bildenden Kunst oder aus dem französischen Kulturraum übernommen wurden, an die Seite gestellt: *Symbolismus, Ästhetizismus, Décadence, Fin de Siècle, Neuklassik, Neuromantik, Jugendstil, Dadaismus* und v. a. m. Allen gemeinsam ist ein verändertes, z. T. neues Verhältnis zur Sprache, deren Leistungsfähigkeit als Mittel der Kommunikation als problematisch erlebt wurde (Sprachkrise als Bewusstseins- und Wahrnehmungskrise). Wichtigstes Dokument dieser Sprachskepsis ist Hugo von Hofmannsthals fiktiver Brief des Lord Chandos („Ein Brief", 1901, → S. 187). Zu den bedeutendsten Autoren der Zeit zählen neben Hugo von Hofmannsthal Stefan George, Franz Kafka, Thomas und Heinrich Mann, Robert Musil und Rainer Maria Rilke.
Anhand der oben skizzierten Auffächerung der Literatur der Jahrhundertwende mit ihren unterschiedlichen Strömungen und Tendenzen, den teils aus der bildenden Kunst, aus der Architektur, der Geschichte übernommenen Bezeichnungen lässt sich das grundsätzliche Problem der Einteilung der Literatur in Epochen, die vermeintlich streng voneinander getrennt sind, sehr gut demonstrieren. Daher legitimiert sich auch der Begriff des Epochenumbruchs um 1900, da dieser die literarischen Erscheinungen im Sinne der Diskontinuität hervorhebt. Gerade die divergierenden mentalen und kulturellen Konzepte, die sich teils ergänzen, teils miteinander konkurrieren oder sich widersprechen, befördern die Differenzqualität der einzelnen literarischen Strömungen. Diese Epochenumbrüche lassen sich besonders für die Zeit um 1800, um 1900, aber auch um 2000 feststellen. Im Spannungsfeld der ästhetischen Konzepte reagieren die Autorinnen und Autoren direkt oder verzögert auf die rasanten Veränderungen ihrer Lebenswelt, auf politische Veränderungen oder Modernisierungsschübe, wie z. B. in der Technik.

Realismus (um 1850 – 1890)

Epochenbegriff

Man unterscheidet zwischen typologischem Realismusbegriff (Realismus als epochenübergreifendes Darstellungsmerkmal) und literaturgeschichtlichem Epochenbegriff *Realismus*. Der Epochenbegriff *Realismus* bezeichnet die europäische Literaturepoche zwischen Romantik und Naturalismus. Wirklichkeitsnähe, Lebensechtheit, Widerspiegelung der Alltagswelt sind gefordert, außerdem Beispielhaftigkeit, Verdichtung, Verklärung („poetischer Realismus“) im Sinne eines poetischen Mehrwerts, der das gewöhnliche Bild der Erscheinungen übersteigt. Die Wirklichkeit soll durch Auswahl und Konzentration auf Details entstehen, die Distanzierung des Autors wird gefordert.

Geschichte und Gesellschaft

1848/49 gescheiterte Revolution
ab 1864 Aufstieg Preußens
1870/71 Deutsch-französischer Krieg, Proklamation des preußischen Königs Wilhelm I. zum Deutschen Kaiser in Versailles, Einigung des Reichs, Bismarck Reichskanzler („Gründerzeit“)
1878 „Sozialistengesetze“: Unterdrückung sozialdemokratischer Gruppierungen
1888 – 1918 Wilhelm II. deutscher Kaiser („Wilhelminisches Zeitalter“); Beginn des deutschen Imperialismus

- zunehmende Industrialisierung; rasante Technikentwicklung, beschleunigte Lebensverhältnisse; Urbanisierung, Proletarisierung der Arbeiterschicht, soziale Probleme (Klassengegensätze)
- Tendenzen weiblicher Emanzipation: Frauen im Erwerbsleben, zunehmendes Infragestellen traditioneller Rollenbilder

Literarisches Leben – Themen und Motive der Literatur

- großer Einfluss frz. und russ. Epik auf den deutschen Roman (G. Flaubert *Madame Bovary*; L. Tolstoi *Anna Karenina, Krieg und Frieden*)
- Auseinandersetzung von Individuum und Gesellschaft
- soziale und politische Fragen der Zeit, Eheprobleme: kritische Reflexion in Bildungsromanen

Welt- und Menschenbild

- große Veränderungen, aufkommende Naturwissenschaften bewirken sowohl Fortschrittsglauben als auch Orientierungslosigkeit durch Verlust von traditionellen Werten und Normen
- materialistische, diesseits orientierte Grundhaltung, Bedeutungsverlust der Religion
- in Teilen des Bildungsbürgertums trotz wirtschaftlicher Prosperität eher resignative Grundstimmung; konservative Wertehaltung, Gebundenheit an soziale Schicht
- Adel und Offizierskorps bestimmen weitgehend das gesellschaftliche Leben, Vorbildfunktion alles Militärischen: Untertanenmentalität, Pflichterfüllung gegenüber dem Staat

Gattungen, Autor(inn)en, Werke

bevorzugte Gattung: Epik
F. Hebbel (1813 – 1863) *Maria Magdalena* (Drama)
Th. Storm (1817 – 1888) *Pole Poppenspäler, Der Schimmelreiter, Immensee*
Th. Fontane (1819 – 1898) *Irrungen, Wirrungen, Frau Jenny Treibel, Effi Briest*
G. Keller (1819 – 1890) *Die Leute von Seldwyla, Der grüne Heinrich*
C. F. Meyer (1825 – 1889) *Das Amulett, Der Schuss von der Kanzel*
A. Stifter (1805 – 1868) *Nachsommer, Bunte Steine*
Gustav Freytag (1816 – 1895) *Soll und Haben*

Naturalismus (um 1880–1900)

Epochenbegriff

Der Naturalismus gilt als europäische Strömung; Vorbilder für die deutsche Literatur sind die gesellschaftskritischen Romane des Franzosen É. Zola, die skandinavische Literatur von H. Ibsen, A. Strindberg, die russische von F. Dostojewski, M. Gorki. Das Programm des Realismus wird eingeengt auf a) die Darstellung des Elends von Kleinbürgertum und Proletariat, b) die Kritik an der Doppelmoral und Gleichgültigkeit des Bürgertums hinsichtlich ungelöster sozialer Probleme der Industriegesellschaft. Von Arno Holz wird die Formel *Kunst = Natur – x* entwickelt; x soll möglichst klein sein, d. h., das Kunstwerk gilt als umso vollkommener, je mehr es sich der Natur (= die sozialen Verhältnisse) annähert. Das bedeutet eine möglichst objektive Darstellung der Wirklichkeit, Absehen von der subjektiven Meinung und Deutung der Künstler. Neue Darstellungsmittel werden eingesetzt wie Dialekt und Umgangssprache, Verzicht auf gebundene Sprache (gilt als unnatürlich), *Sekundenstil* (Deckungsgleichheit von erzählter Zeit und Erzählzeit).

Geschichte und Gesellschaft

um 1890 erste Regierungsjahre Wilhelms II., letzte Regierungsjahre Bismarcks: deutschnationale Euphorie

- Hochphase des deutschen Imperialismus (Tendenz zum Militarismus)
- einseitige Entwicklung und Verteilung des Kapitals (u. a. durch Bismarcks Schutzzollpolitik)
- Zuspitzung der sozialen Lage, Verschärfung gesellschaftlicher Gegensätze

Literarisches Leben – Themen und Motive der Literatur

- sozialkritische Tendenzen, Künstler in Opposition zur gutbürgerlichen Gesellschaftsordnung
- Durchschnittsmenschen als Produkt ihres Milieus, ihrer Umgebung
- Großstadt: Arbeitermilieu, Mietskasernen, Elendsquartiere, Arbeits- und Obdachlosigkeit, Familienprobleme, soziale Verelendung, Krankheit, Alkoholismus
- von Wilhelm II. als „Rinnsteinkunst“ diffamiert

Welt- und Menschenbild

- Einbeziehung neuster Erkenntnisse der Naturwissenschaften; antimetaphysischer, empirischer Positivismus
- Einfluss der deterministischen Gesellschaftstheorie des französischen Philosophen Auguste Comte
- der Mensch wird im Bedingungsgefüge (Determinismus) von Psyche, Trieben, sozialem Milieu und Umwelt gesehen und begriffen, dadurch werden seine Verhaltensweisen determiniert
- Leugnung des freien Willens zugunsten eines kausalgesetzlichen Ablaufs der Dinge

Gattungen, Autor(inn)en, Werke

Dominanz des Dramas

Johannes Schlaf (1862–1941) und Arno Holz (1862–1941) beide vor allem als Autorenteam tätig: *Papa Hamlet, Die Familie Selicke*

G. Hauptmann (1862–1946) *Vor Sonnenaufgang, Der Biberpelz, Die Ratten, Die Weber*

Expressionismus (um 1905 – 1925)

Epochenbegriff

1911 wird *Expressionismus* als Begriff für eine Berliner Sammelausstellung französischer Maler verwendet, danach auf die Literatur übertragen und gilt als Ausdruck des Protests junger Künstler aus mittelständischem, z. T. großbürgerlichem Milieu (oft Doppelbegabungen) gegen das wilhelminische Bürgertum mit seinen erstarrten Konventionen sowie das kapitalistische Wirtschaftssystem. Der Zusammenschluss von Künstlergruppen spiegelt sich in einer Vielzahl von Manifesten und Programmatiken. Die Suche nach dem „Neuen Menschen" („Menschheitspathos"), nach ihm adäquaten neuen Ausdrucksformen, findet sich vor allem in Lyrik und Drama: Ablehnung des Mimesis-Gedankens der Kunst, Propagierung der „Ästhetik des Hässlichen". Oft stehen traditionelle Form (z. B. Sonett) und provozierender Inhalt als Ausdruck für katastrophale Erschütterungen der Zeit in Kontrast. Asyndetischer Reihungsstil, elliptischer Satzbau, starke Bildlichkeit und Metaphorik, Farbsymbolik, Synästhesie, Neologismen und Montage sind weitere epochentypische Mittel und Formen.

Geschichte und Gesellschaft

1908 Automobilisierung (Fließbandproduktion Ford)
1910 Halleyscher Komet: Hoffnung auf Erneuerung und Angst vor Untergang der alten Gesellschaftsordnung
1912 Untergang der *Titanic*: Erschütterung des Fortschrittsglaubens
1914 – 18 Erster Weltkrieg: Zusammenbruch der k.u.k.-Monarchie, Niederlage Deutschlands, Abdankung des Kaisers
1915 A. Einsteins Relativitätstheorie
1917 Russische Oktoberrevolution
1918 Bürgerkrieg in Berlin, Münchner Räterepublik
1918/19 Friedensvertrag von Versailles; Weimarer Republik; „Dolchstoßlegende", hohe Reparationszahlungen Deutschlands

- neue Medien: Rundfunk und Film vereinnahmen die Unterhaltungsindustrie

Welt- und Menschenbild

- kritische Auseinandersetzung mit den Errungenschaften der modernen Zivilisation
- Protestbewegungen gegen erstarrte Konventionen und verlogene Moral einer als überkommen empfundenen bürgerlichen Gesellschaft
- „Janusgesicht der Moderne": Zukunftseuphorie sowie Skepsis gegenüber Technik und Erneuerung; Kriegseuphorie sowie totale Ablehnung des Krieges, Pazifismus
- Kunst als Beitrag zur Weltveränderung

Gattungen, Autor(inn)en, Werke

vorherrschende Gattung: Lyrik, später auch Drama (G. Kaiser); K. Pinthus' Anthologie *Menschheitsdämmerung*
Gottfried Benn, Paul Boldt, Jakob van Hoddis, Georg Heym, Else Lasker-Schüler, Alfred Lichtenstein, Oskar Loerke, Ernst Stadler, August Stramm, Georg Trakl

Literarisches Leben – Themen und Motive der Literatur

- Weltende, Apokalypse, Werteverfall, Gewaltfantasien: Endzeitstimmung als Bild für den Zusammenbruch der abendländischen Kultur
- Großstadt mit all ihren Facetten; antiidyllische Naturlyrik
- kritische Auseinandersetzung mit technischem Fortschritt (Eisenbahn)
- Krieg, Tod, Sinnlosigkeit des Lebens; Orientierungslosigkeit, Dissoziation des Ich, Anonymität, Kommunikationslosigkeit
- Visionen von Aufbruch, Revolution

Literatur der Weimarer Republik – Neue Sachlichkeit (um 1920–1933)

Epochenbegriff

Neue Sachlichkeit beschreibt eine literarische Strömung als Reaktion auf den oft pathetischen, irrationalen Spätexpressionismus. Stark beeinflusst durch den funktionalen, sachlichen Stil der Architektur des *Bauhauses* kehrt sie zurück zur zeitgenössischen Gegenwart mit ihren sozialen und politischen Problemen. Das Interesse am Inhalt übersteigt das an der Form (teils noch expressionistischen Formen verhaftet): Tatsachenorientierte, oft dokumentarische Literatur analog zu den politischen Gegensätzen der Weimarer Republik entsteht mit der Folge eines kulturellen Pluralismus und der Dominanz des Politischen und Ideologischen vor der künstlerischen Gestaltung. Massenproduktion, Massenmedien, Kunst für die Massen führen zu einer zunehmenden Kluft zwischen Trivialliteratur und gehobener, elitärer Literatur.

Geschichte und Gesellschaft

1923 Hitlerputsch

ab 1924 relative Stabilität, die „Goldenen Zwanziger"; Berlin als kulturelles und wissenschaftliches Zentrum der Republik: Kinos, freie Bühnen, Blüte des Kabaretts, Vielzahl von Zeitungen und Zeitschriften

1929 Börsenkrach in New York, Weltwirtschaftskrise, hohe Arbeitslosigkeit

1933 nationalsozialistische Machtergreifung

- zu Beginn der 1920er-Jahre eine Nation ohne Konsens: gegensätzlichste politische und ideologische Richtungen und Standpunkte; dadurch bürgerkriegsähnliche Zustände
- Nachkriegswirren, Inflation, Besetzung des Ruhrgebiets

Literarisches Leben – Themen und Motive der Literatur

- zeitgenössische Großstadt
- Alltags- und Arbeitsleben von Durchschnittsmenschen
- moderne Medien und Technik
- Collage- und Montagetechnik

Welt- und Menschenbild

- „Tanz am Rande des Vulkans": ambivalentes Lebensgefühl zwischen Sicherheit und Unsicherheit
- Krise des Parteienstaates: Antagonismus der gesellschaftlichen und politischen Gruppierungen, demokratische und antidemokratische Kräfte
- zunehmende Kapitalisierung der Wirtschaft, neue Arbeitsplätze und Berufsbilder, bessere Schulbildung sowie zunehmende Berufstätigkeit und damit Emanzipation von Frauen

Gattungen, Autor(inn)en, Werke

journalistische Textsorten und Kritiken (Alfred Kerr, Egon Erwin Kisch, Karl Kraus, Kurt Tucholsky)

vorherrschende Gattungen: *Reportage, Feature, Zeit- und Lehrstück, Gegenwartsroman, Gebrauchslyrik, Literaturkritik*

Bertolt Brecht, Alfred Döblin, Hans Fallada, Lion Feuchtwanger, Hermann Hesse, Ödon von Horváth, Erich Kästner, Irmgard Keun, Thomas Mann, Kurt Tucholsky, Jakob Wassermann, Stefan Zweig, Carl Zuckmayer

Exilliteratur (1933–1945)

Epochenbegriff

Das Exil gilt als existenzielle Grunderfahrung des Menschen seit der Antike; es ist ein zentrales Thema menschlich-literarischer Erfahrung im 20. Jahrhundert: Innerhalb der deutschen Literaturgeschichte wird die Literatur zwischen 1933–1945 mit den aus politischen oder sogenannten rassischen Gründen vertriebenen Autor(inn)en als Exilliteratur bezeichnet. Themen dieser Literatur sind Heimat und Heimatverlust, Entfremdungserfahrungen und ihre persönlich-literarische Verarbeitung sowie die Auseinandersetzung mit der meist ungewollten neuen Umgebung, die Auseinandersetzung mit den Verhältnissen im Heimatland, der Situation politischer und ethnischer Verfolgung und Unterdrückung. Die Texte sind vielfach privat oder einer begrenzten Öffentlichkeit (Zensur, Druckverbote) zugänglich gewesen.

Geschichte und Gesellschaft

1930–1933 zunehmende Destabilisierung der Weimarer Republik
1933 (30.01.) NS-Machtübernahme, Hitler Reichskanzler, Gleichschaltung; erste Konzentrationslager; Bücherverbrennung
1934 „Röhm-Putsch"; Hitler auch Reichspräsident; zunehmende Verdrängung von jüdischen Deutschen aus ihren Berufen
1938 „Anschluss" Österreichs
1939 Beginn des Zweiten Weltkriegs
1939/40 Zwang zur Flucht vieler Exilanten aus von Deutschen besetzten Ländern
1942/43 Beginn der systematischen Judenverfolgung
1945 (08.05.) Kapitulation und Kriegsende

- etliche Autoren ins Exil bzw. in die innere Emigration gezwungen durch Verhaftungen und Folter, Zensur, Berufsverbote; „Säuberung" in Bibliotheken
- deutschsprachige Exilschriftsteller: Schweiz, Frankreich, USA

Welt- und Menschenbild

- Existenzangst, Entwurzelung, Zweifel, tiefe Skepsis
- Erfahrung von Barbarei, Verfolgung, Vernichtung
- Krieg, Holocaust
- Hoffnung auf Neubeginn, Visionen, Träume

Gattungen, Autor(inn)en, Werke

Lyrikerinnen: Hilde Domin, Mascha Kaléko, Else Lasker-Schüler

Th. Mann (1875–1955) *Dr. Faustus*
St. Zweig (1881–1942) *Schachnovelle*
L. Feuchtwanger (1884–1958) *Exil*
B. Brecht (1898–1956) *Leben des Galilei*
A. Seghers (1900–1983) *Das siebte Kreuz, Transit*
K. Mann (1906–1949) *Mephisto, Der Vulkan*

Literarisches Leben – Themen und Motive der Literatur

- unterschiedliche Facetten der literarischen Auseinandersetzung mit der Exilsituation: scharfsinnige politische Analyse, engagierte Literatur, räsonnierend-reflexive Texte sowie auch Resignation, bis hin zum Verstummen (Verlust der Muttersprache als vorrangiges Kommunikationsmittel)
- Heimatverlust, Entwurzelung, Kampf um Existenzsicherung, Sprachverlust, Todessehnsucht
- kabarettistische Auseinandersetzung mit der Erfahrung im Exil
- episches Theater von Bertolt Brecht

Literatur nach 1945

Literatur der Nachkriegszeit (bis ca. 1960)

Epochenbegriff

Im Westen etablieren sich die Begriffe Kahlschlagliteratur (Weyrauch), Literatur der Stunde null, Trümmerliteratur (Böll): Sie bezeichnen Werke der Emigranten und Heimkehrer nach dem Krieg. In ihnen manifestiert sich ein Misstrauen gegenüber der unter den Nazis zu Propagandazwecken missbrauchten Sprache und eine Suche nach neuen Ausdrucksformen und Ausdrucksmitteln der Literatur. Gründung der *Gruppe 47*. Dagegen erfolgt *im Osten* die Einbürgerung der Elite der antifaschistischen Literatur. Die Literatur verpflichtet sich dem Programm des „sozialistischen Realismus" als verbindliche Schreibweise: direkte Widerspiegelung der gesellschaftlichen Realität, Darstellung einer positiven Zukunftsperspektive, Parteilichkeit, Inhalt hat Vorrang vor der Form („Formalismusdebatte" in der Kunst). Man benutzt den Terminus *Ankunftsliteratur* (nach dem Roman „Ankunft im Alltag" von Brigitte Reimann). 1959 wird die erste Bitterfelder Konferenz abgehalten mit dem Motto: „Greif zur Feder, Kumpel": Arbeiter werden aufgefordert, ihren sozialistischen Arbeitsalltag literarisch umzusetzen, Schriftsteller gehen in die Produktion.

Geschichte und Gesellschaft

1945 – 1949 Aufteilung Deutschlands in vier Besatzungszonen, Sonderstatus Berlins
1947 Marshall-Plan zum wirtschaftlichen Aufbau Westdeutschlands und Europas
1948 Währungsreform
1948 – 1949 Blockade Berlins, zunehmend Politik des Kalten Krieges
1949 Gründung zweier deutscher Staaten: BRD und DDR
1957 Gründung der Bundeswehr; zunehmender Wohlstand in der BRD
1961 Bau der Berliner Mauer
1963 Besuch des amerikanischen Präsidenten John F. Kennedy in Berlin
1968 Studentenrevolte in den USA, Frankreich und Westdeutschland

Welt- und Menschenbild

- Kriegserfahrung, Not, Leid, Hunger, Scham und Schuld
- Hoffnung auf politisch-gesellschaftlich-kulturellen Neuanfang
- ambivalentes Welt- und Menschenbild, Zerrissenheit zwischen Resignation und Aufbruchsmentalität

Gattungen, Autor(inn)en, Werke

Dominanz der Lyrik, auch Kurzgeschichten (Orientierung an den USA)

- **BRD:** Ilse Aichinger, Alfred Andersch, Ingeborg Bachmann, Gottfried Benn, Wolfgang Borchert, Heinrich Böll, Paul Celan, Günter Eich, Marie-Luise Kaschnitz, Wolfgang Koeppen, Hans-Werner Richter
- **DDR:** Bruno Apitz, Johannes R. Becher, Bertolt Brecht, Peter Huchel, Anna Seghers

Literarisches Leben – Themen und Motive der Literatur

In der BRD: Misstrauen gegenüber Pathos und emotionalisierendem Sprachgebrauch; Suche nach neuen, adäquaten Ausdrucksmitteln: karge, schmucklose Sprache; hermetische Lyrik; Forderung nach Wahrheit und Mitmenschlichkeit; Krieg und Not, Gefangenschaft, Heimkehrerschicksale; Eintreten für Demokratie; Spannung zur offiziellen Politik der Adenauer-Zeit: Wohlstandsgesellschaft, Remilitarisierung; Politisierung der Literatur; Hinwendung zum Dokumentarischen
In der DDR: antifaschistisches Bündnis aller demokratischen Kräfte; Literatur als Instrument zum Aufbau des Sozialismus; auch Preislyrik auf Lenin, Stalin; polemische Abgrenzung zur BRD; kritische Auseinandersetzung mit der Nazi-Vergangenheit

Gegenwartsliteratur

Beim Blick auf die Entwicklung der deutschen Literatur der letzten 50 Jahre kann keine klare Einteilung in Epochen vorgenommen werden; das bleibt künftigen Generationen vorbehalten. Es lassen sich lediglich Tendenzen bzw. literarische Strömungen der Gegenwartsliteratur aufzeigen, die sowohl durch Kontinuität als auch durch Brüche mit der Tradition charakterisiert werden können.
Bis zur Wende 1989 gibt es zwei deutsche Literaturen, die sich aufgrund der stark divergierenden politischen und gesellschaftlichen Rahmenbedingungen jeweils unterschiedlich entwickeln. Wie schon in der Übersicht über die Literatur nach 1945 skizziert, ist die Literatur der DDR bis zum Ende der 1960er-Jahre eng verbunden mit dem in der Sowjetunion entwickelten Schreibkonzept des „sozialistischen Realismus", das auf den beiden Bitterfelder Konferenzen, 1959 und 1964, programmatisch formuliert wird. Dessen Forderungen seien hier skizziert:

- Bevorzugter Gegenstand des Schreibens ist die sozialistische Produktion, im Mittelpunkt steht der positive Held als Identifikationsangebot.
- Basis der Ästhetik ist die Widerspiegelungstheorie Lenins, derzufolge die Kunst die Wirklichkeit abbildet.
- Die Geschlossenheit der Darstellung wird über die Parteilichkeit und Volkstümlichkeit des Künstlers erwartet.
- Eine typisierende Darstellung soll das Wesen / die Gesetzlichkeit des Lebens wiedergeben (das ist z. B. die Zugehörigkeit einer Figur zu einer bestimmten gesellschaftlichen Klasse, von der aus sie hinsichtlich ihrer Haltungen und Handlungen geprägt wird: Das Sein bestimmt das Bewusstsein).

Das gesellschaftspolitische Ziel dieses Schreibkonzepts ist es, die Erziehung zur sozialistischen Persönlichkeit (die Identifikation mit den Zielen des politischen Systems) und ein positives Handeln (literarische Figuren als Vorbilder) zur Beschleunigung des politisch-ökonomischen Fortschritts zu ermöglichen. Im Mittelpunkt des Schaffens soll der „neue Mensch" stehen, der Aktivist, der Held des sozialistischen Aufbaus. Parteilichkeit und Wahrheit bilden eine untrennbare Einheit, Parteilichkeit wird zu einer ästhetischen Kategorie. Werktätige werden zum Schreiben aufgefordert, Künstler gehen in Produktionsbetriebe. Beispiele hierfür sind u. a. Christa Wolf „Der geteilte Himmel" (1963) und Erik Neutsch „Spur der Steine" (1964).
Für die westdeutsche Literatur bilden die frühen 1960er-Jahre einen Einschnitt: Sie findet Anschluss an die Weltliteratur mit Autoren wie den Schweizern Friedrich Dürrenmatt und Max Frisch, der Österreicherin Ingeborg Bachmann, mit Heinrich Böll, Günter Grass, Uwe Johnson, Wolfgang Koeppen, Siegried Lenz sowie Martin Walser. Themen der Romane sind die Vergewisserung der eigenen Identität, kritische Distanz zu den gesellschaftspolitischen Entwicklungen in der BRD und Modellentwürfe einer humanistischen Gesellschaft.
Ende der 1960er-Jahre entwickelt sich, analog zum kritischen Zeitgeist, eine engagierte Literatur der Arbeitswelt sowie der Alltagskultur; ebenso ist die Politisierung der Literatur im Zuge der Studentenrevolte von 1968 und die Hinwendung zum Dokumentarischen zu

beobachten. Diese Literatur, Theaterstücke, Gedichte und Romane, arbeitet häufig mit Tatsachenmaterial, wie z. B. Zeitungsmeldungen, Reportagen, Prozessakten, Protokollen, Interviews, und verarbeitet diese Sachtexte z. T. in Form von Collagen und mithilfe der Montagetechnik. In diesem Zusammenhang seien Günter Wallraff „Der Aufmacher", „Ganz unten", Rolf Hochhuth „Der Stellvertreter", Heinar Kipphardt „In der Sache J. Robert Oppenheimer", Peter Weiss „Die Ermittlung" und als Vertreter der politischen Lyrik, anknüpfend an die Tradition Bertolt Brechts, Hans Magnus Enzensberger erwähnt. Der Beginn der 68er-Ära fällt mit dem Ende der „Gruppe 47" zusammen.
Für die 1970er-Jahre, nach den Studentenunruhen, der APO-Zeit und unter der sozialliberalen Regierung Willy Brandts und Helmut Schmidts, setzt sich die „Neue Subjektivtät" als Sammelbegriff durch. Die Literatur, die unter diesem Begriff subsummiert wird, ist gekennzeichnet durch die Abkehr von der politischen, gesellschaftskritischen Literatur der 1960er-Jahre. Sie wendet sich wieder stärker der Verarbeitung individueller Erfahrungen und Enttäuschungen und der Auseinandersetzung mit der unmittelbaren Umgebung, der eigenen Lebenssituation und ihrer Krisen zu. Häufig zu finden, entsprechend der Individualisierungstendenz, ist die Ich-Erzählung. In diesem Zusammenhang sei auch die Frauenbewegung genannt, die Emanzipationsprozesse provoziert und vorantreibt, Bewusstseinsänderungen anstößt und auch der Literatur neue Impulse verleiht. Meilensteine sind die Gründungen der Zeitschriften „Courage" (1976) und „Emma" (1977); Letztere durch Alice Schwarzer, die schon mit ihrem Buch „Der kleine Unterschied und seine großen Folgen" (1975) ein wirkungsvolles Beispiel für eine neue Frauenkultur und -literatur gegeben hatte. Bekannte Autorinnen sind Ingeborg Bachmann, Ulla Hahn, Elfriede Jelinek, Sarah Kirsch, Brigitte Kronauer, Angelika Mechtel, Christa Reinig, Brigitte Schwaiger, Karin Struck, Gabriele Wohmann; für die DDR Brigitte Reimann, Maxi Wander und Christa Wolf.
Die Diskussion Mitte der 1980er-Jahre unter dem Stichwort „Multikultur" eröffnet den Blick für eine deutschsprachige Literatur ethnischer und kultureller Minoritäten, die die Dominanz der deutschen Perspektive durchbricht zugunsten einer differenzierten Sichtweise des Eigenen durch die Konfrontation mit dem Fremden. Eine eigenständige Migrantenliteratur gewinnt seit Ende der 1970er-Jahre zunehmend an Kontur, wird Bestandteil der deutschen Gegenwartsliteratur und thematisiert Erfahrungen der Zerrissenheit und Heimatlosigkeit, das Leben zwischen den Kulturen, Parallelwelten innerhalb der deutschen Gesellschaft sowie Auseinandersetzungen mit der deutschen Sprache, mit positiv genutzter Zweisprachigkeit sowie Sprachverlust.
Mitte der 1980er- bis in die 1990er-Jahre hinein wird der aus der Kunsttheorie stammende und ebenfalls von der Architektur besetzte Begriff der „Postmoderne" populär. Im Rückgriff auf traditionelle literarische Erzähltechniken (z. B. das auktoriale Erzählen, die chronologisch aufgebaute, geschlossene Erzählung), konventionelle Themen (Entwicklungs- und Bildungsroman des 18. und 19. Jahrhunderts) und historische Themen setzt sich diese Literatur mit der Moderne (1880 – 1925) kritisch auseinander. Die Vielzahl der Stile und Stilmischungen, die ironische Brechung der konventionellen Erzählerfigur und Thematik kennzeichnen diese Literatur, die mit der Tradition spielt. Unzählige Anspielungen auf bekannte Werke, die in Form der Intertextualität in den Werken wiederzufinden sind, setzen einen gut informierten Leser voraus. Als prominente Beispiele gelten die

Romane von Patrick Süskind „Das Parfum“ (1983), Christoph Ransmayr „Die letzte Welt“ (1988) und Robert Schneider „Schlafes Bruder“ (1992).
Entscheidendes Ereignis für neue Themen innerhalb der Gegenwartsliteratur ist die „Wende“ 1989/90 mit der Wiedervereinigung der beiden deutschen Staaten; es geht u. a. um die Auseinandersetzung mit der jeweiligen Vergangenheit, um historische Erinnerungen, geistige, politische und finanzielle Probleme der Vereinigung, Berlin als neue Hauptstadt, persönlichen und kulturellen Identitätsverlust, hohe Arbeitslosigkeit sowie Fremdenhass.
Ein Epochenumbruch ist ebenfalls beim Übergang vom 20. zum 21. Jahrhundert zu konstatieren: Die neue Informations- und Medienkultur, Internet und Globalisierung, die Popkultur und Spaß- bzw. Eventgesellschaft, die verstärkten „turbo“kapitalistischen Tendenzen und die teilweise Abkehr von einer ausgewogenen sozialen Marktwirtschaft finden sich als Themen in der Literatur wieder. Verbunden mit diesen oben genannten Aspekten macht sich bei vielen Menschen Angst breit vor einer ungewissen Zukunft.

Umgang mit Texten und Medien

Lyrische Texte

Was ist Lyrik?

Lyrik ist die literarische Form, die am intensivsten der Auseinandersetzung mit Subjektivität verpflichtet ist und sich dafür einer stark verdichteten Sprache und Bildhaftigkeit bedient, die sich häufig einem schnellen Verstehen entzieht und seinen Lesern eine besondere Haltung abverlangt. Vielleicht ist Lyrik gerade deshalb die von Schülern am meisten gefürchtete und kaum spontan geliebte Textsorte: Liest man Interpretationen lyrischer Texte, z. B. im Internet, bemerkt man, dass lyrische Texte entweder als individueller Ausdruck eines Autors verstanden werden (was mittels biografischer Kontexte belegt wird) oder vorschnell als reines Transportmittel für banale Inhalte aufgefasst und höchstens hinsichtlich ausgewählter formaler Mittel (z. B. Reimschema, Metrum) betrachtet werden.
Lyrik ist aber weit mehr. Sie stellt uns unvermittelt vor etwas Neues, Unerwartetes, Ungewohntes und Ungewöhnliches und scheinbar höchst Subjektives und dennoch verstehen wir intuitiv. Lyrik verstößt häufig gegen sprachliche Regeln und Strukturen und erzeugt vielmehr eigene, neue. Woran also kann man sich orientieren?
Lyrischen Texten liegt eine besondere Redesituation zugrunde (entsprechend einer Erzählsituation in epischen Texten), die verschiedene Sprecher und Stimmen enthält. In vielen Fällen kommen Sprechpositionen zur Geltung, in denen ein Ich in der Welt des Gedichts von sich, über andere oder bestimmte Themen spricht – hier wird von einem *lyrischen Ich/Subjekt* gesprochen. Dieses fordert die Leser zur Auseinandersetzung mit seiner eigenen Subjektivität heraus: Es spricht von seinen Gefühlen, Gedanken, Empfindungen, Wahrnehmungen und Interpretationen, jedoch nicht in reinem Affekt, sondern als bearbeitete Subjektivität, denn das reine Empfinden und Fühlen wird um die Reflexion erweitert. Emotion wird so ganz behutsam und unmerklich mit Kognition angereichert, nicht zuletzt durch die besondere sprachliche Gestaltung. Leser müssen zunächst den Text dechiffrieren, erst dann können sie sich auf die fremde Subjektivität einlassen – etwa um in ihr aufzugehen, sich mit ihr zu identifizieren, sich auseinanderzusetzen, von ihr zu lernen oder sich zu distanzieren. Immer aber sind sie aufgefordert, der fremden Subjektivität mit ihrer eigenen zu begegnen. Eine persönlich bedeutsame Erweiterung erfährt der Lesende besonders dann, wenn er sich verschiedener (z. B. literaturhistorischer) Kontexte bedient und sich darauf einlassen kann, das menschliche Erleben und die Identität im Umgang mit der Welt zu anderen Zeiten und gesellschaftlichen Kontexten als etwas zuzulassen, was sich von der eigenen Wahrnehmung erheblich unterscheidet. Vielleicht lässt er sich sogar ermuntern, Vorgegebenes mutig zu hinterfragen, sich bislang nicht Erlebtem zu stellen oder in der Fantasie spielerisch mit Neuem, Unerhörtem umzugehen und vielleicht sogar zu genießen.

Was muss man also wissen und können und welche Haltungen muss man einnehmen, um Lyrik auf die Spur zu kommen?

Das WAS

Zunächst ist zu klären, wer eigentlich zu wem worüber spricht.

1. Das lyrische Subjekt ist die Redeinstanz im Gedicht. Es handelt sich um einen (männlichen oder weiblichen) Sprecher, vergleichbar mit dem Erzähler in epischen Texten, der auch hier nicht mit dem Autor gleichzusetzen ist. In vielen Fällen ist es am Personalpronomen „ich“ und seinen flektierten Formen („mir“, „mich“, „mein“) sofort auszumachen und wird als direktes Subjekt bezeichnet:

Im Walde (1836)

Joseph von Eichendorff (1788–1857)

Text in alter Rechtschreibung

Es zog eine Hochzeit den Berg entlang,
Ich hörte die Vögel schlagen,
Da blitzten viel Reiter, das Waldhorn klang,
Das war ein lustiges Jagen!

Und eh ich's gedacht, war Alles verhallt,
Die Nacht bedecket die Runde,
Nur von den Bergen noch rauschet der Wald
Und mich schaudert im Herzensgrunde.

Joseph von Eichendorff: Im Walde. Aus: Ders., Werke. Hrsg. von W. Frühwald, B. Schillbach und H. Schultz. Band 1. Frankfurt a. M.: Deutscher Klassikerverlag 1984

Das lyrische Subjekt wird hier durch das Pronomen ***Ich*** (Vers 2) direkt fassbar und es artikuliert durch sein Sprechen sein Wahrnehmen, Erleben, Fühlen und Denken, sodass es für den Hörer klar nachvollziehbar wird: Es erinnert sich (Präteritum in der ersten Strophe) an einen vorbeiziehenden Hochzeitszug und der Lesende kann sich bildhaft die positive Stimmung vorstellen, hört förmlich die Vögel und die Instrumente und meint die Reiter vor sich zu sehen. In der zweiten Strophe dann findet ein jäher Wechsel in das gegenwärtige Erleben (erkennbar am Wechsel zum Präsens) statt, der Zug ist vorüber und das Ich befällt Angst und Schrecken vor der Nacht und vor dem Wald: Die Einsamkeit wird spürbar und für den Hörer stellt sich wiederum ein Bild ein – dieses Mal eines von Unheimlichkeit, Kälte und Dunkelheit.

2. Spricht ein lyrisches Subjekt ein „Du“ an, ist dabei aber selbst nur zu erahnen, d. h., bezeichnet es sein Erleben nicht direkt und verzichtet auch auf das Personalpronomen „ich“, so spricht man von einem indirekten lyrischen Subjekt:

Es ist alles eitel (1637)
Andreas Gryphius (1616–1664)

Du siehst, wohin Du siehst, nur Eitelkeit auf Erden.
Was dieser heute baut, reißt jener morgen ein;
Wo jetzt Städte stehn, wird eine Wiese sein,
Auf der ein Schäferskind wird spielen mit den Herden;

Was jetzt prächtig blüht, soll bald zertreten werden;
Was jetzt so pocht und trotzt, ist morgen Asch und Bein;
Nichts ist, das ewig sei, kein Erz, kein Marmorstein.
Jetzt lacht das Glück uns an, bald donnern die Beschwerden.

Der hohen Taten Ruhm muß wie ein Traum vergehn.
Soll denn das Spiel der Zeit, der leichte Mensch bestehn?
Ach, was ist dies alles, was wir für köstlich achten,

Als schlechte Nichtigkeit, als Schatten, Staub und Wind,
Als eine Wiesenblum, die man nicht wiederfind'!
Noch will, was ewig ist, kein einzig Mensch betrachten.

Andreas Gryphius: Es ist alles eitel. Aus: Die deutsche Literatur vom Mittelalter bis zum 20. Jahrhundert. Texte und Zeugnisse. Bd. 3: Barock. Hrsg. von Albrecht Schöne. München 1983, S. 268

In der Überschrift und dem ersten Vers wird eine These formuliert. Zu ihrem Verstehen muss man wissen, dass der Begriff „Eitelkeit" im 17. Jahrhundert die Bedeutung „Vergänglichkeit, Nichtigkeit" hatte. Im ersten Quartett (das Gedicht folgt formal der Sonettform) wird die These von der Vergänglichkeit für ein Gegenüber, ein Du, durch sehr bildhafte Beispiele veranschaulicht (Verse 2–4): Alles, was heute noch ist, wird es morgen so nicht mehr geben. In der zweiten Strophe geht das indirekte lyrische Subjekt nun dazu über, die Bilder zu verallgemeinern: Es erklärt dem Du den Lauf der Vergänglichkeit in der Welt, die nicht nur das Lebendige (Pflanzen, Tiere, Menschen), sondern sogar die unbelebte Natur (Vers 7) betrifft. Im achten Vers vereint sich der lyrische Sprecher im *uns* mit dem Du und wird noch einmal konkreter: Die Vergänglichkeit betrifft direkt uns Menschen, auch wenn wir daran bislang nicht gedacht haben. Die nun erreichte Ebene des Menschen wird in den beiden sich anschließenden Terzetten nahtlos fortgeführt: Selbst der vielleicht im Leben erreichte persönliche Ruhm eines Menschen ist vergänglich. Es folgt die an den Lesenden gerichtete rhetorische Frage, die ihn zur Einsicht in die menschliche Hybris bringt. Angesichts der unendlichen Welt und der Zeiten ist der individuelle Mensch nur ein unbedeutendes Körnchen, das sich selbst viel zu wichtig nimmt, sich in den Mittelpunkt stellt und nicht merkt, wie vergänglich und auch zerstörerisch sein Streben ist. Ewigkeit, so lautet das Resümee im letzten Vers, liegt einzig im Transzendenten, was der Mensch in seiner Selbstbezogenheit vielfach vergisst. Die religiös inspirierte Aussage des lyrischen Subjekts am Ende des Gedichts wird dem Du vermittelt, indem es über die Argumentation und die Beispiele Schritt für Schritt zu dieser Einsicht geführt wird.

3. Das lyrische Subjekt kann auch als handelnde Figur sprechen, in diesem Fall wird von Rollenlyrik gesprochen. In Balladen lässt sich dies besonders gut erkennen: Immer gibt es einen lyrischen Sprecher sowie unabhängige Stimmen, die einen Dialog führen (z. B. in Goethes „Der Zauberlehrling“ oder „Erlkönig“), sie alle sprechen aus einer bestimmten Rolle heraus. So spricht im Gedicht von Eduard Mörike das lyrische Subjekt aus der Rolle einer Magd:

Das verlassene Mägdlein (1829)
Eduard Mörike (1804–1875)

Früh, wann die Hähne krähn,
Eh die Sternlein verschwinden
Muß ich am Herde stehn,
Muß Feuer zünden.

Schön ist der Flamme Schein,
Es springen die Funken;
Ich schaue so drein,
In Leid versunken.

Plötzlich, da kommt es mir,
Treuloser Knabe,
Daß ich die Nacht von dir
Geträumet habe.

Träne auf Träne dann
Stürzet hernieder;
So kommt der Tag heran –
O ging' er wieder!

Eduard Mörike: Das verlassene Mägdlein. Aus: Carl Otto Conrady. Der neue Conrady. Das große deutsche Gedichtbuch. Zürich & Düsseldorf: Artemis & Winkler 2001, S. 421

Die Redesituation ergibt sich aus dem Titel: Die Geschichte vom Liebesleid des verlassenen Mägdleins ist das Thema. Im Gedicht wird das Mägdlein selbst zur Redeinstanz. Es erzählt, wie es mit dem Verlassensein umgeht: Nichts kann ihr mehr Freude machen, immerzu muss sie an den treulosen Geliebten denken, am Tag wie in der Nacht, und in Tränen und Trauer vergeht Tag um Tag. Dass das lyrische Subjekt nicht direkt ist, also nicht die Magd selbst, erkennt man einzig an der Überschrift, denn die verweist auf eine Redeinstanz, die aus der Übersicht spricht, um dann im Gedicht selbst in die Rolle des Mägdleins zu schlüpfen.

4. In vielen Gedichten erscheint die Redeinstanz weder direkt noch indirekt oder in einer Rolle, ihr Sprechen wirkt verdeckt, wie aus dem „Off“, und sie hat meist einen Adressaten. Solche Redesituationen vermitteln Subjektlosigkeit, reden aber gleichsam zu ihrem Adressaten: Das kann der Rezipient selbst sein, aber auch abstrakte Vorstellungen, ja sogar Tiere kommen infrage.

Schlussgedicht der „Waldmonologe aus Kreuth“ (1908)

Paul Heyse (1830–1914)

Sieh das Sonett! Kannst du ein Gleichnis nicht
In seiner Strophen Viergestalt gewahren,
Das Bild von zwei verbundnen Menschenpaaren?
Voran die Eltern, Leute von Gewicht.

Was er mit seinem würd'gen Tone spricht
Bestätigt sie, bemüht, ihm zu willfahren.
So schwierig manchmal auch die Reime waren,
Sie hält sich stets an seiner Seite dicht.

Dann folgen flink den Alten auf dem Fuß
Von schlankem Wuchs leichtherzig die zwei Jungen,
die man für Liebesleutchen halten muss.

Er raunt ins Ohr ihr zarte Liebkosungen,
Und mit des letzten Reims behändem Schluss
Hat sein Terzinchen küssend er umschlungen.

Paul Heyse: Schlussgedicht der „Waldmonologe aus Kreuth“. Aus: Ders., Gesammelte Werke. Dritte Reihe. Band V. Stuttgart/Berlin: J. G. Cottasche Buchhandlung 1924, S. 282

Eine subjektlose (lyrische) Redeinstanz erklärt einem Du, wie ein Sonett funktioniert. Hierfür benutzt sie das Bild von „zwei verbundnen Menschenpaaren“ (den Eltern/Alten und den Jungen), die als gegensätzlich vorgestellt werden, sowohl in ihrem Verhalten (er spricht im würdigen Tone, sie ordnet sich ihm unter, bestätigt ihn auch in schwierigen Momenten) als auch in der Kontrastierung der Paare selbst (die Alten würdig, von Gewicht, Seit an Seit, dagegen die Jungen auf flinken Füßen, leichtherzig, schlank und keck).

Alle diese Beispiele zeigen, dass es eine Redeinstanz gibt, die genauer bestimmt werden kann und die direkt, indirekt oder verdeckt über etwas spricht und dabei eine bestimmte Haltung einnimmt: So z. B. erklärt sie, belehrt, erzählt oder denkt für sich nach, ist emotional beteiligt, spricht engagiert-appellativ oder eher distanziert bis hin zu einer sachlich-distanzierten Redeweise. Sehr häufig gibt es einen erkennbaren Adressaten, zu dem gesprochen wird und der in die Welt des Gedichts gehört oder den Leser anspricht, ob nun direkt im Du oder indirekt, verdeckt. Die Themen und *Motive*, über die gesprochen wird, lassen sich häufig typischen Grundmustern zuordnen:

- Liebe in Erfüllung und Verlassenwerden/-sein, verschmähte, unerfüllte Liebe, Tod
- philosophische, gesellschaftliche und weltanschauliche Betrachtungen (sog. Gedankenlyrik)
- Naturbegegnung und Naturerleben im Entstehen und Sterben sowie in der Wandlung
- politische und meist appellative Gedichte, die vor allem zeitkritisch sind
- Geschichten, in denen die Redeinstanz aus Rollen heraus erzählt und spricht (Balladen)
- Großstadterleben, verbunden mit dem eigenen Befinden der Einsamkeit, Leere und Angst
- persönliche Ansichten und Impressionen der Redeinstanz in Reaktion auf den Alltag und das Erleben

Um Themen und Motive zu dechiffrieren, muss man die sprachliche Gestaltung genauer anschauen, die Textästhetik bewusst wahrnehmen, zulassen und beschreiben, was manchmal schwierig ist, da Gedichte eben oft stark „verdichtet" sind. Eine Methode, die sich immer eignet, ist das textnahe Lesen. Hier schreibt man um die Wörter, Sätze oder Formulierungen im Gedicht zunächst eigene Assoziationen herum, um diese dann beim zweiten Lesen in Bezug zueinander zu bringen: Was passiert, wenn sich einzelne Wörtern begegnen, sich wiederholen oder abgewandelt werden? Was etwa bedeutet in Eichendorffs Gedicht das „Alles"? Worauf bezieht es sich und was geschieht, wenn ihm das Verb „verhallt" an die Seite gestellt wird? Abgesehen von der klanglichen Wiederaufnahme wird semantisch eine Steigerung bewirkt, die den Themen- und Stimmungswechsel von der ersten zur zweiten Strophe einleitet.
Häufig finden sich Wörter in Texten, die eine feste Bedeutung haben und als Symbole für etwas stehen. Um diese zu bestimmen, lohnt neben der genauen Lektüre auch ein Blick in ein Lexikon literarischer Symbole, denn Symbole gelten nicht ein und für alle Mal, sondern sie verändern sich, werden neu erfunden, was vor allem durch ihre Verwendung in der Literatur, insbesondere in der Lyrik, geschieht. So steht der Wald für Täuschung, Verzauberung, Unheimlichkeit bis hin zur Bedrohung, was leicht an seiner Verwendung in Märchen belegt werden kann und sich in Eichendorffs Gedicht bestätigt. Zugleich ist er Symbol für Freiheit, Lebenslust und ein ursprüngliches Leben und wird als solches in zahlreichen literarischen Texten als Topos verwendet (etwa in Friedrich Schillers Drama „Die Räuber"), so auch in der ersten Strophe des Gedichts von Eichendorff. Über diese Symbolik ergibt sich dann bei Eichendorffs Gedicht noch eine weitere: der Wald als Zeichen für Poesie und Besinnung, Einkehr, auch zu sich selbst. Das lyrische Subjekt bei Eichendorff kommt in der zweiten Strophe ins Nachdenken, hier verbunden mit Schauer und Angst, denn ein zweites Motiv tritt hinzu: das der Nacht. Hieran sieht man, dass Symbole sich innerhalb des Gedichts auch in ihrer Bedeutung ändern können. Häufig erkennt man das an einem vermeintlichen Themenwechsel, den es lohnt genauer anzuschauen, zu analysieren, vor allem hinsichtlich der Bezüge der Themen und Motive. Bei Eichendorff etwa ist in der ersten Strophe das Thema das lustvolle Anteilnehmen des lyrischen Subjekts am Geschehen. In

der zweiten Strophe wechselt das Thema hin zum eigenen Befinden: Angst, das Erleben von Unheimlichkeit und Schrecken angesichts des Alleinseins.

Das WIE

1 Die Gedichtform

Man untersucht die strophische Gliederung vor allem danach, inwiefern sich hierdurch größere Sprechabschnitte ergeben. Sehr häufig ist die strophische Gliederung analog zur metrischen Gliederung und jede Strophe bildet durch ihr Ende eine Zäsur im Sprechen, sodass sich gleichsam eine Denkpause ergibt.
Merkmale für die Strophenform sind die Anzahl der Verse, die Art des verwendeten Metrums und der Reime, sofern sie vorhanden sind. Im Deutschen ist die vierversige Paar- oder Kreuzreimform mit Wechseln von männlicher und weiblicher Kadenz besonders häufig und sie kommt vor allem im *Lied* vor: vom Kirchenlied bis zur Ballade und dem Volkslied (Romantik). Auch die Gedichte von Eichendorff und Mörike folgen diesem Schema.
Eine weitere, häufig verwendete Form ist das *Sonett*: Es besteht aus 14 Versen, die in vier Strophen eingeteilt sind, in zwei Quartette und zwei Terzette. Im Barock war das häufigste Versmaß der Alexandriner (sechshebiger Vers mit 12 oder 13 Silben), später kam der Jambus (zweisilbiger Versfuß, Wechsel von betont-unbetont) hinzu. Auch die Form des Reimes hat sich geändert, so herrschte zunächst der Kreuzreim in den Quartetten vor und später dann der umarmende Reim. Die Terzette folgen anderen Reimmustern, meist Vorbildern aus Italien, England und Frankreich. In Gryphius' Gedicht „Es ist alles eitel“ folgen die Quartette dem umarmenden Reimschema (abba-abba) und die Terzette dem französischen Muster ccd-eed. Paul Heyses „Schlussgedicht der ‚Waldmonologe aus Kreuth‘“ weist wieder in den Quartetten das Schema abba-abba auf, in den Terzetten verwendet Heyse das Muster cdc-ede. Thematisch-inhaltlich folgt das Sonett seiner asymmetrischen Bauform, das lyrische Subjekt argumentiert zu einem Thema oder Sachverhalt und erzeugt damit eine Spannung, die in den beiden Terzetten durch die Reflexion der subjektiven Befindlichkeit der Redeinstanz aufgelöst wird. Dabei können die Quartette dem rhetorischen Prinzip *These – Antithese* folgen, die Terzette bilden dann die *Synthese* (z. B. in den Sonetten von Andreas Gryphius und Paul Heyse).
Lied und Sonett kommen im Deutschunterricht am häufigsten vor. Im Folgenden finden Sie eine Übersicht zu weiteren lyrischen Formen:

Formen der Lyrik	Merkmale
Ballade	in Versform erzählte Geschichte mit Dialogelementen; die Zuordnung zur Lyrik ist aber umstritten, da andere Kategorisierungen die epischen und dramatischen Aspekte der Ballade betonen
Elegie	formstrenges Klagelied in der Antike; Trauer, Schwermut und Sehnsucht sind zentral
Epigramm	Sinngedicht; kurz und pointiert formulierter, scharfsinniger Einfall, z. T. satirisch; im Unterschied zum *Aphorismus* in Reimform verfasst

Hymne/ Hymnus	ursprünglich ein Lob- und Preisgesang in der Kirchenliturgie, bei Goethe und Schiller freier gefasst
Ode	ursprünglich ein Chorgesang im antiken Drama; dann rhythmisch freier, mit feierlichem Inhalt

2 Die Verwendung sprachlicher und formaler Mittel zur Unterstützung der Aussagen

Auch und gerade lyrische Texte arbeiten bewusst mit verschiedenen rhetorischen Mitteln (→ S. 101 ff.). Hier kommt es besonders darauf an, wie diese aufeinander Bezug nehmen und wie sie mit den Motiven und Themen verwoben sind (vgl. dazu Eichendorffs sprachliche Gestaltung unter Themen und Motive, S. 145). Formal spielen vor allem das Metrum und der Versumbruch eine Rolle.

Den Umbruch der Verse kennzeichnen drei Erscheinungsformen, die jeweils auf die Stimmung, die das lyrische Subjekt im Gedicht vermittelt, wirken und dadurch das Ausgesagte stützen:

Enjambement (Zeilensprung)	Der Satz- und Sinnzusammenhang reicht über das Vers- oder Strophenende hinaus. Das Enjambement hebt vor allem Begriffe am Versende hervor.	Über allen Gipfeln / Ist Ruh … (J. W. Goethe, „Ein gleiches / Wandrers Nachtlied“)
Hakenstil	In dieser Folge von Enjambements erscheinen die Verse durch die übergreifenden Satzbögen wie verhakt.	Danke ich brauch keine neuen / Formen ich stehe auf / festen Versesfüßen und alten / Normen Reimen zu Hand … (Ulla Hahn, „Ars poetica“)
Zeilenstil	Satz- und Versende fallen zusammen.	Wer reitet so spät durch Nacht und Wind? / Es ist der Vater mit seinem Kind; / Er hat den Knaben wohl in dem Arm, / Er fasst ihn sicher, er hält ihn warm. … (J. W. Goethe, „Erlkönig“)

Elemente lyrischer Texte

Metrum und Rhythmus

In lyrischen Texten werden durch die besondere Gestaltung der sprachlichen Lautungen Wirkungen und Bedeutungen erzeugt. So wechseln etwa in einem Gedicht von Friedrich Schiller betonte und unbetonte Silben ab: *Zum Kampf der Wagen und Gesänge, / ... Zog Ibykus, der Götterfreund.* Diese Regelmäßigkeit (eines vierhebigen Jambus) verleiht dem Text eine bestimmte Lebendigkeit und Impulsivität. In den Zeichen eines anderen Gedichts (Joseph von Eichendorff) wechseln ebenfalls betonte und unbetonte Silben, doch in anderer Weise und mit anderer Wirkung: *Nacht ist wie ein stilles Meer, / Lust und Leid und Liebesklagen / Kommen so verworren her.* Diese (trochäischen) Betonungsverhältnisse verstärken das Getragene und Schwere der Worte und ihrer Bedeutungen. Nicht immer jedoch ergänzen sich die Aussage der Worte und die Gestaltung der Betonungsverhältnisse. So stehen in den folgenden Versen von Heine die (jambischen) Betonungen in Spannung zu den Formulierungen: *Mein Herz, mein Herz ist traurig.* Diese Spannung trägt zur ironischen Brechung der Aussage des lyrischen Ichs bei.
Während die ganz regelmäßig wiederholenden Betonungsverhältnisse als Metrum oder Versmaß (z. T. auch als Takt) begriffen werden, so bezeichnet der Rhythmus eines Gedichts das Sprechen in dieser Gleichmäßigkeit, aber mit Rücksicht auf Betonungen nach dem Sinn der Worte und Sätze. In der zweiten Zeile des Heine-Gedichts „Mein Herz, mein Herz ist traurig" heißt es: *Doch lustig leuchtet der Mai.* Geht man streng nach dem Metrum, so müsste *der* betont sein und *Mai* unbetont bleiben, doch im sinnbetonenden Lesen wird eher *Mai* betont und *der* nicht. Für die Beschreibung des sich wiederholenden Metrums ist es sinnvoll, das sinnbezogene Betonen zu meiden und sich ergebende Betonungen besonders hervorzuheben. Es ist oft hilfreich, sich der Betonungen eines Wortes beim Sprechen zu vergewissern.

Die wichtigsten Fachbegriffe zur Lyrik

Begriff	Erläuterung	Beispiel
Metrum	Versmaß mit Versfüßen als kleinsten Einheiten	betonte Silbe: x̂ unbetonte Silbe: x
Hebungen	betonte Silben im Vers: je nach Zahl der Hebungen im Vers kann etwa vom fünf- oder sechshebigen Jambus gesprochen werden	Vor grauen Jahren lebt' ein Mann in Osten ... (G. E. Lessing) x x̂ x x̂ x x̂ x x̂ x x̂ x (Blankvers: 5-hebig) Du siehst, wohin du siehst, nur Eitelkeit auf Erden (A. Gryphius) x x̂ x x̂ x x̂ x x̂ x x̂ x x̂ x (Alexandriner: 6-hebig)
Senkungen	unbetonte Silben im Vers	

Versfüße		
Jambus	zweisilbiger Versfuß: unbetont – betont	Der Mond ist aufgegangen x x̂ x x̂ x x̂ x
Trochäus	zweisilbiger Versfuß: betont – unbetont	Nacht ist wie ein stilles Meer x̂ x x̂ x x̂ x x̂
Daktylus	dreisilbiger Versfuß: betont – unbetont – unbetont	Leidenschaft führt mir die ... x̂ x x x̂ x x
Anapäst	dreisilbiger Versfuß: unbetont – unbetont – betont	Aus der Hand frisst der Herbst ... x x x̂ x x x̂
Versformen		
Hexameter	epischer Vers aus sechs Versfüßen (meist Daktylen) um eine Silbe gekürzter letzter Versfuß	Hûrtig mit Dônnergepôlter entrôllte der tûckische Mârmor (Homer)
Alexandriner	sechshebiger Vers mit 12 oder 13 Silben	siehe Hebungen
Knittelvers	vierhebiger, unregelmäßiger Vers	Hâbe nun, âch! Phîlosophîe, Jûristerêi und Mêdizîn ... (J. W. Goethe)
Blankvers	fünfhebiger Jambus	siehe Hebungen
Distichon	Kombination von zwei Versen: ein daktylischer Vers mit sechs bzw. fünf Versfüßen (Hexameter, Pentameter	Wanderer, kommst du nach Sparta, verkündige dorten, du habest / uns hier liegen gesehn, wie das Gesetz es befahl. (griech. Grabinschrift – Epitaph – übersetzt von F. Schiller)
Reim	Gleichklang zweier oder mehrerer Lautgruppen	
Reimarten	– *Stabreim:* anlautende Konsonanten – *Endreim:* auslautende Vokale und Konsonanten – *Assonanz:* gleichlautende Vokale – *Binnenreim:* zwei oder mehr Wörter in einem Vers reimen sich	Man(n) merkt manches Strand – Sand Zug – Buch Oh Holpern und Stolpern

Reimschema/ Reimstellungen	Darstellung der verschiedenen Endreimformen durch Kleinbuchstaben	– *Paarreim:* aabbcc … – *Kreuzreim:* abab … – *umarmender Reim:* abba
Versende		
Kadenz	Form des Versendes: – *klingende oder weibliche Kadenz:* Abschluss mit betonter und unbetonter Silbe (x̂ x) – *stumpfe oder männliche Kadenz:* Abschluss mit einer betonten Silbe (x x̂)	Fest gemauert in der Erden x̂ x x̂ x x̂ x x̂ x Steht die Form, aus Lehm gebrannt. x̂ x x̂ x x̂ x x̂ (F. Schiller, „Das Lied von der Glocke“)

Zur Interpretation eines Gedichts

Um ein Gedicht interpretieren zu können, muss man es verstehen. Nur: Wie kommt man dazu? Sicher ist die Analyse eine Möglichkeit und sie mündet in einen – meist schriftsprachlichen – Text. Bevor hierauf näher eingegangen wird, noch ein Gedanke vorab. Jeder kennt das Phänomen: Man liest ein Gedicht und versteht erst einmal gar nichts. Ein guter Sprecher rezitiert einem das Gedicht und man hat sofort einen Zugang, ein erstes Verständnis aufgrund einer Wirkung. Man konnte die besondere Textästhetik spüren und für das Verstehen nutzen.
Die Wirkung des Gedichts kann auch durch die eigene lautsprachliche Realisierung hör- und erlebbar gemacht werden. Neben der bereits erklärten Methode des textnahen Lesens kann es sehr hilfreich sein, den Text mehrmals laut für sich zu rezitieren, denn über das Sprechen/Hören werden die Textdimensionen und Textqualitäten erlebbar: Zieht einen das Gedicht förmlich hinein oder bleibt man eher außerhalb? Welche Sprechweise ist angemessen? Wo würde man was akzentuieren oder besonders betonen, wo die Lautstärke oder Tonhöhe ändern, wo Pausen setzen? Gibt es Stellen, in denen man besondere Gesten oder Mimik einzusetzen verspürt? Würde man zum Vortrag vor Publikum vielleicht Requisiten einsetzen? Welche? Wer so etwas geübt hat, kann es – auch im Abitur – imaginieren. Versuchen Sie es!

Die schriftliche Interpretation ist die Beschreibung des subjektiven Textverstehens und sie ist deshalb niemals eindeutig, da sie stark vom Vorwissen und den persönlichen Erfahrungen desjenigen abhängt, der sie verfasst. Da die Interpretation einem Text auf diese Weise Bedeutungen zuweist, fußt sie auf dem Verstehen und der Analyse, denn erst auf der Basis einer genauen Textbeobachtung und Beschreibung kann der Schreibende sein Verstehen erklären. Wichtig zu beachten ist neben der textästhetischen Wirkung die (Aus-)Wirkung der sprachlichen und formalen Gestaltung auf die Aussagen und das Thema des zu interpretierenden Gedichts.
Daneben kann es hilfreich sein, sich verfügbare Kontexte zu vergegenwärtigen: Was habe ich schon kennengelernt, über welches literaturhistorische, biografische oder

gesellschaftliche Vorwissen verfüge ich und inwiefern ist es für das Verstehen meines zu interpretierenden Gedichts hilfreich? (Hinweis: Beim hessischen Landesabitur gibt es immer Hinweise auf Entstehungszeit und Thema!)

Intertextuelle Verweise

Intertextualität meint das Aufeinanderbezogensein mindestens zweier Texte, d.h., ein Text tritt in Bezug zu einem meist älteren Text, führt ihn fort, aktualisiert ihn, antwortet auf ihn, setzt sich mit ihm auseinander. Man sagt auch, dass ein Text den anderen zitiert. Dies ist zunächst über die (Strophen-)Form möglich, etwa bei Sonetten, Hymnen, Elegien, Oden oder Balladen. Ein gutes Beispiel dafür sind die Sonette im Expressionismus, die sich formal auf den Barock beziehen. Eine weitere Möglichkeit ist ein inhaltlicher Bezug. So verarbeiten mehrere Gedichte dasselbe Motiv, aber jeweils mit einer anderen Aussage oder Bedeutung. Ein gutes Beispiel hierfür sind die Gedichte um die mythische Gestalt der Lorelei: Clemens Brentano „Zu Bacharach am Rheine“ (1801), Joseph von Eichendorff „Waldgespräch“ (1815), Heinrich Heine „Ich weiß nicht, was soll es bedeuten“ (1826), Erich Kästner „Der Handstand auf der Lorelei“ (1932) und Rose Ausländer „Lorelei“ (1982). Von diesen Gedichten wurden zwei für eine Original-Prüfungsaufgabe 2013 ausgewählt.

Epische Texte

Was ist Epik?

Die Begriffe *Epik* und *episch* werden gebraucht für die Gattung der erzählenden Dichtung (lat. *prosa*) und gehen zurück auf das griechische Wort *epos* bzw. das Adjektiv *epikos*: das „Gesagte“, das „Berichtete“ oder die „Erzählung“. Das griechische Epos, z. B. die „Odyssee“ oder die „Ilias“ von Homer, ist ein umfangreiches Erzählgedicht in Versform, das augenscheinlich für den öffentlichen Vortrag bestimmt war. Mit den Ritterepen des Mittelalters, z. B. dem „Nibelungenlied“, hält die Epik Einzug in die frühe deutsche Literaturgeschichte (→ S. 120 ff.).
Erzählen bedeutet, eine Geschichte in einer erzählten Welt darzustellen, die erst durch das Erzählen entsteht. Um das Erzählen zu untersuchen, muss man zwischen dem Was (das erzählte Geschehen, die Geschichte oder auch „der Inhalt“ der erzählten Welt) und dem Wie (die Darstellung/Erzeugung der erzählten Geschichte in der erzählten Welt) unterscheiden. Die Geschichte ereignet sich demnach in einer Welt, die durch den Erzähltext erst erzeugt wird. Daher muss man auch sehr genau zwischen Autor und *Erzähler* unterscheiden, denn sonst würde man die reale mit der fiktiven Welt gleichsetzen. Dies gilt auch, wenn Figuren oder Handlungen sich auf reale Ereignisse beziehen bzw. sich zu beziehen scheinen.

Was muss man also wissen und können und welche Haltungen muss man einnehmen wollen, um Epik auf die Spur zu kommen?

Das WAS

Was passiert und warum passiert es? Hier geht es um die chronologischen und kausalen Zusammenhänge in der fiktiven Welt der Geschichte.
Innerhalb der Handlung unterscheidet man das Ereignis, das Geschehen und die Geschichte. So ist die Erzählung von der Geburt Grenouilles in Patrick Süskinds Roman „Das Parfum“ zunächst ein Ereignis, welches erst im Verlauf der Erzählung von weiteren Ereignissen seiner Kindheit bei verschiedenen Ammen und Lehrherren zum Geschehen wird. Die Geschichte ergibt sich dann aus der chronologischen und kausalen Abfolge des Geschehens, im Roman von Süskind aus dem Leben und Sterben der Figur Grenouille, wozu die Morde ebenso gehören wie die Entwicklung der Figur und ihrer Kunst als Parfümeur.
Hinter jeder Geschichte steckt ein tiefer liegendes Muster, welches sich anhand von literarischen Vorbildern – meist auf der Figurenebene – identifizieren lässt, da es einem übergeordneten Schema folgt, etwa dem des Märchens (z. B. Franz Kafka „Die Verwandlung“), der Novelle, der Abenteuergeschichte, der Detektivgeschichte oder dem des Entwicklungs- oder auch des Künstlerromans. In Süskinds „Das Parfum“ stellt man leicht fest, dass sich hier verschiedene zugrunde liegende Muster finden lassen. Dies wiederum ist für das Verstehen und Interpretieren wichtig, denn je nachdem, was man in den Fokus rückt, kommt man zu einer anderen Interpretation.

Interessant ist zudem das Ende der Geschichte, die Lösung, denn auch sie folgt bestimmten tradierten Mustern (z. B. Konfliktlösung durch Happy End oder Tod).
Um das erzählte Geschehen zusammenfassen und in den Zusammenhang einordnen zu können (meist die 1. Aufgabe in Klausuren), ist es hilfreich, Ereignis, Geschehen und Geschichte zu unterscheiden: Wer macht (wann und ggf. wo) was mit wem und mit welcher Folge? Was ergibt sich daraus für wen und wie endet es?

Das WIE

Die Präsentation der erzählten Geschichte findet auf den Ebenen Figuren und Raum statt und sie ist bestimmt von der Zeit, dem Modus und der Stimme. Was meint das?

1 Die Zeit

Untersucht wird das Verhältnis zwischen dargestellter Zeit und der Art der Darstellung. So ist es möglich, dass die Geschichte chronologisch erzählt wird (Ereignis folgt auf Ereignis), dass Zukünftiges vorweggenommen bzw. vorausgedeutet wird *(Er hieß Jean-Baptiste Grenouille, und wenn sein Name [...] heute in Vergessenheit geraten ist, so sicher nicht deshalb [...];* Patrick Süskind: Das Parfum. Zürich: Diogenes 1994, S. 5) oder auch Rückwendungen erzählt werden.
Die Dauer ist ein weiterer Aspekt zum Thema Zeitbehandlung. Sicherlich macht es einen Unterscheid, ob szenisch/zeitgleich, gedehnt oder gerafft oder mit Sprüngen (Ellipsen, Auslassungen) erzählt wird. Innerhalb eines epischen Textes werden Ereignisse nicht auf die gleiche Weise erzählt und ein Blick darauf, ob sie abgekürzt oder ausführlich (zeitgleich oder gedehnt) erzählt werden und was genau in welcher Weise erzählt wird, ist wiederum ein Schlüssel zum Verstehen. Fast nebenbei erfährt der Lesende, dass Grenouille etwa sieben Jahre in der Höhle am Plomb du Cantal zubringt. Dagegen wird seine Fantasiereise ins eigene Ich sehr ausführlich erzählt, da sie für die weiteren Geschehnisse und damit für das Verstehen der Geschichte (insbesondere das Ende des Romans) sehr wichtig ist.

2 Der Modus

Hier unterscheidet man zwischen Distanz und Fokalisierung. Was ist damit gemeint?

- Distanz untersucht, wie unmittelbar (nah) bzw. mittelbar (fern) das Erzählen ist. Besonders nah und direkt miterlebbar scheint das Erzählen, wenn die Figuren in direkter Rede miteinander kommunizieren, ob mit Anführungszeichen oder – besonders in postmodernen Texten – ohne *(A: So einen Sturm haben wir selten erlebt.).*
  Dagegen lässt ein Redebericht *(A erzählte B von dem großen Sturm.)* eine große Distanz aufkommen.
  Die indirekte *(A erklärte B, dass sie so einen Sturm selten erlebt hätten.)* und die erlebte Rede *(Was war das für ein Sturm!)* sind Formen von vermittelter Rede und sie stehen zwischen dem Erzählen und dem Erleben, da sie durch den Erzähler vermittelt werden. Ihre Nähe bzw. Distanz bestimmt sich durch die Position im Text (Kontext).
  Neben der präsentierten Figurenrede gibt es dieselben Formen auch in der Gedankenrede. Auch diese wird mehr oder weniger stark vom Erzähler vermittelt (von: *Er dachte darüber nach, ob er einen solchen Sturm schon einmal erlebt hatte.*

über: *Er sagt sich, dass er B von … erzählen wollte. bis: Ja, er wollte jetzt unbedingt B davon erzählen.)* und führt zu Distanzerleben oder zu Nähe.

- Die Fokalisierung nimmt die Wahrnehmung auf das Geschehen genauer in den Blick und fragt: Wer nimmt eigentlich das erzählte Geschehen wahr?
  In der Schule wird noch immer mit stark vereinfachenden, veralteten Begriffen gearbeitet (auktorial). Häufig ist aber zu erkennen, dass sich die Begriffe als wenig tauglich erweisen, weil sich das Wahrnehmen im Verlauf des Textes vielfach ändert: Teils nimmt der Erzähler wahr, teils die Figuren, sodass man keine durchgängige/eindeutige Zuordnung treffen kann.
  Grundsätzlich muss man danach unterscheiden, ob der Erzähler mehr weiß oder sagt als alle anderen Figuren, ob er also die Übersicht hat (a) oder ob er gerade so viel sagt und weiß wie die Figur selbst (b) oder sogar weniger, da er keinen Einblick in das Innere der Figur(en) hat (c). Innerhalb des Erzählens findet häufig unvermittelt und ohne Vorankündigung ein Wechsel statt, wie man auf der ersten Seite im ersten Kapitel von Theodor Fontanes Roman „Frau Jenny Treibel" gut erkennen kann:

a: An einem der letzten Maitage, das Wetter war schon sommerlich …
b: Dazu wehte, der ganzen Atmosphäre auch hier den Charakter gebend, von einem nach hinten zu führenden Korridor her ein sonderbarer Küchengeruch heran, der, wenn nicht alles täuschte, nur von Rührkartoffeln und Karbonade gedeutet werden konnte …
c: … er schien es gar nicht bemerkt zu haben, dass …

Theodor Fontane: Frau Jenny Treibel. Husum: Hamburger Lesehefte Verlag 1991, S. 3

3 Die Stimme
Hier geht es innerhalb des Erzählens nicht darum, wer wahrnimmt, sondern wer (genau) spricht. Untersucht wird auch, ob der Erzähler aus einem großen zeitlichen Abstand heraus spricht oder aus dem Moment, ob ein Ich erzählt oder mittels der 3. Person erzählt wird und ob der Erzähler am Geschehen selbst beteiligt ist oder nicht und schließlich, auf welcher Ebene gerade erzählt wird (bei Novellen z. B. eine Geschichte in der Geschichte). Diese Kategorien zu betrachten und zu unterscheiden, ist besonders in Texten hilfreich und interessant, die sich einem Verstehen auf den ersten Blick entziehen (z. B. bei Kafka und einigen Texten der Postmoderne).
Hinweis: Da in der Schule häufig noch mit den veralteten Begriffen zum Erzählen gearbeitet wird und diese auch überwiegend in den Prüfungsaufgaben Verwendung finden, weist die Tabelle „Grundformen des Erzählens" (→ S. 157 ff.) diese Begriffe aus, versucht aber, sie zu erweitern hinsichtlich Erzählform, Erzählperspektive, Erzählstandort sowie Erzählhaltung.

Zentral für epische Texte sind die Figuren und deren Konstellation und Handeln, weshalb hier etwas genauer auf die Analyse der *Figurenkonzeption* eingegangen werden soll. Hierzu dient die Darstellung der Figur Helene aus Fontanes „Frau Jenny Treibel" (Kap. 1 – 5).

4 Die literarische Figur

Sie ist ein mentales Modell eines Menschen (einer menschenähnlichen Gestalt) innerhalb der fiktiven Welt. Sie wird erzeugt im Akt des Lesens durch die Informationen, die zu ihr gegeben werden (direkt durch den Erzähler und andere Figuren und indirekt durch die Figur selbst, ihr Reden und Handeln). Diese Informationen sind trotz aller Details lückenhaft und werden durch den Leser um sein Weltwissen (epochenspezifisch, historisch-gesellschaftlich, autorenspezifisch, anthropologisch oder psychologisch) erweitert (z. B. die *Nervöse*, im Sinne von „die Nerven betreffend, ge-, überreizt", für die Frauenfiguren bei Fontane). Dies alles zusammen ergibt die Figurenkonzeption oder auch Charakterisierung der Figur. Die Figur ist und bleibt aber eine fiktive Gestalt und ist nicht zu verwechseln mit realen Personen/Menschen (das wird häufig vergessen, etwa wenn Lesende sich mit Figuren identifizieren oder diese mit dem Autor gleichsetzen!).
Die Charakterisierung einer Figur ergibt sich also aus ihrer Konzeption im Text. Hierzu betrachtet man die Figureninformationen, die sich auf ihr Äußeres, ihre Eigenschaften (mentale, charakterliche), ihre Rede (Inhalt und Sprache betreffend) und schließlich ihre Handlungen beziehen. Hinzu kommen figurenbezogene Tatsachen in der erzählten Welt, d. h. Schlussfolgerungen, die sich aus den Figureninformationen ergeben, wenn man die Welt, in der die Figuren agieren, betrachtet (z. B. durch andere Figuren oder den Erzähler) und bedenkt, welche Informationen „glaubwürdiger" als andere sind, etwa durch die Wiederholung bestimmter Informationen aus verschiedenen Perspektiven, durch den Erzähler oder durch die Rede und die Handlung der Figur selbst.

Das soll am Beispiel von Fontanes „Frau Jenny Treibel" an der Figur Helene verdeutlicht werden: Sie wird bereits sehr früh (im ersten Kapitel „Gespräch zwischen Frau J. Treibel und Corinna") von der Kommerzienrätin selbst erwähnt. Kurz danach tritt sie selbst auf und spricht, sodass der Leser das von Jenny erzeugte Bild überprüfen und ggf. revidieren kann, sich also sein Bild ihres Charakters erweitern kann. Im Folgenden wird die Figur durch den Erzähler, der im Roman als allen Figuren übergeordnet eingeführt wurde, kurz beschrieben, von Corinna in einem Nebensatz erwähnt und schließlich wird ihr ein gesamtes Kapitel gewidmet, was sie in ihrer häuslichen Umgebung reden und handeln lässt. Hier ergeben sich neue Einblicke: in ihre Rolle als Ehefrau und Mutter und in ihr Selbstverständnis als großbürgerliche Hausvorsteherin.

Es werden in den ersten fünf Kapiteln folgende Figureninformationen gegeben:

- Helene ist Jennys Schwiegertochter und mit deren Sohn Otto verheiratet.
- Helene ist Hamburgerin und orientiert sich an England, besonders am Lebensstil der Engländer. Dazu gehört auch, dass sie darauf Wert legt, alle Menschen zu kennen (so Jenny).
- Helene kann den Jugendfreund ihres Mannes nicht einladen, da sie zu Hause „Plättag" hat und dieser geht allen gesellschaftlichen und geschäftlichen Verpflichtungen vor (Jenny befürchtet sogar, dass sie nicht beim Diner erscheint, was sie Helene gegenüber auch äußert).

- Als Nächstes kommt die Figur selbst ins Spiel, sie tritt bei Treibels auf und äußert sich: Sie bittet die Mutter um Verzeihung, noch ehe sie sich begrüßt haben, und erläutert, warum sie Mr. Nelson nicht einladen konnte. Ihr Haushalt bzw. ihre Angestellten sind unzuverlässig, sie fürchtet Peinlichkeiten durch mangelndes Engagement und ungebührliches Verhalten.
- Ihre Argumente unterstützen zunächst Jennys Einschätzung, indem sie Helene als sorgsame Hausfrau (Vorsteherin des Haushaltes) bestätigen, erweitern aber auch die Sicht, da Helene sich als sehr bedacht und keineswegs so vordergründig erweist: So legt sie Wert darauf, dass sich die Gäste wohlfühlen, dass das „Haus Otto" seinen gesellschaftlichen und geschäftlichen Verpflichtungen gerecht werden kann, und sie ist Jenny gegenüber ehrlich, denn dass das Personal gekündigt hat und nicht so arbeitet, wie man es erwarten sollte, wirft auch einen kritischen Blick auf sie selbst in ihrer Fähigkeit, gutes Personal auszusuchen und anzuweisen.
- Sie informiert ihre Schwiegermutter über den ihr unbekannten Gast Mr. Nelson, beschreibt zunächst seine Sprache bzw. sein Sprechvermögen im Deutschen und danach dessen Äußeres. In Helenes Rede wird deutlich, worauf sie Wert legt: auf (s) ein untadeliges Äußeres, wozu auch die Sprache gehört, auf körperliche Gepflegtheit nach englischer Art und gute Manieren. Gleichwohl fällt auf, dass Helene englische Eigenheiten besonders wertschätzt, und sich selbst, indem sie englische (Fach-) Sprache verwendet, zumindest untypisch als Deutsche verhält. Als sie schließlich ihren Mann und die eigenen finanziellen Möglichkeiten mit denen von Mr. Nelson vergleicht und kritisch betrachtet, wird Jennys Einschätzung *so tun als ob* plausibel, Helene auch für den Leser „unbegreiflich", zumindest aber fremd.
- Dieses Bild wird in den folgenden zwei Erwähnungen der Figur durch den Erzähler und Corinna wieder etwas zurückgenommen, denn von ihr wird sie als sehr gut aussehend, den Neid anderer Frauen auf sich ziehend, ferner als blond, klar und ruhig beschrieben. Von Corinna erfahren wir zudem, dass sie rot geworden ist, als Marcell ihr den Hof machte. All dies macht sie menschlich und mildert (zunächst) den Eindruck der Affektiertheit.

Formen und Elemente epischer Texte

Zur Epik gehören unterschiedlich lange und strukturierte Textsorten wie
- der Roman als epische Großform: u. a. *Abenteuerroman, Bildungsroman, Entwicklungsroman, historischer Roman, Künstlerroman, psychologischer Roman, Zeitroman* sowie
- epische Kleinformen: u. a. *Anekdote, Erzählung, Fabel, Gleichnis, Parabel, Legende, Märchen, Novelle, Kurzgeschichte, Sage.*

Epische Kleinformen bieten dem Leser immer nur einen Ausschnitt aus der Welt, eine pointierte Begebenheit, während der Roman in epischer Breite Anspruch auf die Darstellung eines größeren äußeren oder innerseelischen Zeitraums beansprucht. Jedoch sind weder die oben erwähnten Romanformen und Textsorten noch die dem Text vor-

angestellten Bezeichnungen immer eindeutig, einheitlich und trennscharf, was besonders für die Romane der Moderne und Postmoderne gilt, die sich an tradierten Mustern orientieren und damit spielen, vgl. dazu z. B. Süskinds „Das Parfum“.
Im Folgenden werden aus der Gattungsgeschichte und inhaltsbezogenen Einteilungen Zugriffe auf epische Texte vorgestellt, Grundbegriffe zur Beschreibung und Analyse präsentiert sowie Tipps und Hinweise zur schriftlichen Interpretation unterbreitet.

Grundformen des Erzählens

Erzählsituation	
Erzählverhalten	– **auktorial**: Der Erzähler ist allwissend („olympisches Erzählen“), verfügt souverän über alle Momente des epischen Textes, kommentiert, reflektiert, bewertet, blickt zurück oder voraus; das Geschehen und dessen Deutung wird von ihm gelenkt; er führt den Leser durch den Text. – **personal**: aus Sicht einer Figur, von einem Standpunkt im Geschehen, daher eingeschränkte Sichtweise; subjektiv; Leser erhält unmittelbaren Einblick in subjektives Erleben. Um verschiedene Sichtweisen zu verdeutlichen, oft in der direkten Figurenrede die Darstellung mehrerer Figuren (Multi-/Polyperspektivität). – **neutral**: sachlich, unkommentiert, weder aus der Sicht einer Figur noch aus der eines auktorialen Erzählers; Erweckung des Anscheins von größter Objektivität
Erzählform	– **Er/Sie-Form**: Es wird von anderen erzählt. – **Ich-Form**: Ich-Erzähler: subjektiv, wirkt authentisch – *Erzählerbericht* als Grundform des auktorialen Erzählens; auch in der Ich-Form kann der Erzähler auktorial als sich erinnerndes, erzählendes Ich rückblickend erzählen. – *Erlebte Rede* und *innerer Monolog* sind Hauptformen des personalen Erzählens. – *Sachlicher, dokumentarischer Vergangenheitsbericht* oder *szenisches Erzählen* sind Hauptformen des neutralen Erzählers, z. B. Gesprächswiedergabe ohne Kommentare.
Erzählperspektive	– **Außensicht**: Aussehen, äußerliche Informationen über Figuren, Handlungen, Beobachtungen – **Innensicht**: Gefühle und Gedanken einer Figur
Erzählstandort	Position des Erzählers zum Erzählten: Nähe/Distanz in räumlicher oder auch zeitlicher Hinsicht
Erzählhaltung	Einstellung des Erzählers zum Erzählten: neutral, ironisch, kritisch, wertend, abwertend, ambivalent, zustimmend, euphorisch ...

Figuren	
direkte Figurencharakterisierung	Charakterisierung einer Figur durch den Erzähler (Außensicht) oder von anderen Figuren (Innensicht), indem z. B. ihr Äußeres beschrieben, ihre Beziehungen zu anderen Personen dargestellt, ihr Handeln thematisiert wird
indirekte Figurencharakterisierung	Wenn sich die Figuren durch Inhalt und Form ihrer eigenen Äußerungen (z. B. Verhalten, wörtliche Rede, Gedanken) und ihr erzähltes Verhalten selbst charakterisieren.
Figurenkonzeption	– statische, sich nicht verändernde und – dynamische, sich verändernde Figuren – (Zeit-)Typus (mit wenigen verallgemeinerbaren Zügen) – Individuum (individuell ausgestaltete Persönlichkeit)
Figurenkonstellation	Zusammenwirken der Figuren und ihr Verhältnis zueinander; bestimmt meist den zentralen Konflikt des epischen Textes; Prägung durch – die Art der Beziehung der Figuren zueinander je nach: Geschlecht, Alter, Verwandtschaft, Bildung, beruflicher Stellung, Herkunft/Milieu, sozialem Status, Werthaltung, charakterlicher Einstellung und psychischem Verhalten (z. B. Interessen, Gefühle, Wünsche, Bedürfnisse) – die kompositorische Konstellation der Figuren: *Parallelfiguren* (Wiederholung bestimmter Figurengruppen, z. B. auf einer anderen sozialen Ebene), *Kontrastfiguren* (z. B. bei Entgegensetzung von Lebensentwürfen)
Redeformen	
Erzählerrede	abgegrenzt von direkter (Figuren-)Rede: Erzählerbericht, -kommentar, indirekte (Figuren-)Rede, Beschreibung
direkte Figurenrede	szenische Darstellung, Dialoge, in denen sich die Figuren unmittelbar mitteilen, in traditionellen Texten durch Anführungszeichen gekennzeichnet; gibt dem Text einen dramatischen Akzent, bezieht den Leser direkt in das Geschehen ein; der Erzähler tritt hinter die Figuren zurück
indirekte Figurenrede	oft im Konjunktiv durch den Erzähler wiedergegeben, erzeugt Distanz zum erzählten Geschehen
erlebte Rede	Wiedergabe der Gedanken einer Figur aus der Innensicht; in der Regel im Indikativ Präteritum der 3. Person Singular (zu sich selbst Distanz schaffend); Mischung von direkter und indirekter Rede; oft nicht direkt zu erkennen, wo die indirekte Rede aufhört und die erlebte Rede beginnt, da diese nicht ausdrücklich gekennzeichnet wird

innerer Monolog	unmittelbare Wiedergabe der Gedanken einer Figur in Form eines Selbstgesprächs; völliges Zurücktreten des Erzählers; in der Regel im Präsens und in der 1. Person Singular
Stream of Consciousness (Bewusstseinsstrom)	vielschichtig verflochtene, formlose Aneinanderreihung von Bewusstseinsinhalten (Gedanken, Ideen, Wahrnehmungen, Gefühle, Wünsche, Träume usw.) einer Figur; erzähltechnisch eine Erweiterung des inneren Monologs, da im SoC oft Satz- und Wortfetzen vorkommen und Grammatik- oder Syntaxregeln nicht eingehalten werden (müssen); dennoch sind z. B. leitmotivische Wiederholungen erkennbar
Zeitstrukturen	
Erzähltempus	Im traditionellen Roman ist das Erzähltempus das Präteritum, weil nur erzählt werden kann, was bereits geschehen ist. Das sogenannte „historische Präsens“, eingebettet in das Präteritum, kann an zentralen Stellen des Textes die Funktion des Präteritums übernehmen. Die Erzählung im Präsens besitzt größere Unmittelbarkeit. Das Präsens suggeriert dem Leser, die erzählte Geschichte sei noch nicht fertig, alles sei noch möglich. Es bewirkt aber auch einen Mangel an Illusion und Geschlossenheit.
historische Zeit	der historische Kontext, in den ein Text eingebettet ist, der die Handlungen der Figuren bestimmt und auf den der Text in vielfältiger Weise (Accessoires, Sprachduktus, Thematik, Topografie, Daten usw.) Bezug nimmt
Erzählzeit **erzählte Zeit**	zeitliche Dauer des Erzählvorgangs zeitliche Dauer des erzählten Geschehens Das Verhältnis beider Aspekte ist eine interessante Grundlage für die Analyse: – Sie können in etwa deckungsgleich sein (Beispiel: ein Dialog zwischen zwei Figuren; hier Frau Dörr und Frau Nimptsch in T. Fontanes „Irrungen, Wirrungen“): „Er war woll hier?“ „Freilich war er. Und beide sind nu ein bisschen rüber nach Wilmersdorf zu; den Fußweg lang, da kommt keiner. Aber jeden Moment können sie wieder hier sein.“ „Na, da will ich doch lieber gehen.“ „O nich doch, liebe Frau Dörr. […]“ – Die erzählte Zeit kann vielfach gerafft werden: Beide waren schon früh auf, und die Sonne kämpfte noch mit dem Morgennebel, als sie schon die Stiege herabkamen, um unten ihr Frühstück zu nehmen. (T. Fontane, „Irrungen, Wirrungen“)

Erzählzeit erzählte Zeit	– Die erzählte Zeit kann gedehnt werden (häufig durch lange Betrachtungen des Erzählers oder der Figuren). – Es können Sprünge (die Erzählung steht still, das Geschehen geht weiter) und Pausen (die Erzählung geht weiter, das Geschehen steht still) vorkommen. Gerade diese Möglichkeiten setzen sprachlich inhaltliche Schwerpunkte und sind für die Analyse von Bedeutung. Modernere und experimentellere Umgangsformen mit der Zeit in epischen Texten zielen z. T. auf eine Auflösung der chronologischen Struktur ab (z. B. Anwendung der Montagetechnik, um Simultaneität vorzuspiegeln).
Motive und Raum	
Motiv	Das Motiv ist die kleinste strukturbildende und bedeutungstragende Einheit im einem Werk bzw. Text. Eine spezielle Form ist das *Leitmotiv,* z. B. Farben, Stimmungen, Symbole, Personen, Sätze, Redewendungen usw. Es kann als sprachliches Bild eine ordnende oder verbindende Funktion haben oder durch seine häufige Wiederholung die Charakteristika einer Figur, eines Ortes, eines Konflikts betonen.
Raum/ Schauplatz	Der Raum spiegelt nicht immer eine reale Topografie wider. Selbst wenn das fiktive Geschehen an einem in der Realität auffindbaren und konkret benannten Ort spielt, dient dieser vor allem dazu, die Atmosphäre, das soziale Umfeld, das Lokalkolorit zu vermitteln, in denen die Figuren leben und handeln und das sie prägt. Der Text kann daher ein hohes Maß an Authentizität gewinnen sowie eine Wiedererkennungs- und Identifikationsmöglichkeit für den Leser schaffen (besonders im „historischen Roman“ bzw. „Zeitroman“). Die fiktive Topografie eines epischen Textes weist vielseitige gestalterische Funktionen auf, da sie immer in Bezug zum Handeln der Protagonisten entsteht und dieses z. B. beeinflussen, konterkarieren, motivieren kann. Im realistischen Zeit- und Gesellschaftsroman des 19. Jahrhunderts können topografische Besonderheiten leitmotivische Funktion innerhalb des Textes übernehmen. Die Raumgestaltung kann durchaus auch jeden realen Bezug verlieren und der Spiegelung und Vergegenständlichung innerer Zustände und Prozesse (innerseelische Topografie) dienen.

Dramatische Texte

Was ist ein Drama?

Neben Lyrik und Epik ist das Drama die dritte große Gattung der Literatur. Griechische Autoren der Antike (z. B. Sophokles, Euripides, Aristophanes) haben das Drama aus kultischen Vorstufen entwickelt und ihre Funktion war vor allem die politische Erziehung der Zuschauer (übrigens ausschließlich Männer). Um dies zu erreichen, gab es strenge inhaltliche und formale Vorgaben, die von Aristoteles (384 – 322 v. Chr.) in seiner Schrift „Poetik" unter dem Stichwort Tragödie beschrieben waren. In der Antike dienten die Theateraufführungen vorwiegend der Stabilisierung der politisch-demokratischen Verhältnisse, dies geschah sowohl durch die Inhalte als auch die Form der alljährlich stattfindenden Theaterfeste. Die Zuschauer verließen „gereinigt" (im Sinne der *Katharsis*, → S. 169) die Vorführung. Ein die Wirkabsicht unterstützendes Element war die besondere Architektur der Spielstätten, die teilweise bis heute erhalten sind, so z. B. das Dionysos-Theater auf der Athener Akropolis sowie griechische Theateranlagen im Mittelmeerraum (z. B. Ephesos in der Türkei). Diese Spielstätten waren architektonisch sehr weit entwickelt, sodass die Zuschauer von jedem der 17 000 Plätze aus jedes gesprochene Wort verstehen konnten (es gab ja noch keine Verstärker oder Mikrofone). Hinter der halbkreisförmig angelegten Bühne (Proskenion) befand sich die „Skene" (Bühnengebäude), hier traten die Spieler auf und ab. Da ein Ortswechsel nicht vorgesehen war und die Spielzeit der gespielten Zeit entsprach, war auch kein Bühnenumbau notwendig. Auch den Chor haben die griechischen Autoren erfunden, seine Aufgabe bestand daran, das dargestellte Geschehen zu kommentieren/reflektieren oder auch zu erklären. Themen und Intentionen der griechischen Autoren, aber auch die Machart der Dramen, dienen bis heute Dramenautoren als Vor- und Leitbild (z. B. „Antigone", „Iphigenie"). Vor allem aber war die Idee, die Zuschauer durch die Rezeption in ihrem Denken und Handeln zu beeinflussen, für spätere Autoren tragendes Prinzip. Ausgehend von Nachahmungen (vor allem französischer Autoren) haben Gotthold E. Lessing im 18. Jahrhundert, später Friedrich Schiller sowie Georg Büchner und Bertolt Brecht das Drama weiterentwickelt. Neben den antiken Vorbildern hatte auch das englische Theater in Anlehnung an William Shakespeare einen großen Einfluss.

Konstituierende Eigenschaft des Dramas ist seine Aufführbarkeit und damit seine Unmittelbarkeit. Das bedeutet vor allem, dass das dargestellte Geschehen nicht zurückliegt (→ Epik, S. 152 ff.), sondern sich in dem Moment vollzieht, in dem es rezipiert wird. Auch Dramen, die aus technischen, gesellschaftspolitischen oder anderen Gründen nicht aufführbar waren (sog. *Lesedramen*, besonders des 18. Jahrhunderts) funktionieren grundsätzlich nach diesem Prinzip.

Was muss man also wissen und können und welche Haltungen muss man einnehmen wollen, um der Gattung Drama auf die Spur zu kommen?

Formen des Dramas

Wie funktioniert das Drama? Wie ist es gemacht?

Dramen, die sich an Aristoteles' Poetik orientieren, nennt man *aristotelische* bzw. *geschlossene Dramen* und stellt sie den *nichtaristotelischen*, *offenen Dramen* gegenüber. Die Unterscheidung „offen" – „geschlossen" stammt von Volker Klotz, in der Praxis ist sie jedoch nicht immer eindeutig.
Kennzeichen aristotelischer Dramenform sind, dass sie

- meist auf wenige sich gegenüberstehende Figuren konzentriert ist,
- sich in einem geschlossenen Gesellschaftsgefüge abspielt,
- weitgehend der Einheit von Zeit und Ort gehorcht,
- auf ein Ende hinzielt (eindeutiger Schluss) und dass
- die Handlung eher einsträngig angelegt ist. Das meint, dass es nur einen zentralen Handlungszusammenhang gibt und Nebenhandlungen nicht vorkommen (Einheit der Handlung). Die Handlung wird in den Akten nach strikten Regeln entfaltet, zum Höhepunkt, einer Wendung hin zur Lösung der Konflikte, geführt und am Ende gelöst, als Katastrophe (Tragödie) oder als glückliches Ende (Komödie).

Nach der Lehre des Aristoteles muss sich eine Dramenhandlung ferner auf einen Tag begrenzen, d. h., sie beginnt am Morgen und umfasst den Zeitraum von einem Tag. Dies hängt zunächst mit der Aufführung selbst zusammen, die im antiken Griechenland am Morgen bei Sonnenaufgang begann und bei Sonnenuntergang endete. Ferner spielt die Handlung an nur einem Ort, was ebenfalls der Aufführung, hier dem Bühnenaufbau, geschuldet ist und alles, was an diesem Ort nicht stattfinden kann, wird durch die dramaturgischen Mittel der *Teichoskopie* (→ S. 168) oder des *Botenberichts* (→ S. 168 f.) gelöst. Aus diesen Kennzeichen entwickelte sich später die *Lehre von den „drei Einheiten":* die Einheit der Zeit, des Ortes und der Handlung.
Die Einheit von Handlung wurde später von Autoren des 18. Jahrhunderts bewusst aufgekündigt, verschiedene Handlungsstränge stehen gleichberechtigt nebeneinander (wie in Dramen von Lessing, Schiller, Goethe). So ist z. B. Johann Wolfgang Goethes „Götz von Berlichingen" eher der offenen Form verpflichtet und geht auf das englische (Shakespeare-)Theater zurück. Vor allem für die Dichter des Sturm und Drang gelten Beschränkungen von Zeit, Handlung und Ort so nicht mehr, was man besonders gut am „Götz von Berlichingen" erkennen kann: Es gibt eine Vielzahl von Szenen (mehr die 50), das Geschehen vollzieht sich in einer unbestimmten Zeitdauer an verschiedenen Orten und verschiedene Handlungsstränge, die alle eine eigene Spannung aufweisen, werden vereint (Haupt- und Nebenhandlung).

Bei der offenen (nichtaristotelischen) Dramenform sind diese dramatischen Elemente (Einheit von Zeit, Ort und Handlung) zwar gerade nicht vorhanden, jedoch zeigt sich das Ganze der Handlung in der Vielfalt der Ausschnitte und Episoden. Eine Konzentration erfolgt auch hier (über die Direktheit der Darstellung). Anders als in der Epik ergeben sich Themen, Konflikte und Lösungen nicht über poetische Umwege, sondern direkt über die Figuren, ihr Handeln und ihre dramatischen Konflikte.

Zwei weitere Begriffe sind für die Konstruktion des Dramas noch wesentlich: das *Zieldrama* und das *analytische Drama*.
Das Zieldrama ist in seiner Handlungsstruktur auf das Ende hin angelegt: im aristotelischen Drama meist auf den physischen Untergang der Hauptfigur in der Tragödie oder die sog. „heilige Hochzeit“ in der Komödie (Verlobung, Heirat oder glückliches Ende). Aber, obgleich der Held der Tragödie untergeht, stellt sich für das Drama und sein Hauptthema zugleich häufig ein moralischer oder ideeller Sieg dar, so z. B. in Lessings „Emilia Galotti“, wo Odcardo nach dem Tod Emilias die Verantwortung annimmt: *Ich gehe und liefere mich selbst in das Gefängnis. Ich gehe und erwarte [...] Sie vor dem Richterstuhl unser aller!* Im nichtaristotelischen Theater bleibt das Ende häufig offen und ist der Konstruktion der Rezipienten überantwortet.
Im analytischen Drama wird die Vergangenheit schrittweise aufgedeckt, woraus sich die dramatische Handlungsstruktur ergibt: Hier liegt das Geschehen, um das es geht, zeitlich zurück und wird nach und nach aufgedeckt. Ein gutes Beispiel dafür ist das Drama „König Ödipus“ von Sophokles. Interessant ist, dass diese Form nicht nur viele nichtaristotelische Dramen bestimmt, sondern auch Muster für die Epik geworden ist, z. B. in der Kriminalliteratur.

Gibt es den typischen Aufbau eines Dramas?

Alle Dramen unterteilen sich in einzelne Szenen bzw. Auftritte der Figuren, die in größere Einheiten zusammengefasst werden können, die als Akte oder Aufzüge bezeichnet werden.
Auch hier muss man wieder zwischen aristotelischen und nichtaristotelischen Dramen unterscheiden.
Gustav Freytag hat 1863 für das aristotelische Drama ein anschauliches Schema entwickelt, das sich zur Beschreibung durchgesetzt hat:

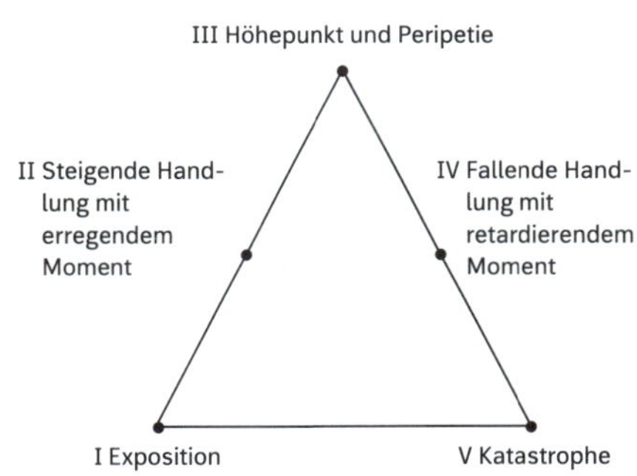

Wie oben im Schema zu sehen ist, ist das Drama aus fünf Akten aufgebaut und jeder dieser Akte hat eine besondere Funktion:

Akt I	**Exposition**	Einführung in Ort, Zeit, Hauptfiguren und zentrale Motive
Akt II	**Steigende Handlung**	Die Handlung spitzt sich zu durch Interessenskonflikte, Intrigen usw.
Akt III	**Höhepunkt/ Peripetie**	Die Zuspitzung der Handlung bzw. des Konfliktes erreicht ihren Höhepunkt, sodass es zu einem Wendepunkt (Peripetie) kommt, der zum Erfolg oder Scheitern der Hauptfigur führt.

Akt IV	**Fallende Handlung**	Auf dem Weg zum Untergang bzw. zur Rettung kommt es zu Verzögerungen (retardierenden Momenten), die der Steigerung der Spannung auf den Ausgang dienen.
Akt V	**Katastrophe** (Tragödie)	Häufig verbunden mit dem Tod der Hauptfigur kommt es in der Tragödie zum Untergang, der eine kathartische Funktion für die Zuschauer hat und häufig einen moralischen oder ideellen Sieg darstellt.
	„Heilige Hochzeit“ (Komödie)	In der Komödie folgt der fallenden Handlung die Rettung bzw. Lösung des Konflikts, die häufig mit mindestens einer Hochzeit endet.

Die meisten Dramen, die in der Schule gelesen werden, entsprechen diesem Aufbau. Bei Dreiaktern folgt der Exposition die Phase der steigenden Handlung mit Höhepunkt und Peripetie, im dritten Akt wird der Untergang oder die Rettung sowie das Schlussgeschehen (Katastrophe oder Lösung) vorgeführt. Gerade in modernen Dramentexten findet häufig wieder eine Rückorientierung an die aristotelische Konzeption statt. Zwar gibt es äußerlich kaum mehr die Einteilung in Akte (im griechischen Drama *Epeisodion*), aber es werden Episoden aneinandergereiht, die in ihrer Gesamtkonzeption durchaus den alten Vorbildern entsprechen, z. B. Neil LaBute „Das Maß der Dinge“ (2001). Interessant ist, dass sich auch epische Texte dieses Schemas bedient haben und es bis heute noch tun, z. B. Christa Wolf „Medea. Stimmen“ (1996).
Daneben gibt es Dramen, die keine Einteilung in Szenen oder Akte aufweisen. Hier stehen die Einzelszenen (manchmal als Bilder bezeichnet, z. B. bei „Andorra“ von Max Frisch) nebeneinander, sind häufig sehr kurz und ggf. auch gegeneinander austauschbar, wie in Georg Büchners Drama „Woyzeck“, das traditionell dem Typus des offenen Dramas zugeordnet wird. Allerdings muss man mit diesem Begriff gerade bei Büchner vorsichtig umgehen, da er aufgrund seines frühen Todes sein Drama nie hat fertigstellen können. (Erst 42 Jahre nach seinem Tod wurden die vorliegenden Szenen – sogar auf unterschiedliche Art – angeordnet und als Drama veröffentlicht.)
Die Handlung und Figurenkonzeption werden jedoch in allen Dramen auf eine Weiterentwicklung hin angelegt, auch wenn es keine Akteinteilung gibt und kein direktes Ende (etwa bei „Warten auf Godot“ von Samuel Beckett).

Das bürgerliche Drama

Das bürgerliche Drama ist vor allem ein bürgerliches Trauerspiel. Die zentralen Figuren sind Bürger, es geht um „bürgerliche“ Probleme, die in der Form eines Trauerspiels (also tragisch) dargestellt werden. Damit verabschiedet sich diese Form von der sogenannten Ständeklausel, die die Tragödie für den Adel vorbehalten hatte. Für die Bürger blieb nur die Komödie, in der sie mit ihren Schwierigkeiten und Unzulänglichkeiten verlacht wurden. Das aufstrebende Bürgertum im 18. Jahrhundert gab sich mit dieser Rolle nicht länger zufrieden. Als Reaktion darauf entstand das bürgerliche Trauerspiel.

Es dient zunächst der Darstellung von Willkürakten des Adels, z. B. in „Emilia Galotti" (1772) von G. E. Lessing oder in „Kabale und Liebe" (1783) von F. Schiller. Im Verlauf der Handlung kommt es zu Konflikten zwischen den Figuren, die auf ihre unterschiedlichen Ziele, Gefühle und Moralvorstellungen zurückzuführen sind (→ Die Anlage der Figuren, S. 166).

Das epische Theater

Bertolt Brecht (1898–1956) wendet sich mit seiner Dramaturgie des epischen Theaters besonders gegen die klassischen drei Einheiten des Ortes, der Zeit und der Handlung, gegen die Einfühlung des Zuschauers und die Katharsis. Stattdessen will er durch seine Art von Theater erreichen, dass der Zuschauer eine Distanz aufbaut und zur kritischen Reflexion angeregt wird. Um zu verhindern, dass der Zuschauer sich in das gespielte Stück hineinversetzt, sich mit den Figuren identifiziert, mit ihnen mitempfindet und mit ihnen leidet, verwendet das epische Theater verschiedene *Verfremdungseffekte*. Dazu gehören die Einbindung von Liedern und Songs in das Geschehen auf der Bühne (*Montagetechnik*), die Verwendung von Bildern, Texten und Spruchbändern auf und vor der Bühne, die teilweise direkte Ansprache der Zuschauer durch die Schauspieler sowie das Improvisieren. So entsteht beim Zuschauer keine Illusion, es wird ihm nicht die Identifikation mit den Figuren erlaubt. Dem Zuschauer soll jederzeit bewusst sein, dass er nur ein Theaterstück sieht. Diesen Zweck soll auch die Kargheit der Bühnenausstattung unterstützen.

Zur Analyse eines Dramas ist die äußere Konstruktion aber meist weniger entscheidend als die Handlung und die Figuren (das WAS) sowie ihre Gestaltung (das WIE).

Das WAS

1 Figuren und ihre Konzeption

Die unmittelbare Wahrnehmung des dargestellten Geschehens geschieht durch die Figuren selbst – zunächst durch ihre Konzeption, die Art ihres Sprechens (Mimik, Gestik, Habitus) und schließlich durch das Sprechen selbst: durch das, was die Figuren von sich preisgeben und zu anderen Figuren sagen. Denn erst das Figurensprechen gibt Aufschluss über die äußere Handlung und das Innere der Figuren sowie ihre Art, wie sie die Beziehungen zu den anderen Figuren definieren, was als Figurenkonstellation bezeichnet und untersucht wird. Kurz: Wer steht wie zu wem und wie äußert sich das in Sprache und Handlung?

1.1 Der Konflikt

Man unterscheidet den tragischen Konflikt und den dramatischen Konflikt. Der tragische Konflikt meint, dass die Hauptfigur schuldlos schuldig wird (z. B. König Ödipus), der dramatische Konflikt wird deutlich durch das Figurenhandeln und die Figurensprache, denn darüber erst stehen sich die Ansichten der Figuren „dramatisch" gegenüber (z. B. Kreon und Antigone) und ermöglichen in ihrer Begegnung den (zu lösenden) Konflikt.

1.2 Die Anlage der Figuren und ihre Verortung: Protagonist und Antagonist, Charakter und Typus, Held und Anti-Held, Intrigant

Im traditionellen griechischen Drama unterscheidet man zwischen dem *Protagonisten* (1. Spieler) und dem *Antagonisten* (2. Spieler bzw. Gegenspieler). Zwischen diesen beiden Figuren entwickelt sich das bestimmende Element des Dramas: der Konflikt.

In manchen Dramen werden die Figuren sehr differenziert, fast schon als individuelle Personen gestaltet. Man bezeichnet sie dann als *Charaktere* und untersucht ihre Haltungen, ihr Handeln und ihre Entwicklung im Dramentext. Im Gegensatz dazu steht der Begriff des *Typus,* der eine Figur entweder auf eine einzige, kennzeichnende Eigenschaft reduziert (z. B. der Geizige bei Molière) oder aber so verallgemeinert, dass er modellhaft für ein bestimmtes Verhalten, eine Einstellung oder einen Beruf wird (z. B. der Soldat in Büchners „Woyzeck" oder der Tischler in Frischs „Andorra"). Auch für die Dramen der deutschen Klassik ist die Typisierung kennzeichnend, sie dient etwa der Bezeichnung der Standes- bzw. Berufszugehörigkeit und steht stellvertretend für eine bestimmte Volksschicht, gesellschaftliche Klasse oder auch ein Prinzip. Nicht immer kann man diese Anlage der Figuren als Typen an den Bezeichnungen oder Namen erkennen, denn die Typisierung erfolgt vor allem auf der Figurenebene, d. h. durch ihr Handeln, ihre Haltungen und ihrem Sprechen und sie folgt der Wirkabsicht des Dramas. So haben etwa Schillers Dramen der Klassik nicht den Anspruch, individuellen Figuren (Jungfrau von Orleans, Maria Stuart usw.) lebendig werden zu lassen, sondern idealisierende Prinzipien im Figurenhandeln vorzuführen, an denen sich die Zuschauer, also alle Menschen, orientieren können und sollen.

Eine weitere Bezeichnung für die Figuren und ihre Konzeption ist der Begriff des *Helden*. Eigentlich kennzeichnet sich ein Held dadurch, dass er für andere Menschen und höhere Ziele sein eigenes Leben selbstbewusst und überzeugt ein- und zur Not aufs Spiel setzt. Entsprechend ist der *Anti-Held* dann eine Figur, die leidend, passiv und dem Schicksal oder anderen Figuren ohnmächtig ausgeliefert erscheint. In der Unterrichtssprache wird häufig der Begriff Held mit dem des Protagonisten gleichgesetzt und auch nicht zwischen Drama und Epik unterschieden. Eigentlich gibt es Anti-Helden erst mit der Aufhebung der Ständeklausel, die auch auf das antike griechische Drama zurückführt: Danach durften in der Tragödie nur Figuren eines hohen oder gehobenen Standes (Götter, Herrscher bzw. Könige, Adelige) vorkommen. Lessing hat mit der Erfindung des bürgerlichen Trauerspiels dem ein Ende bereitet. In seinen Dramen spielen bürgerliche Figuren eine Rolle, allerdings meist solche aus dem gehobenen Bürgertum (Nathan) oder Militär (Odoardo) und geraten dann in Konfrontation mit dem Adel (→ Das bürgerliche Drama, S. 164 f.). Kleinbürger spielen erst im Naturalismus eine Rolle und werden bei Bertolt Brecht (→ Das epische Theater, S. 165) endgültig „salonfähig".

Von besonderer Bedeutung für das bürgerliche Trauerspiel ist die Figur des *Intriganten*, der direkt in die Handlung eingreift, indem er zumeist dem Adeligen hilft, seine illegitimen Interessen durchzusetzen, was letztlich dazu führt, dass der Konflikt erzeugt oder verkompliziert wird, was schließlich mit dem Untergang des Helden endet. Typisch für diese Figur ist Marinelli in Lessings „Emilia Galotti", der dem Prinzen hilft, Emilia in seine Gewalt zu bekommen. Dazu entwickelt er einen Plan, der die bevorstehende Heirat Emilias durch einen Anschlag verhindert. Aus persönlicher Rache lässt er dabei Emilias Verlobten töten. Nachdem am Ende auch Emilia tot ist, distanziert sich der Prinz von seinem intriganten Helfer und bezeichnet Marinelli als Teufel:

> DER PRINZ *nach einigem Stillschweigen, unter welchem er den Körper mit Entsetzen und Verzweiflung betrachtet, zu Marinelli:* „Nun? Du bedenkst dich? – Elender! – Indem er ihn den Dolch aus der Hand reißt. Nein, dein Blut soll mit diesem Blute sich nicht mischen. – Geh, dich auf ewig zu verbergen! – Geh! sag' ich. – Gott! Gott! – Ist es, zum Unglücke so mancher, nicht genug, dass Fürsten Menschen sind: müssen sich auch noch Teufel in ihren Freund verstellen?"
>
> Gotthold Ephraim Lessing: Emilia Galotti. Husum: Hamburger Lesehefte Verlag 2007, S. 71 (V,8)

Damit geht nun auch der Intrigant unter und der Adelige hat die Chance, seine Schuld abzuschieben.

Im Zusammenhang mit der Bestimmung der Figuren und ihrer Beziehung ist auch ein Blick auf die Raumzuordnung lohnend, denn je nachdem, welche Figuren wohin gehören und wie sie sich an den Orten begegnen, bestimmt sich vielfach ihr Handeln und damit die Dramenhandlung insgesamt. Häufig sind bestimmte Schauplätze, Orte, Räume zunächst bestimmten Figuren zugeordnet, sodass ihr Handeln an und in diesen organisiert ist. In „Emilia Galotti" gilt: Kabinett des Prinzen in Akt 1, Saal im Hause Galotti in Akt 2 (kontrastiv für Adel und Bürgertum). Um dann aber den Konflikt zuzuspitzen, wird ein Ortswechsel vorgenommen: Die Akte 3–5 spielen im Lustschloss des Prinzen.

2 Das Figurenhandeln

Kennzeichnend für die Handlung im Drama sind die inneren Konflikte des Protagonisten mit sich selbst, den Wert- oder Moralvorstellungen der Gesellschaft oder denen anderer Figuren wie denen des Antagonisten. Aus ihnen entwickeln sich die dramatischen Konflikte, die die Handlung verorten, bestimmen, vorantreiben, verkomplizieren, verzögern und schließlich zu einem (ggf. tragischen) Ende bringen.

Da jede Szene dazu beiträgt, die Handlung voranzutreiben und den dramatischen Konflikt deutlich werden zu lassen oder eben zu lösen, ist es entscheidend, das in den Szenen dargestellte Geschehen und die beteiligten Figuren genau zu analysieren. Zunächst klärt man, welche Figuren überhaupt vorkommen und in welcher Beziehung die Figuren zueinander stehen, d. h. in welcher sie aufeinander zugehen und in welcher sie sich trennen. Zu berücksichtigen ist ferner ist das konkrete dargestellte Geschehen der Szene:

- Mit welchem Vorwissen bezüglich der Ereignisse und Ergebnisse der Vorgeschichte begegnen die Figuren einander?
- Welche Intentionen verfolgen sie im Dialog miteinander oder im Monolog mit sich selbst?
- Mit welchen Ergebnissen trennen sich die Figuren wieder? Welche Ereignisse, Ergebnisse hat die Szene erbracht?
- Gab es Probleme, Lösungen oder Konflikte? Gab es Vereinbarungen, Übereinkünfte oder blieb die Szene offen?

- Welche Rede- und Handlungsakte haben stattgefunden? Welche Sprechbeiträge sind besonders wichtig? (Hier ist genaue Textarbeit wichtig!)

Aktionsstarke Begebenheiten und Zuspitzungen wie direkte Konfrontationen (etwa das Kriegsgeschehen in Schillers „Jungfrau von Orleans“) oder auch das tragische Ende des Helden (z. B. von Maria Stuart) wird aus dem eigentlichen Bühnengeschehen weg nach außen verlegt und dem Zuschauer durch besondere Techniken wie Mauerschau (Teichoskopie) oder Botenbericht vermittelt.

Die Handlung erfolgt nicht aus Selbstgenügsamkeit, sondern sie ist auf eine bestimmte Wirkung auf die Rezipienten (Zuschauer) hin konzipiert. Das galt schon in der Antike, hier z. B. sollte die Tragödie eine wichtige gesellschaftspolitische Aufgabe erfüllen, während die Komödie anderen Zwecken diente, die denen unseres heutigen Karnevals vergleichbar sind.

2.1 Teichoskopie

Dass Maria Stuart am Ende des gleichnamigen Dramas von Schiller etwa durch das Schwert des Henkers durch die Guillotine geköpft wird und wie dies genau geschieht, wird nicht direkt gezeigt, sondern den Zuschauern durch eine andere Figur (Leicester) meist sehr emotional und szenisch erzählt:

> LEICESTER: Ich seh sie fallen, ich will Zeuge sein.
> *(Er geht mit entschlossenem Schritt der Tür zu, durch welche Maria gegangen, bleibt aber auf der Mitte des Weges stehen.)*
> Umsonst! Umsonst! Mich fasst der Hölle Grauen, / Ich kann, ich kann das Schreckliche nicht schauen, / Kann sie nicht sterben sehen – Horch! Was war das? / [...] Muss ich anhören, was mir anzuschauen graut? / Die Stimme des Dechanten – Er ermahnet sie – / Sie unterbricht ihn – Horch! – Laut betet sie – / Mit fester Stimme – Er wird still – Ganz still! / [...] Sie wird entkleidet – Horch! Der Schemel wird / Gerückt – Sie kniet aufs Kissen – legt das Haupt –
> *(Nachdem er die letzten Worte mit steigender Angst gesprochen und eine Weile innegehalten, sieht man ihn plötzlich mit einer zuckenden Bewegung zusammenfahren und ohnmächtig niedersinken, zugleich erschallt von unten herauf ein dumpfes Getöse von Stimmen, welches lange forthallt.)*
>
> Friedrich Schiller: Maria Stuart. Husum: Hamburger Lesehefte Verlag 2012, S. 114 f. (V,10)

An diesem Beispiel erkennt man zugleich das Funktionieren der (kursiv gedruckten) Regieanweisung.

2.2 Botenbericht

Ähnlich der Teichoskopie ist der Botenbericht, allerdings berichtet hier eine Figur auf der Bühne einer anderen vom Ereignis: Es findet weder direkt noch parallel statt. Im Drama „König Ödipus“ von Sophokles erfährt der Zuschauer durch einen Boten vom Selbstmord der Iokaste.

DIENER: Was werdet Ihr für Taten hören, was für welche erblicken und welch große / Trauer tragen [...]
CHORFÜHRER: Es fehlt auch dem, was wir zuvor schon wussten, nichts, dass man es laut beklagt. Was fügst du diesem noch hinzu?
DIENER: Das schnellste Wort zu sagen wie zu / hören: tot ist Iokastes göttlich Haupt!
CHORFÜHRER: O Unglückselige! Durch wessen Schuld?
DIENER: Sie durch sich selbst. [...] Doch von der Tat das / Schmerzlichste bleibt fern: der Anblick fehlt! Dennoch sollst du, soweit auch ich die Kraft zum Schildern habe, / erfahren, was diese Unglückselige erlitt. / Als sie, ganz außer sich, die Halle drinnen / betreten hatte, eilte sie geraden Weges dem ehelichen / Lager zu, das Haar zerraufend mit den Spitzen beider Hände; / die Türe, sobald sie eingetreten, schmettert sie von innen zu, / ruft Laos, den schon lange toten, / und gedenkt der alten Saat, durch die er selber starb [...]

Sophokles: König Ödipus. Stuttgart: Reclam 1993, S. 55 (Exodus)

Es folgt ein ausführlicher und anschaulicher Bericht für den Chorführer und die Zuschauer, der auch die Selbstverstümmelung des Ödipus beinhaltet.

2.3 Die Lehre von Phobos und Eleos sowie von der Katharsis

Der Begriff der *Katharsis* geht auf das antike (griechische) Drama zurück. Grundlage ist die Nachahmung (Mimesis) von Menschen, ihren Charakteren und ihrem Handeln. Allerdings geraten die dramatischen Figuren durch das Einwirken der Götter meist unverschuldet oder unwissentlich in Situationen, die letztlich ihren Untergang (Tod oder Verbannung) bedeuten. Dadurch, dass sich die Zuschauer mit dem Helden und seinem Schicksal identifizieren, erfahren sie, dass es ihnen jederzeit und unvermutet auch so ergehen könnte und sie geraten darüber in einen Zustand äußerster psychischer Erregung (*Phobos* = Furcht bzw. *Eleos* = Schrecken), der bis hin zu körperlichen Symptomen führen konnte. Aus diesem Erleben von Phobos und Eleos entsteht die Katharsis, eine Reinigung, die zugleich für die Zuschauer Erleichterung bedeutet, da sie selbst (noch) nicht betroffen sind. Entsprechend geläutert gingen die Zuschauer nach Hause und hüteten sich vor Selbstüberhebung (*Hybris*). Das emotionale Erleben der Zuschauer wurde auch durch die besondere Anlage und Nutzung der Spielstätten möglich (Erleben in einer Gruppe Gleichgestellter).
Themen, Motive und Texte der griechischen Autoren, aber auch die Machart der Dramen dienten und dienen noch heute anderen Autoren als Vor- und Leitbild für die eigene Auseinandersetzung. Auch die Idee, die Zuschauer durch die Rezeption in ihrem Denken und Handeln zu beeinflussen, haben später andere Autoren weiterverfolgt. So hat Lessing im 18. Jahrhundert das Prinzip von Furcht und Schrecken auf Furcht und *Mitleid* hin weiterentwickelt. Auch hier identifizieren sich die Zuschauer mit den Figuren und ihrem Schicksal und lernen für ihr eigenes Leben (vor allem emotional) durch die reinigende Wirkung der Katharsis. Schiller entwickelte diese Intention weiter mit dem Ziel einer gesellschaftspolitischen Erziehung der Menschen hin zu Toleranz und Humanität (Klassik-Konzept).

Das WIE

Nach dem Prinzip *form follows function* ist die Untersuchung des Wie der Figuren- und Handlungsgestaltung aufschlussreich für die Analyse der Dramentexte, denn durch die Machart erschließt sich letztlich die Sinnstiftung des Dramas. Sich jedoch allein auf das Wie zu verlegen und das Was zu vernachlässigen, macht für das Verstehen, also das Interpretieren, keinen Sinn. Im Folgenden werden die für die Figuren und Handlung wesentlichen Fragen und Aspekte angegeben.

1 Figuren

- Personenverzeichnis: Wer agiert gegen wen und welchen Ständen gehören die Figuren an?
- Welche Namen tragen die Figuren und tragen sie diese durchgängig?
  (So wird in Goethes „Faust" die weibliche Protagonistin einmal als Margarethe und einmal als Gretchen bezeichnet, was für das Verstehen der Figur und der Dramenhandlung durchaus einen Unterschied macht.)
- Handelt es sich um sprechende Namen? (etwa in Schillers „Die Räuber": Schufterle, Grimm, Spiegelberg)
- Handelt es sich um individuelle Charaktere oder um Typen?
- Welche Sprache benutzen die Figuren (Hochsprache, Standardsprache, Jargon, Soziolekt usw.)?
- Welcher Gesprächstypus herrscht wo und mit welcher Funktion für die Szene und die Figur und ihre Entwicklung vor?
  Hier unterscheidet man den Monolog (Selbstgespräch, das der Selbstvergewisserung und Offenbarung der inneren Handlung der Figur dient) vom Dialog (Zwiegespräch, das sich durch Rede und Gegenrede kennzeichnet und die Figurenhandlung vorantreibt). Manchmal gibt es innerhalb von Dialogen auch die Tendenz zum Monologisieren, etwa um Einstellungen einander gegenüberzustellen.
- Welche Sprechakte sind zu erkennen (fragen, bitten, befehlen, beschwichtigen, fordern usw.) und wie wird mit ihnen durch wen das Gespräch in welche Richtung (Konflikt, Lösung, Wendung usw.) initiiert, vorangetrieben und beendet?
- Wie charakterisiert sich die Figur durch ihr Sprechen?
- Wie ist die soziale Beziehung und die Konstellation der Figuren? Welche Figuren nehmen also eher den Hochstatus ein (auch dadurch, dass sie die Fragen stellen oder sich verweigern)? Welchen Figuren kommt der tiefere Status zu? Wer ist also überlegen, wer unterlegen im Gespräch?
  Hier kann eine Analyse nach bekannten Kommunikationsanalysemodellen nach Schulz von Thun, Watzlawick oder Rosenberg (Wolfs- und Giraffensprache) hilfreich sein.
- Wie ist das Verhältnis von Kommunikation und nichtsprachlichem Handeln (Mimik, Gestik, Körperhaltung und -bewegung)?
- Was sind die Folgen und Handlungsdimensionen des Gesprächs?
- Reden die Figuren aneinander vorbei, vielleicht sogar gleichzeitig? Fallen sie sich ins Wort? Verhalten sie sich emotional (Ellipsen, Ausrufe, Parataxen) und inwiefern bewirkt/verstärkt das ihre Charakterisierung?

- Welche Worte/Wortfelder benutzen sie? Gibt es Leitmotive oder auffällige rhetorische Figuren?
- Welche Bilder werden verwendet? Wird mit sprachlichen Mitteln des Kontrastes bzw. der Steigerung gearbeitet?
- Wie ist das Sprechtempo, der Tonfall und die Lautstärke?
  Da Regieanweisungen darüber oft keine Auskunft geben, muss man das dargestellte Geschehen, die Figuren und ihr sprachliches Handeln in den Blick zu nehmen. (Genau das tun auch Regisseure, wenn sie die Texte inszenieren und damit interpretieren.)

2 Handlung
- Neben dem direkten Figurenhandeln geben Regieanweisungen (auch Nebentext genannt) wichtige Informationen, zumindest für das Lesen. Sie mildern hier die Unmittelbarkeit des Dramas, d. h., sie übernehmen teilweise die Rolle des Erzählers in der Epik (z. B. Ortsangaben, Namen der Figuren) und werden von manchen Autoren sehr extensiv genutzt, um bei den Rezipienten ein ganz bestimmtes Verstehen zu befördern (etwa zu den Figuren oder der Thematik des Textes).
- Welche Informationen geben die Regieanweisungen über die Schauplätze, an denen die Szenen spielen, und über die Ortswechsel?
- Spielen Requisiten und die Ausstattung der Schauplätze eine Rolle? Welche? (vgl. dazu z. B. die Rolle der Briefe in Schillers Dramen)
- Gibt es Haupt- und Nebenhandlungen, vielleicht sogar Parallelhandlungen?
- Spielt die Zeit eine Rolle?
  Dramen, die allgemeinmenschliche Themen und Werte berühren, sind zeitlich meist nicht gebunden. Historisierende Dramen beziehen sich ganz selten auf die tatsächlich im Drama angegebenen historischen Verhältnisse. Das gilt besonders für Schiller, der aus Gründen der ihm drohenden Zensur, aber auch aus dramaturgischen Gründen (Erziehung zu Toleranz und Humanität) mit historischen Stoffen gearbeitet hat.
- Wird die Handlung allein durch die Figuren befördert oder gibt es weitere Mittel (Spruchbänder, Plakate) auf oder neben der Bühne (→ Das epische Theater, S. 165)?
- Wie ist das Verhältnis zwischen Spielzeit und gespielter Zeit?
  Zwar ist davon auszugehen, dass in Szenen mit Figurenrede allein durch die Rede Zeitdeckung herrscht, aber die Szenen müssen ja nicht zeitlich direkt aufeinander folgen. Dann wären die Zeitraffung bzw. -dehnung und Zeitsprünge ein Indiz für inhaltliche Gewichtungen und Schwerpunktsetzungen.
- Welche Handlung findet auf der Bühne statt, welche im Off (inkl. Teichoskopie und Botenbericht)?

Sachtexte

Was ist ein Sachtext?

Unter Sachtexten versteht man in der Regel alle nichtfiktionalen Texte. Das heißt, Sachtexte beziehen sich direkt auf Sachverhalte aus der Wirklichkeit. So ist für den *Reisebericht* der Bezugspunkt das Land, das er beschreibt, für die *Gebrauchsanweisung* der Gegenstand, den sie erklärt, für die Analyse eines *fiktionalen Textes* der Text, den sie untersucht. Damit haben Sachtexte in praktischen Handlungskontexten einen Gebrauchswert. Sachtexte umfassen ein breites *Textsortenspektrum*. Dabei kann es sich um geschriebene oder gesprochene Sachtexte handeln (z. B. Nachrichten, Wissenschafts- oder Kultursendungen). Darüber hinaus unterscheidet man zwischen *kontinuierlichen* Sachtexten (Fließtexten) und *diskontinuierlichen* Sachtexten (Diagramme, Schaubilder, Tabellen usw.). Hilfreich ist es, bei der Klassifizierung von der (vermuteten) Intention des jeweiligen Verfassers und der damit verbundenen Funktion des jeweiligen Sachtextes auszugehen.

Welche Funktionen können Sachtexte wahrnehmen?

informieren **darstellen** **instruieren**	**argumentieren** **erörtern**	**appellieren**	**regulieren**
Typische Textsorten – Nachricht – Textanalyse – wissenschaftliche Untersuchung (z. B. literatur- oder sprachtheoretischer Text) – Gebrauchsanweisung – …	**Typische Textsorten** – Kommentar – Leserbrief – Rezension – Kritik – …	**Typische Textsorten** – Werbung – Flugblatt – Wahlrede – …	**Typische Textsorten** – Gesetzestext – …

Hinweis
Die meisten Textsorten umfassen sowohl informierende, argumentierende als auch appellierende Elemente. Bei jeder Textsorte steht jedoch eine Funktion im Vordergrund. Wer einen Leserbrief schreibt, will vor allem seine Haltung zu einem Sachverhalt darlegen und nicht in erster Linie sachlich informieren. Dennoch enthält ein Leserbrief selbstverständlich informierende und evtl. auch appellierende Elemente.

Sachtexte – Ein Überblick über wichtige Textsorten

Folgende Textsorten werden im Unterricht der Sekundarstufe II häufig behandelt. Dabei hängt die Wahl der Textsorte maßgeblich von der Intention des Verfassers ab.

Abhandlung (in wissenschaftlicher und populärwissenschaftlicher Form): insbesondere literaturwissenschaftliche oder literaturhistorische Texte, sprachwissenschaftliche oder sprachhistorische Texte, Darstellung von Modellen (z. B. Kommunikationsmodelle)

Essay: geistreiche, anspruchsvolle und persönlich gefärbte Abhandlung zu einem allgemein gesellschaftlichen Thema oder zu einem literarischen Text

Glosse: satirisch witzige, manchmal auch bissige Auseinandersetzung mit einem aktuellen gesellschaftspolitischen oder kulturellen Thema; die Grenze zwischen Glosse und Kommentar ist fließend

Kolumne: regelmäßig – zumeist unter einer festgelegten Überschrift – erscheinender, kommentierender Kurzartikel, der zu einem aktuellen Problem Stellung nimmt

Kommentar: subjektive, oft analysierende Stellungnahme zu einem politisch-gesellschaftlichen oder kulturellen Thema; Kommentare sollen zur Meinungsbildung anregen

Leserbrief: subjektive persönliche Stellungnahme von Lesern zu ausgewählten Artikeln und Kommentaren einer Zeitung

Rede: insbesondere politische Reden mit allgemein gesellschaftlichen bzw. kulturellen Themen

Rezension und Kritik: kritische subjektive Auseinandersetzung mit einer zumeist aktuellen kulturellen Leistung, z. B. Buchbesprechung, Theater- oder Filmkritik; die Sprache der Kritik richtet sich nach dem Adressatenkreis, die Rezension eines Popkonzertes hat einen anderen Stil als eine Theaterkritik

Texte der neuen Medien: insbesondere Auszüge aus Blogs, Chats, Foren oder sozialen Netzwerken, in denen mehrere Personen über ein Thema diskutieren; diese Texte besitzen zumeist interaktiven Charakter

Elemente von Sachtexten

Die Textstruktur von Sachtexten ist durch immer wiederkehrende Bauelemente gekennzeichnet.

- Bei *informierenden Sachtexten* werden, ausgehend von einem Aufhänger, der die Aufmerksamkeit der Leser binden soll, die verschiedenen Teilbereiche eines Themas nacheinander entfaltet. Die Teilbereiche werden häufig mit Zwischenüberschriften gekennzeichnet.
- Bei *argumentierenden Sachtexten* stellt der Verfasser seine Position zu einem bestimmten Thema mittels Thesen, Argumenten und Beispielen dar. Dabei bezieht er mögliche Gegenpositionen und damit verbundene Argumente in seine Überlegungen ein.

Die Übergänge zwischen informierenden und argumentierenden Sachtexten sind fließend. Die Fachbegriffe werden auch bei der Sachtextanalyse zur Kennzeichnung der einzelnen Bauelemente eines Sachtextes unter Angabe ihrer Funktion verwendet.

Informierende Sachtexte	Bauelemente von Sachtexten	Argumentierende Sachtexte
Information über das Thema des Textes	**Titel**	Information über das Thema des Textes
mögliche Eingrenzung des Themas auf einen Aspekt, z. B. eine spezielle Forschungsfrage	**Untertitel**	Verdeutlichung der Position, die der Autor gegenüber dem Thema einnimmt
Aspekt, der die Aufmerksamkeit der Leser binden soll, z. B. ein Zitat	**Aufhänger**	Aspekt, der die Aufmerksamkeit der Leser binden soll, z. B. ein Zitat
	Aufbau	
Abfolge des Gedankenganges, Aufeinanderfolge einzelner Aspekte (roter Faden)	**Makrostruktur**	Formulierung der These und evtl. der Antithese, Darstellung von Argumenten und Gegenargumenten nach ihrer jeweiligen Gewichtung und ihren thematischen Zusammenhängen
Detailinformationen der einzelnen Sinnabschnitte bezogen auf das Thema	**Mikrostruktur**	Detailinformationen zu einzelnen Argumenten, Veranschaulichung durch Beispiele
Bündelung der Ergebnisse	**Zusammenfassung**	Bekräftigung der These mit Hinweis auf die gewichtigsten Argumente
Ableitung von Folgen aus den Arbeitsergebnissen	**evtl. Schlussfolgerung**	Ableitung von Folgen aus den Arbeitsergebnissen

Die sprachliche Gestaltung von Sachtexten

Die Aussageabsicht, der Adressatenkreis und damit verbunden die Wahl der Textsorte (→ S. 173 f.) bestimmen die sprachlich-formale Gestaltung eines Sachtextes. Der Leitartikel einer Tages- oder Wochenzeitung, der wesentlich zur öffentlichen Meinungsbildung beitragen soll, verlangt eine andere sprachliche Gestaltung als ein populärwissenschaftlicher Artikel, der über die neueren Entwicklungen auf einem bestimmten wissenschaftlichen Gebiet informieren soll; ein literaturwissenschaftlicher Interpretationsansatz folgt anderen sprachlichen Gestaltungsnormen als eine Rezension.
Der gezielte Einsatz ausgewählter sprachlich-formaler Gestaltungsmittel verstärkt die jeweilige Aussageabsicht. Deshalb müssen die sprachlich-formalen Gestaltungsmittel immer mit Blick auf ihre Funktion beschrieben werden.

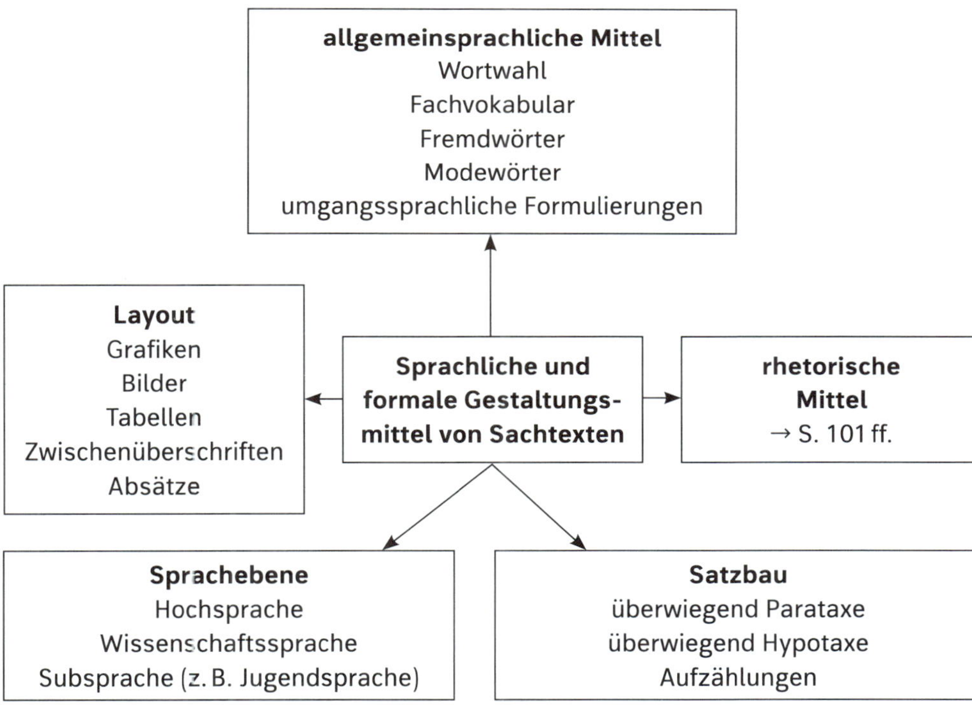

Analyse von Sachtexten

Aufbau einer Sachtextanalyse

Ihre Vorüberlegungen bzw. Vorarbeiten (→ S. 88) münden in eine schriftliche Ausarbeitung, die folgende Teile umfassen sollte:

Einleitung	äußere Textmerkmale: Autor, Titel, Textsorte, Entstehungszeit, -ort, Thema, Adressaten
Hauptteil	<u>Inhaltliche Aspekte</u> – Einbettung in einen thematischen Zusammenhang – inhaltliche Aussagen (Textzusammenfassung z. B. in Form eines Thesenpapiers) <u>Formale Aspekte</u> Erarbeitung des Textaufbaus: – Funktion von Titel und ggf. Untertitel – Abfolge des Gedankengangs – Verknüpfung einzelner Gedanken – Argumentationsgang (These/Antithese, Argumente, Beispiele) – Schlüsselbegriffe – Rückgriff auf Zusatzinformationen, z. B. weitere theoretische Erklärungsmodelle <u>Sprachliche Aspekte</u> – Wortwahl, Satzbau – rhetorische Mittel – sonstige Gestaltungsmittel (Layout: Zwischenüberschriften, Fettdruck, Bilder, Grafiken usw.)
Schluss	Reflexion und Beurteilung: – Zusammenfassung – Stimmigkeit der Informationen bzw. Darstellung – Passgenauigkeit von Textsorte, Aussageabsicht, Inhalt und Form – Adressatenorientierung – Bewertung vor dem Hintergrund eigener Erfahrungen und Kenntnisse – Schlussfolgerungen

Eine Sachtextanalyse verfassen

Einleitung

In der Einleitung erfolgt mit der Benennung der äußeren Textmerkmale eine erste Einordnung des Textes:

- Was weiß ich bereits über den Autor und seine Position zu dem Thema?
- Welche Rückschlüsse kann ich aus der Textsorte ziehen?

Hauptteil

Im Hauptteil gilt es, die zentralen inhaltlichen, formalen und sprachlichen Aspekte zu klären.

<u>Inhaltliche Aspekte</u>
Mit der Formulierung des Themas wird die Grundidee des Textes erfasst. Alle weiteren inhaltlichen Aussagen müssen sich auf das Thema beziehen lassen.
- Welche Hinweise zum Thema lassen sich beim ersten Lesen aus Titel, Untertitel, erstem und letztem Abschnitt sowie – falls vorhanden – den Zwischenüberschriften entnehmen?
- Welche zentralen Aussagen zum Thema enthalten die einzelnen Sinnabschnitte?
- Wie kann ich die Sinnabschnitte mit jeweils einem Satz zusammenfassen?
- Welche Schlüsselbegriffe (Wortfeld eines Begriffs, mögliche Gegenbegriffe) durchziehen den Text?
- Welche Rückschlüsse kann ich daraus ziehen?

<u>Formale Aspekte</u>
Der Textaufbau gibt Aufschluss über die Gedankenführung des Textes.
- Welche zentrale These wird aufgestellt?
- Welche Argumente stützen die These?
- Welche Beispiele werden zur Veranschaulichung herangezogen?
- Welche Gegenpositionen werden berücksichtigt?
- Wie lauten die Schlussfolgerungen?

<u>Sprachliche Aspekte</u>
Die Machart des Textes zeigt, auf welche Weise ein Autor seine Ziele verfolgt. Wichtige Erschließungsfragen können z. B. sein:
- Argumentiert der Autor sachlich (z. B. sachliche Formulierung der eigenen Position sowie Berücksichtigung von Gegenpositionen)?
- Greift der Autor andere Positionen an (z. B. durch Herabsetzung anderer Positionen, Übertreibungen, Untertreibungen usw.)?

Entsprechende Textsignale werden im Text markiert.

Schluss

In diesem Teil wird zu der Position des Autors bzw. zu einer bestimmten Aussage Stellung genommen. Folgende Fragen können dabei hilfreich sein:
- Wird der Sachtext dem Wirklichkeitsausschnitt, auf den er sich bezieht, gerecht?
- Sind der Inhalt, die Textsorte und die sprachlich-formale Gestaltung adressatenorientiert ausgewählt und entsprechend verfasst?

Filmisches Erzählen

Mit einem perforierten Zelluloidfilm, der mit hoher Geschwindigkeit ruckweise hinter der Aufnahmelinse vorbeigeführt wird, können seit Ende des 19. Jahrhunderts „lebende Bilder“ gemacht und wieder vorgeführt werden. Aus der Folge der Projektionen einzelner Standbilder ergibt sich für den Zuschauer eine Darstellung von Bewegungen. Die getrennten Bilder verschmelzen für das wahrnehmende Auge in einer Bewegung, wenn die Folge der Standbilder rasch genug erfolgt, damals mit 16, heute meist mit 24 Bildern pro Sekunde. Dies ist der stroboskopische Effekt, der auch in Daumen-, Flügelkinos oder ähnlichen Basteleien genutzt wird.
Im Zentrum der Filmanalyse stehen Kameraeinstellung und -bewegung sowie Schnitt bzw. Montage, denn dies sind die produktionstechnisch bedingten, besonderen Strukturelemente der filmischen Darstellungs- und Symbolisierungsform. Hinzu kommen die Tonspur (Sprache, Musik, Geräusche) sowie, je nach Produktionsweise, Effekte der Digitaltechnik. Alle diese Elemente können als Zeichen verstanden und beschrieben werden.

Beziehungen der Zeichensysteme im „Film“

Einstellungen: *Positionierung und Bewegung der Kamera*

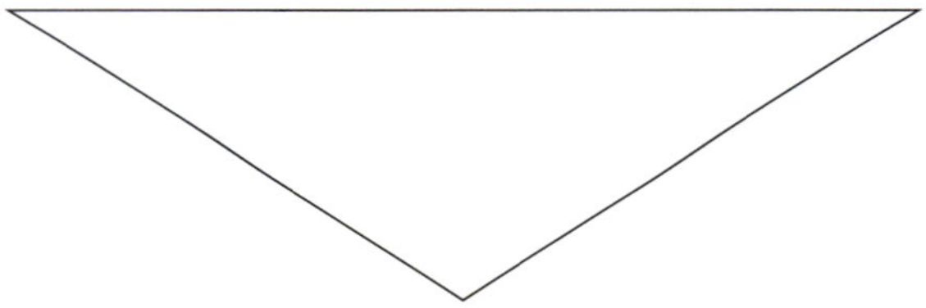

Schnitt/Montage: *Aufnahmen verschiedener Einstellungen werden montiert*

Ton: *Sprache, Musik, Geräusche*
Zuschauer: *ergänzen das Gezeigte und bilden sich Vorstellungen*

Der Film verbindet einen Bild- und einen Tonkanal und gehört daher zu den audiovisuellen Medien. Die Entwicklung einer angemessenen Sprache zur Beschreibung und Reflexion kommunikativer Funktionen des Mediums steht dementsprechend im Mittelpunkt des Umgangs mit Film in der Schule.
Mithilfe der oben bereits genannten Begriffe (Kameraeinstellung, -bewegung, Schnitt, Montage) lassen sich alle Filme beschreiben und auch gliedern. Die Perspektivität als ein wesentliches Element der filmischen Form entsteht durch die Kameraeinstellung, die den Zuschauer zu dem Aufgenommenen in ein bestimmtes Verhältnis setzt.

Bildspur

Der Bildausschnitt bestimmt die Größe des gezeigten Geschehens und der Objekte sowie den Standpunkt und die Perspektiven der Betrachter. Um den Zuschauern den Verlauf einer Geschichte deutlich zu machen, müssen die Bilder so in eine Reihenfolge gebracht werden, dass sich ein Zusammenhang ergibt. Dabei sind die Vorstellungen, die sich beim Betrachten der Bilder entwickeln, ebenso wichtig wie die Montage der Aufnahmen.

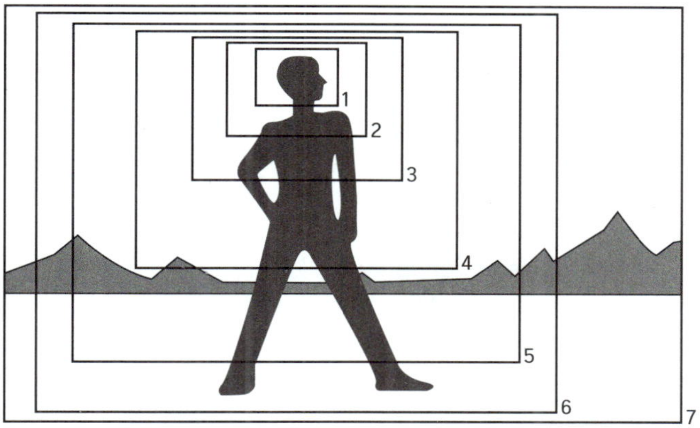

1 Detail
2 Groß
3 Nah (Brustbild)
4 Amerikanisch
5 Halbtotale
6 Totale
7 Weit

Tonspur

Sprache, Geräusche und Musik werden auf der Tonspur des Films gespeichert und wiedergegeben. Bei der Sprache sind Dialoge der Figuren (meist im On-Ton, aber auch als Fortsetzung von Reden im Off) oder Off-Kommentare eines unbeteiligten Erzählers oder einer Filmfigur zu unterscheiden. Während Geräusche in der Regel die Handlung begleiten, kann Musik im On-Ton ebendiese Funktion erfüllen (Figuren hören oder machen Musik) oder aus dem Off die Darstellung „kommentieren" und so einen Sound für die filmische Darstellung bestimmen.

Storyboard und Sequenzprotokoll als Werkzeuge der Filmanalyse

Das Storyboard enthält meist Skizzen, mit denen die Umsetzung eines Drehbuches in Filmbilder vorgezeichnet und geplant wird. Das Sequenzprotokoll verzeichnet die Einstellungen einer zusammenhängenden Bildfolge mit Dauer, Kameraeinstellungen, Ton und Inhalt. Es kann zur Planung von Filmaufnahmen sowie zur Analyse von Filmsequenzen eingesetzt werden.

Im Folgenden finden Sie ein Sequenzprotokoll am Beispiel einer Literaturverfilmung von Franz Kafkas „Die Verwandlung" (Anfang der Erzählung).
„Als Gregor Samsa eines Morgens aus unruhigen Träumen erwachte, fand er sich in seinem Bett zu einem ungeheueren Ungeziefer verwandelt. Er lag auf seinem panzerartig harten Rücken und sah, wenn er den Kopf ein wenig hob, seinen gewölbten, braunen, von bogenförmigen Versteifungen geteilten Bauch, auf dessen Höhe sich die Bettdecke, zum gänzlichen Niedergleiten bereit, kaum noch erhalten konnte. Seine vielen, im Vergleich zu seinem sonstigen Umfang kläglich dünnen Beine flimmerten ihm hilflos vor den Augen. „Was ist mit mir geschehen?", dachte er. Es war kein Traum. Sein Zimmer, ein richtiges, nur etwas zu kleines Menschenzimmer, lag ruhig zwischen den vier wohlbekannten Wänden. Über dem Tisch, auf dem eine auseinandergepackte Musterkollektion von Tuchwaren ausgebreitet war – Samsa war Reisender –, hing das Bild, das er vor kurzem aus einer illustrierten Zeitschrift ausgeschnitten und in einem hübschen, vergoldeten Rahmen untergebracht hatte."

Sequenzprotokoll

Nr.	Bild	Ton	Dauer
1	Kamera befindet sich in Höhe des Bettes. Blick von dessen Kopfende auf Fußteil des Bettes, auf die Wand dahinter mit Fensternische. Aus Untersicht Blick auf Zimmerdecke mit Kristalllüster. Kamera schwenkt nach rechts, Blick am Bett entlang auf Kleinmöbel. Kamera schwenkt nach links, unscharf auf die Masse der Bettdecke, dann scharf auf den Zimmerteil links des Bettes. Man sieht ein Ledersofa.	Erzähler: „Als Gregor Samsa eines Morgens aus unruhigen Träumen erwachte, fand er sich in seinem Bett zu einem ungeheuren Ungeziefer verwandelt.“ Gregor: „Was ist mit mir geschehen? Wie wäre es, wenn ich noch ein wenig weiterschliefe und alle Narrheiten vergäße?“ Erzähler: „Es war ...“	56 Sek.
2	Gregor öffnet zum zweiten Mal die Augen.		3 Sek.
3	Nah: Uhr zeigt halb sieben.	„... kein Traum. Sein Zimmer ... lag ruhig zwischen den vier wohlbekannten Wänden.“	3 Sek.
4	Blick zum regenbenetzten Fenster	„Über dem Tisch ...“	3 Sek.

Literaturverfilmungen untersuchen

Zur Untersuchung einer Literaturverfilmung können folgende Fragestellungen als Leitfaden dienen: Wie wird der literarische Text in den Film umgesetzt? Welche Regiekonzeption wird bei der Umsetzung verfolgt (eher stofforientiert oder eher literarisch)? Welche Bilder und Bildfolgen werden genutzt? Welche Funktion haben dramaturgische Elemente wie Exposition, Handlung und Figuren?
In der Vorbereitung sollten Sie selbst Überlegungen anstellen, wie der literarische (in der Regel: Erzähl-)Text in das Medium Film umgesetzt werden könnte. Dabei entwickeln Sie entsprechende Aufmerksamkeiten für die jeweiligen Möglichkeiten und die medienspezifischen Unterschiede. Wählen Sie aus dem Text interessante oder besonders bedeutsame Stellen aus, die nicht länger als eine Seite sein sollten.

Durchführung, Reflexion und Kritik

Wählen Sie eine Filmsequenz, die einer oder mehreren Stellen entspricht, von höchstens zehn verschiedenen Einstellungen. Zur Beschreibung der Bildspur schalten Sie den Ton aus und halten die Wiedergabe bei jedem Schnitt an. Für die Tonspur verfahren Sie entsprechend. Dokumentieren Sie Ihre Beschreibung in einem Sequenzprotokoll oder Storyboard. Beschreiben Sie die jeweiligen filmischen Mittel zur Umsetzung des erzählten Geschehens und der Erzählweise. Vergleichen Sie zur Reflexion und Kritik Ihre Entwürfe zur Umsetzung der literarischen Vorlage in Hinblick auf die gewählten filmischen Mittel und jeweilige Wirkung bzw. Bedeutung.

Reflexion über Sprache

Der Lernbereich *Reflexion über Sprache* ist sehr komplex und umfasst daher recht unterschiedliche Aspekte, von denen im Unterricht in der Regel nur eine Auswahl besprochen werden kann. Zu den obligatorischen Themenbereichen gehören in der Regel die folgenden:

- über das Verhältnis von Sprechen, Denken und Wirklichkeit nachdenken: Sprachkritik, Sprachskepsis, Sprachnot
- über die Rhetorik, die Vorbereitung und Gliederung von Reden sowie mögliche Schemata zur Redeanalyse

Der Aufbau dieses Kapitels orientiert sich an diesen beiden Schwerpunkten.

Sprache – Denken – Wirklichkeit

Das Verhältnis zwischen Sprache, Denken und Wirklichkeit beschäftigt schon seit Langem die an dem Phänomen Sprache Interessierten und die Sprachwissenschaftler. Der englische Philosoph John Locke (1632–1704) stellte gegen Ende des 17. Jahrhunderts fest, dass es in verschiedenen Sprachen viele Wörter gibt, die keine Entsprechung in anderen Sprachen haben. Für Locke drücken solche Wörter komplexe Gedanken und Ideen aus, die aus den Lebensbedingungen und Lebensweisen der jeweiligen Gesellschaft hervorgegangen sind.
Der deutsche Philosoph, Theologe, Übersetzer und Dichter Johann Gottfried Herder (1744–1803) begründete vor allem mit seiner Untersuchung *Über den Ursprung der Sprache* (1772) die deutsche Sprachwissenschaft. Herder und vor allem der deutsche Philosoph und Sprachforscher Wilhelm von Humboldt (1767–1835) erweiterten die gedanklichen Ansätze John Lockes, indem sie sie auch auf die Grammatik einer Sprache bezogen. Für Humboldt, den wohl bedeutendsten Sprachforscher seiner Zeit, der seine sprachtheoretische Position aus seinen linguistischen Studien vieler verschiedener Sprachen (Chinesisch, Japanisch und semitische Sprachen, aber auch Sanskrit, Ungarisch oder Ägyptisch) entwickelte, war Sprache nichts Festes und Unveränderbares, sondern etwas, das sich ständig in der Auseinandersetzung mit der Realität verändert. Sprache ist nach Humboldt die sich ständig wiederholende Arbeit des Geistes, artikulierte Laute zum Ausdruck der Gedanken werden zu lassen. Die Verschiedenartigkeit der von ihm untersuchten Sprachen liegt für Humboldt darin begründet, dass jede einzelne Sprache eine eigene Form gefunden hat, um die Welt in Gedanken zu kleiden. Daraus ergibt sich für ihn eine „in jeder Sprache eigentümliche Weltansicht“.
Daraus, dass Denken und Sprechen untrennbar miteinander verbunden sind und jede Sprache ihre eigene Weltsicht enthält, zieht Humboldt die Konsequenz, dass keine Sprache einen völlig objektiven Zugang zur Wirklichkeit hat. Die Summe des Erkennbaren liegt für ihn in der Mitte zwischen allen Sprachen und der Mensch kann sich der objektiven Wahrheit nur subjektiv nähern.
Im 20. Jahrhundert werden einzelne Grundgedanken Humboldts vom deutsch-amerikanischen Ethnologen und Anthropologen Franz Boas (1858–1942) aufgegriffen. Boas und seine Schüler untersuchten Indianersprachen, die sich grundsätzlich von europä-

ischen Sprachen unterschieden. Boas Schüler Edward Sapir (1884–1939) stellte vor dem Hintergrund des Studiums dieser Sprachen schließlich die Hypothese auf, dass die lexikalischen und syntaktischen Strukturen einer bestimmten Sprache gewisse Arten des Denkens zwar nahelegen, aber nicht erzwingen. Sapirs Schüler Benjamin Lee Whorf (1897–1941) erlangte mit seinen Schriften, von denen einige 1963 in einer Sammlung mit dem Titel *Sprache – Denken – Wirklichkeit* in deutscher Übersetzung veröffentlicht wurden, große Popularität nicht nur in Kreisen der Sprachwissenschaft. Unter den geläufigen Bezeichnungen „Sapir-Whorf-Hypothese" bzw. „sprachliches Relativitätsprinzip" wird die recht radikal formulierte These gefasst, dass die Grammatik einer bestimmten Sprache unser Denken beherrscht, sodass die jeweiligen sprachlichen Strukturen nur eine relative Vorstellung von Wirklichkeit ermöglichen.
Im Zusammenhang mit dem „sprachlichen Relativitätsprinzip" wird in der Regel auf eindrucksvolle Beispiele verwiesen: z. B. auf die Beobachtung, dass die Sprache der Hopi-Indianer im Gegensatz zum Englischen oder Deutschen eher eine „zeitlose" Sprache ist, da die Verben der Hopi-Sprache keine Tempora haben und den Unterschied zwischen Vergangenheit, Gegenwart und Zukunft anders als in den indoeuropäischen Sprachen ausdrücken. Weitere Aspekte sind, dass die Sprache der Inuit über viel mehr Möglichkeiten verfügt, Schnee- und Eisverhältnisse zu bezeichnen als europäische Sprachen, und dass Wüstenvölker ein umfangreicheres sprachliches Repertoire für „Sand" aufweisen. Gegenüber der oben angedeuteten Sichtweise Humboldts zur Verschiedenartigkeit der Sprachen wird stark vereinfachend daraus der Schluss gezogen, dass Menschen aufgrund ihrer Zugehörigkeit zu bestimmten Kulturkreisen zu unterschiedlichen Ansichten von Welt kämen, sodass die Wahrnehmung von Wirklichkeit nur relativ sein könne.
Schwachstellen in der Beweisführung durch die Begrenztheit des empirischen Materials und den dogmatischen Charakter der Sapir-Whorf-Hypothese führten ab Mitte des 20. Jahrhunderts bis in die Gegenwart zu einem verstärkten Aufkommen formalistischer und universalistischer Ansätze. Diese Ansätze haben sich den Nachweis zum Ziel gesetzt, dass alle unterschiedlichen Sprachen auf eine gemeinsame *Universalgrammatik* zurückzuführen seien. Eine solche abstrakte Universalgrammatik wäre dem Denken gegenüber eigenständig und hätte keinen Einfluss darauf. Die vor allem von Noam Chomsky (*1928) vertretene *Nativismustheorie* geht von der Existenz einer solchen Universalgrammatik aus. Gestärkt werden diese Ansätze auch durch neuere Forschungen in den Neurowissenschaften, indem dort z. B. der Nachweis erbracht werden soll, dass ein bestimmtes Sprach-Gen (FoxP2) für die Entstehung und Entwicklung von Sprache ausschlaggebend sein könnte.
Trotz vielfältiger Kritik findet die Sapir-Whorf-Hypothese in der Wissenschaft gegenwärtig wieder mehr Beachtung und wird erneut heftig diskutiert, da die amerikanischen Sprachwissenschaftler John Lucy und Penny Lee sich darum bemühen, die Relativitätshypothese – empirisch besser abgesichert – durch einen Vergleich des Englischen mit dem Yukatekischen Maya zu beweisen.
Deutlich wird, dass die Debatte um das Verhältnis zwischen Sprache, Denken und Wirklichkeit bis heute keineswegs abgeschlossen ist und in der Sprachphilosophie, den Sprachwissenschaften und anderen wissenschaftlichen Disziplinen sehr kontrovers geführt wird. Im Zusammenhang einer kritischen Auseinandersetzung mit ideologisch

geprägten Geschlechtsrollenklischees (Frauensprache vs. Männersprache, patriarchalische Sprachstrukturen usw.) sowie durch neuere Erkenntnisse über die Funktionsweise des Gehirns (Was passiert im Gehirn, wenn wir sprechen? Wie entstehen Gedanken? usw.) in den Neurowissenschaften steht die Diskussion um die Beziehung zwischen Sprache und Denken auch im Interesse einer breiteren Öffentlichkeit.
Unabhängig von den oben angedeuteten Unterschieden und Kontroversen gehen die Vertreter fast aller Positionen von einem sehr engen Verhältnis zwischen Sprache und Denken aus. Grundsätzlich lassen sich diese Ansichten unterscheiden:

A Sprache und Denken sind zwei getrennte Bereiche, die allerdings voneinander abhängig sind.
B Sprache und Denken sind identisch, das Denken ist „inneres Sprechen" (Identitätstheorie).

Zur Position A werden dabei drei Varianten als Thesen formuliert:

a) Das Denken bestimmt die Sprache, sodass sich das Sprechen aus dem Denken entwickelt.
b) Die Sprache beeinflusst das Denken, indem es dem Denken bestimmte Bahnen vorgibt (Sapir-Whorf-Hypothese).
c) Sprache und Denken stehen in gegenseitiger Abhängigkeit, das eine ist ohne das andere nicht möglich.

Die folgenden Teilkapitel stehen in unmittelbarem Bezug zu diesen Grundpositionen.

Sprachkritik

Der Begriff *Sprachkritik* wird nicht einheitlich verwendet und bezieht sich auf unterschiedliche Teilgebiete, von denen hier die wichtigsten genannt werden:

Sprachphilosophie	Sprachkritik im Bereich der Sprachphilosophie setzt sich vor allem mit dem Zusammenhang von Sprache, Denken und Wirklichkeit auseinander und befasst sich mit der Leistung der Sprache für die Erkenntnis.
Sprachpflege	Sprachkritik im Sinne der Sprachpflege zielt traditionell in erster Linie auf den Schutz der eigenen Sprache vor fremden Einflüssen.
Textkritik	Sprachkritik als Textkritik befasst sich in erster Linie mit der kritischen Reflexion öffentlicher Sprache in der Gesellschaft und der Politik. Ziel ist vor allem eine Verbesserung und Kultivierung des Sprachgebrauchs.

Sprachphilosophie

In den sprachphilosophischen Diskursen ist von besonderem Interesse, in welchem Verhältnis Sprache und Wirklichkeit stehen und welche Leistung die Sprache als Mittel der Erkenntnis besitzt. Im Zentrum der Reflexion steht dabei weniger die Frage, wie die Verschiedenartigkeit der Sprachen das Denken und die Vorstellung von Wirklichkeit beeinflusst, sondern vor allem die Frage, welcher Zusammenhang zwischen dem *sprachlichen Zeichen* und dem bezeichneten Gegenstand besteht.

In der griechischen Antike (vor allem Platon und Heraklit) ging man von einer Harmonie zwischen den Wörtern und Dingen aus. Diese Vorstellung wird mit dem Begriff *Abbildungstheorie* bezeichnet, da Wörter quasi Abbilder der Gegenstände sind bzw. Merkzeichen für bestimmte Vorstellungen, die Abbilder der Dinge sind.

Auf Ablehnung stieß die Abbildungstheorie bereits bei den Griechen selbst. In der *anomalistischen Theorie* ging man davon aus, dass die Benennungen der Dinge auf Zuordnungen beruhen, die durch Übereinkunft hergestellt werden. Daher gibt es für die Vertreter dieser Theorie keine Übereinstimmungen zwischen den Benennungen bzw. Wörtern und den Dingen, die sie bezeichnen, d. h., dass man durch das Wort nichts über die Eigenschaften des Dings selbst erfährt.

Sprache wird seit der anomalistischen Theorie durch verschiedene Philosophen (z. B. Augustinus, Bacon, Locke, Leibniz und Hegel) in Verbindung mit den Begriffen *Symbol* oder *Zeichen* gebracht. Der Zeichencharakter der Sprache wird aber erst durch den Sprachwissenschaftler Ferdinand de Saussure (1857 – 1913) vertieft. Für ihn ist ein sprachliches Zeichen die Verbindung eines *Ausdrucks*, z. B. [baum] mit einem *Inhalt* (). Saussure spricht dabei vom *Bezeichnenden* (signifiant = Ausdruck) und dem *Bezeichneten* (signifié = Inhalt). Die Beziehung zwischen dem Bezeichnenden und dem Bezeichneten ist dabei zwar willkürlich (*Arbitrarität* des sprachlichen Zeichens), aber über die jeweilige Zuordnung besteht eine stillschweigende oder ausdrückliche Übereinkunft (*Konventionalität* der Sprache).

In der Philosophie und den Sprachwissenschaften wurde Saussures Theorie des sprachlichen Zeichens kritisiert, da die Leistung der Sprache durch diesen Ansatz auf ein bloßes Zeichensystem reduziert wird. Für Hans-Georg Gadamer (1900 – 2002) kann Sprache deutlich mehr leisten, als nur im Sinne eines Mediums zur Verständigung über Dinge und Vorgänge der Wirklichkeit beizutragen.

Im Anschluss an Wilhelm von Humboldt betont der Philosoph Leo Weisgerber (1899 – 1985) demgegenüber eher die aktive Rolle der Sprache in Bezug auf die Vorstellung von der Wirklichkeit. Ausgehend von Humboldt, der von einer Umprägung und Gestaltung der Wirklichkeit durch die Sprache spricht, entwickelt Weisgerber seine Theorie von der „sprachlichen Zwischenwelt“. Demnach bildet die durch die Sprache gestaltete Wirklichkeit eine Zwischenwelt, die dem Bewusstsein des Menschen eine systematisch aufgebaute, eigenständige geistige Welt bietet. Die objektive Realität ist dem Menschen demnach unzugänglich und Wirklichkeit ist für ihn nur, was in dieser Zwischenwelt enthalten ist.

Diese sehr verkürzte und stark vereinfachte Übersicht soll verdeutlichen, wie unterschiedlich und kontrovers die Leistung der Sprache bei der Erkenntnis der Wirklichkeit in der Philosophie gesehen und bewertet wird.

Sprachpflege/Textkritik

Sprachkritik im Sinne von Textkritik bzw. Sprachpflege setzt sich mit herrschenden Sprachnormen auseinander, um diese zu bewerten und auf unangemessenen Sprachgebrauch aufmerksam zu machen. Im Zentrum des Interesses stehen dabei in erster Linie das gesprochene und geschriebene Wort in öffentlichen Institutionen (Politik, Medien usw.). Erklärtes Ziel der Textkritik ist es, durch das Aufzeigen von Missständen (z. B. Bürokratensprache, Häufung von Fremdwörtern, Häufung von Anglizismen und Wörtern aus anderen Sprachen, sexistischer Sprachgebrauch) einen Beitrag zu einer Verbesserung der Sprachkultur und Kultivierung der Sprache zu leisten.
Vor diesem Hintergrund ist die jährliche Wahl „Unwort des Jahres“ durch die Jury „Sprachkritische Aktion: Unwort des Jahres“ zu verstehen. In den ausgesuchten Unworten spiegeln sich gesellschaftliche Veränderungen und damit einhergehende problematische Haltungen. Durch die Veröffentlichung des z. T. inhumanen Sprachgebrauchs sollen diese Mechanismen bewusst gemacht werden. Während z. B. „Sozialtourismus“ zum Unwort des Jahres 2013 gewählt wurde, ist „Menschenmaterial“ das Unwort des 20. Jahrhunderts.
Den umgekehrten Weg beschreitet die „Gesellschaft für deutsche Sprache“, die für das „Wort des Jahres“ Positivbeispiele auswählt. So wurde z. B. „Wutbürger“ das Wort des Jahres 2010, da der Ausdruck für die wachsende Empörung in der Bevölkerung stehe, dass politische Entscheidungen über ihren Kopf hinweg getroffen werden.

Sprachpflege

Formen der Sprachkritik im Sinne von Sprachpflege haben bereits eine lange Tradition. Im 17. Jahrhundert entstehen nach Vorbildern in den Niederlanden und in Italien zahlreiche *Sprachgesellschaften*, die sich der Pflege der deutschen Sprache widmen. Die bedeutendste ist die „Fruchtbringende Gesellschaft“ (1617–1680), auch „Palmenorden“. Ausgehend von der Überzeugung, dass die deutsche Sprache als Literatur- und Nationalsprache Geltung besitze, ist ihre Kultivierung das erklärte Ziel aller Sprachgesellschaften. In seiner extremen Form bezeichnet man Versuche, die deutsche Sprache durch Sprachreinigung zu schützen, als *Sprachpurismus*. Sprachpuristen treten ein für

- die radikale Tilgung von Fremdwörtern aus dem Wortschatz (im 17. Jahrhundert vor allem Wörter aus dem Lateinischen),
- die Vermeidung anstößiger, veralteter und nur regional verwendeter Formen,
- die grammatikalisch eindeutige und richtige Sprachgestaltung und
- die orthografisch richtige Schreibweise und Aussprache der Wörter.

Sprachpuristische Positionen fanden im 17. Jahrhundert und später viele Befürworter, wurden aber unter dem Vorwurf der Förderung des Nationalpatriotismus durchaus auch kritisch bewertet. Sprachpuristische Tendenzen lassen sich auch in der Gegenwart feststellen und werden häufig als Ausdruck des Nationalstolzes interpretiert. So ist z. B. zu erklären, warum in Frankreich der Computer als *ordinateur* bzw. der Walkman als *baladeur* bezeichnet wird. Auch deutsche Sprachgesellschaften wie der 1997 gegründete „Verein Deutsche Sprache e. V.“ setzen sich für die Pflege der deutschen Sprache ein, indem sie z. B. einen Anglizismenindex als Nachschlagewerk veröffentlichen, dem

deutsche Entsprechungen entnommen werden können. Mit Nachdruck wird betont, dass dieser Index weder fremdenfeindlich noch sprachpuristisch motiviert sei, sondern lediglich dazu anrege, deutsche Ausdrücke zu verwenden, um einer Durchmischung der deutschen Sprache entgegenzuwirken.
Dennoch werden solche Bemühungen um die „Reinhaltung der deutschen Sprache" von vielen auch kritisch bewertet, weil Sprache dabei als etwas Schutzbedürftiges aufgefasst wird. Die Kritiker gehen davon aus, dass Sprachen an sich nicht zerstört werden können, sondern einem ständigen Wandel der Zeit unterworfen sind und einen Mechanismus der Selbstregulation besitzen. Interlinguale Entwicklungsprozesse in einer modernen multikulturellen Gesellschaft stehen zudem in direktem Widerspruch zur sprachpuristischen Position. Das „Switchen" (Wechseln von einer Sprache in eine andere) findet nicht nur in der Popmusik statt, sondern auch bei Menschen, die zweisprachig aufgewachsen sind, bzw. in Gruppen, die multikulturell zusammengesetzt sind.

Sprachskepsis und Sprachnot

Der deutschsprachige Philosoph und Schriftsteller Fritz Mauthner (1849–1923) aus Böhmen wird mit der Schrift „Beiträge zu einer Kritik der Sprache" zu den Vätern der Sprachkritik und Sprachskepsis gerechnet. *Sprachskepsis* bezeichnet vor allem den Zweifel vieler Schriftsteller des 19. und 20. Jahrhunderts daran, dass die Wirklichkeit objektiv wahrgenommen und mit sprachlichen Mitteln angemessen dargestellt werden kann.
Einige Dichter machten die Skepsis an der eigenen Sprache zum Thema in ihren Texten. Ein sehr bekanntes Beispiel dafür ist das folgende Gedicht:

Ich fürchte mich so … (1897) *Rainer Maria Rilke (1875–1926)*

Ich fürchte mich so vor der Menschen Wort.
Sie sprechen alles so deutlich aus:
Und dieses heißt Hund und jenes heißt Haus,
und hier ist Beginn und das Ende ist dort.
Mich bangt auch ihr Sinn, ihr Spiel mit dem Spott,
Sie wissen alles, was wird und war;
kein Berg ist ihnen mehr wunderbar;
ihr Garten und Gut grenzt grade an Gott.

Ich will immer warnen und wehren: Bleibt fern.
Die Dinge singen hör ich so gern.
Ihr rührt sie an: sie sind starr und stumm.
Ihr bringt mir alle die Dinge um.

Rainer Maria Rilke *Ich fürchte mich so vor der Menschen Wort.* Aus: Ders., Die Gedichte. Frankfurt a. M.: Insel 1986

In dem 1902 veröffentlichen Text „Ein Brief" lässt Hugo von Hofmannsthal (1874–1929) den Briefschreiber Lord Chandos seine Sprachskepsis und daraus resultierende Sprachnot so ausdrücken:

Es ist mir völlig die Fähigkeit abhanden gekommen, über irgendetwas zusammenhängend zu denken oder zu sprechen. Zuerst wurde es mir allmählich unmöglich, ein höheres oder allgemeineres Thema zu besprechen und dabei jene Worte in den Mund zu nehmen, deren sich doch alle Menschen ohne Bedenken geläufig zu bedienen pflegen. Ich empfand ein unerklärliches Unbehagen, die Worte „Geist", „Seele" oder „Körper" nur auszusprechen. Ich fand es innerlich unmöglich, über die Angelegenheiten des Hofes, die Vorkommnisse im Parlament oder was Sie sonst wollen, ein Urteil herauszubringen. Und dies nicht etwa aus Rücksichten irgendwelcher Art, denn Sie kennen meinen bis zur Leichtfertigkeit gehenden Freimut: sondern die abstrakten Worte, deren sich doch die Zunge naturgemäß bedienen muss, um irgendwelches Urteil an den Tag zu geben, zerfielen mir im Munde wie modrige Pilze.

Hugo von Hofmannsthal *Ein Brief.* Gesammelte Werke in Einzelausgaben. Prosa II. Hrsg. von Herbert Steiner. Frankfurt a. M.: S. Fischer 1976, S. 7–20

Sprachskeptische Dichter stellten für sich einen unüberbrückbaren Bruch zwischen der Sprache und der Realität fest, der in der Regel seine Ursache in den sich schnell verändernden gesellschaftlichen Verhältnissen hatte. Expressionistische Dichter z. B. waren aufgrund der gesellschaftlichen Krisensituation und des rasanten technischen Fortschritts der Ansicht, dass traditionell überlieferte literarische Formen und Ausdrucksweisen der Darstellung der Realität nicht mehr gerecht würden und entwickelten vor dem Hintergrund ihrer Sprachskepsis eigene künstlerisch-ästhetische Formen, wie das folgende Gedicht erkennen lässt:

Patrouille (1914/15)

August Stramm (1874–1915)

Die Steine feinden
Fenster grinst Verrat
Äste würgen
Berge Sträucher blättern raschlig
Gellen
Tod.

August Stramm *Patrouille.* Aus: Ders., Dramen und Gedichte. Hrsg. von René Radrizzani. Stuttgart: Reclam 1979

Ihr Rückzug in eine eigene Kunstwelt wurde von Dichtern des Realismus und Naturalismus als Flucht in einen Elfenbeinturm bewertet und dementsprechend abgelehnt. Sprachskepsis führte bei einigen Schriftstellern im Sinne des *L'art pour l'art* (Kunst um der Kunst willen) zu einem völligen Rückzug in eine Gegenwelt der Kunst oder zu einem vollständigen Verzicht darauf, sich weiterhin literarisch auszudrücken. Sprachskepsis, Sprachkrise oder Sprachnot sind unmittelbare Reaktion auf gesellschaftliche Verhältnisse. Besonders betroffen sind daher Umbruchsituationen im ausgehenden 19. und 20. Jahrhundert. Extremsituationen, wie z. B. die Zeit des Nationalsozialismus, ließen Dichtern wie Bertolt Brecht (1898–1956) oder Paul Celan (1920–1970) die Unzulänglichkeiten der Sprache in der Auseinandersetzung mit der Realität deutlich werden.

Rhetorik – Des Redners Glück

Rhetorik ist die Kunst der öffentlichen Rede. In der Antike bildeten die Rede vor Gericht (zur Anklage oder Verteidigung), die Rede in der Volksversammlung und die Festrede jeweils eigene Gattungen. Heute werden alle Formen des Sprechens in der Rhetorik behandelt. Neben der Schulung des Redens stellt die Rhetorik auch Begriffe bereit, um Redeäußerungen zu untersuchen und in ihrem Aufbau und ihrer Wirkung zu beschreiben.
In der römischen Antike wird der Rhetorik für die Bildung ein hoher Stellenwert zugesprochen. Redner müssen nach Cicero und Quintilian den höchsten moralischen Ansprüchen gerecht werden, da sie eine hohe Verantwortung für die Bildung der Bürger tragen.
Die Rhetorik als Kunst der Überredung ist aber seit jeher kritisiert worden. Schon Platon und Aristoteles grenzen die Rhetorik von der Philosophie ab und weisen ihr den Bereich des Glaubens zu. Marcus Tullius Cicero schreibt in „De oratore" (Über den Redner), dass Wissen ohne Redekunst den Menschen und der Gesellschaft nicht nütze, dass aber die Rhetorik ohne Weisheit nicht nur nichts nütze, sondern auch schädlich und gefährlich sei. Immer wieder wird der Rhetorik vorgehalten, Mittel bereitzustellen, bedenkliche Aussagen äußerlich überzeugend zu vermitteln.
Wer selbst rhetorische Kenntnisse und Fähigkeiten besitzt, kann aber rhetorische Strategien und Tricks anderer in einer Diskussion schneller erkennen und entsprechend reagieren.

Die Vorbereitung einer Rede geschieht in fünf Schritten:

inventio:	Inhalte, Themen, Gedanken und Argumente bestimmen (stets auch in Hinblick auf die Zuhörer)
dispositio:	Aufbau und Gliederung (nach bestimmten Gesichtspunkten)
elocutio:	Suche nach verständlichen und wirkungsvollen Ausdrücken und Formulierungen
memoria:	Einprägen der Rede
pronunciatio:	Probesprechen mit Intonation, Körperhaltung, Mimik usw.

Gliederungsbeispiele für eine Rede

Eine Rede kann in verschiedener Weise aufgebaut werden, besonders verbreitet sind die Zwei-, die Drei- und die Fünf-Punkte-Gliederung.

Zwei-Punkte-Gliederungen sind vor allem für kurze Beiträge geeignet, in denen mit Gegensätzen gearbeitet wird.

Beispiel 1	**Beispiel 2**
1. Immer wieder wird behauptet ...	1. Auf den ersten Blick scheint es ...
2. In Wirklichkeit aber ...	2. Bei genauerer Betrachtung aber ...

Drei-Punkte-Gliederungen folgen dem Aufbau Einleitung – Hauptteil – Schluss:

Beispiel 1	**Beispiel 2**
1. Der Vorfall gestern hat deutlich gemacht …	1. Die einen sagen …
2. Das Problem besteht nun darin …	2. Die anderen hingegen wollen …
3. So können wir künftig Schwierigkeiten vermeiden …	3. Ich nun fordere …

Fünf-Punkte-Gliederungen erweitern den Drei-Punkte-Aufbau und sind für längere Ausführungen geeignet:

Beispiel 1	**Beispiel 2**
1. Vor Kurzem habe ich Folgendes beobachtet … (Interesse wecken)	1. Ihr behauptet … (Antithese)
2. Dieses Beispiel macht deutlich … (wichtige Gedanken darlegen)	2. Ich dagegen sage … (These)
3. Die Ursachen dafür liegen … (Gedanken begründen)	3. Denn es ist doch so … (1. Argument)
4. Was uns nun angeht … (Folgen und Vorteile aufzeigen)	4. Hinzu kommt … (2. Argument)
5. Wenn nicht bald etwas geschieht … (zum Handeln auffordern)	5. Deshalb sollten wir … (These als Folgerung)

Kontroverse Forderungen oder Urteile werden in der Rhetorik These und Antithese genannt, zu jeder These gibt es eine Antithese. Beide müssen in der Vorbereitung eines Redebeitrags sehr genau bestimmt werden, damit die eigenen Argumente zur Begründung der These schlüssig und überzeugend und immer in Hinblick auf Gegenargumente vorgebracht werden können. Zu Übungszwecken ist es deshalb sinnvoll, Thesen zu begründen und zu verteidigen, die nicht die eigenen sind. In realen Gesprächssituationen sollen Argumentationen auf Überzeugung ausgerichtet sein und nicht auf Überredung.

Rhetorische Figuren

Eine wichtige Aufgabe des Redners besteht darin, für Thesen und Argumente den jeweils angemessenen und zugleich wirkungsvollen Ausdruck zu finden. Die Rhetorik hält dafür eine Reihe von Wendungen bereit, die Figuren und Tropen genannt werden. Die Auswahl der sprachlichen Ausdrücke orientiert sich an Thema, Situation und an den Zuhörern. Eine ausführliche Liste von rhetorischen Figuren und Fachbegriffen mit Erklärungen und Beispielen finden Sie auf Seite 101 ff.

Eine Rede analysieren

1. Äußere Faktoren:	Wann, wo und in welchem historisch-politischen Kontext wird die Rede gehalten? Worin besteht der Redeanlass?
2. Redner:	Welcher Personengruppe lässt sich der Redner zuordnen? Welche Zusammenhänge gibt es zwischen ihm, dem Thema und den Adressaten? Welche Redeabsicht wird verfolgt?
3. Adressaten:	Wer sind die Zuhörer, welche Vorkenntnisse und Voreinstellungen haben sie? Was erwarten sie von der Rede?
4. Redeaufbau:	Entspricht die Rede dem klassischen Aufbau bzw. der AIDA-Formel? **A**ttention – Aufmerksamkeit wecken **I**nterest – Interesse wecken **D**esire – Wunsch nach Problemlösung **A**ction – Handlungsaufforderung an die Zuhörer
5. Rhetorische Mittel:	Welche Mittel werden genutzt und mit welcher Wirkungsabsicht?
6. Redeweise:	Wie wird die Rede vorgetragen? Werden Zuhörerreaktionen berücksichtigt?

Beispiel eines Analyseschemas

Sprechausdruck und Körperhaltung:	Wirken die Redner redlich, sachlich und persönlich überzeugend?
Aufbau und Schlüssigkeit:	Sind die Aussagen logisch, vernünftig und haltbar?
Wahl der Redemittel:	Welche sprachlichen und rhetorischen Mittel werden verwendet?
Überzeugende Wirkung:	Wodurch kommt die Wirkung zustande?

Stichwortverzeichnis